Der Autor

Volker Schopf, wurde 1958 in Gerlingen bei Stuttgart geboren. Nach Schule und Ausbildung lebt er heute im nördlichen Schwarzwald.
Bisher veröffentlichte er erzählende Prosa, Theaterstücke und drei Fachbücher.
Außerdem ist er Naturforscher und setzt sich seit 30 Jahren mit den neuesten wissenschaftlichen Theorien auseinander und er ist der Überzeugung, dass wir in einer Übergangszeit leben, wie er in seinen Fachbüchern 'Meta-Realität und Bewusstsein' und 'Die Besessenheit', sowie in 'Über den Kosmos' darlegte.
Zuletzt erschien sein Sachbuch: Die Wiege Gottes.

Volker Schopf

Duale Information

Sachbuch

Lektorat: Antje Grabenhorst

Erste Auflage
Herstellung und Verlag:
BoD – Books on Demand, Norderstedt

ISBN: 9783756200498

Das All ist Mind.
Das Universum ist mental.
Das Kybalion

Inhaltsverzeichnis

Vorwort

„Die Lüge ist das wichtigste
und meistverwendete Werkzeug
der Selbsterhaltung."[1]

Proust

„Was ohne Namen, ist Anfang von Himmel und Erde; Was Namen hat, ist Mutter der zehntausend Wesen."[2]

Und:

„Das Erste nämlich muß ein Einfaches,
vor allen Dingen Liegendes sein, verschieden von allem was nach ihm ist, für sich
selbst seiend, nicht vermischt mit etwas,
was von ihm stammt, und dabei doch in
anderer Weise wieder fähig, den anderen
Dingen beizuwohnen, wahrhaft Eines
seiend und zunächst etwas anderes und
dann erst Eines, von welchem es 'keinen
Begriff' und 'keine Wissenschaft' gibt,
von welchem es dann auch heißt daß es
jenseits des Seins ist. Denn wenn es nicht
einfach wäre, entrückt aller Zufälligkeit
und aller Zusammengesetztheit, und wahrhaft und eigentlich Eines, dann wäre es
nicht der Urgrund; erst dadurch daß es einfach ist, ist es von allen Dingen das Unabhängigste, und so das Erste [...]."[3]

Wenn die beiden Philosophen recht haben, so beginnt die
Evolution des Kosmos aus einem namenlosen, einfachen

9

Anfang heraus und offenbart sich dem Menschen heute auch als Horizont des Wissens. Was aber ist die *Mutter der zehntausend Wesen* des Lao-tzu oder *das Eine*, von dem Plotin spricht und dem er an anderer Stelle einen eigenen Namen abspricht, um dann hinzuzufügen, dass, ‚wenn mans denn aber benennen muß so wird man es passend gemeinhin das Eine nennen [...]‘[4]?

Für die Metaphysik existiert nur eine Entität (Seiendes), diese ist der Geist, das Denken oder das Bewusstsein; der Mensch jedoch, Himmel und Erde, Tiere und Pflanzen, sind Ereignisse, die innerhalb des Einen (Geist) im Medium der Mannigfaltigkeit, des Werdens und Vergehens, zur Erscheinung gelangt sind.

Für die moderne, westliche Wissenschaft, welche die Mannigfaltigkeit der Entitäten, der zehntausend Wesen im Kosmos erforscht, wird reales Sein mit dem Wissen über dieses Sein gekennzeichnet. Doch weiß der Mensch, das individuelle ’Ich bin‘ wirklich, wie der Kosmos, insbesondere das ’Im Anfang‘ beschaffen ist? Schreitet das Wissen nicht mit jedem Jetzt der Evolution, dem Pulsschlag des Kosmos, weiter voran und fördert stets neues Wissen zutage? Versteht der Mensch überhaupt die Zusammenhänge oder stützt er sich lediglich auf die Hypothesen der Wissenschaft oder die Verkündigungen der Religionsstifter? Anders gefragt: Inwieweit kann der Mensch das Wesen des Kosmos verstehen?

Das abendländische Denken ist dualistisch: Die Welt zerfällt in die Bereiche des Geistes und des Materiellen. Diese Kluft zwischen Geist und Materie zu überspannen, ist nicht außerhalb der Erkenntnis des Menschen, sofern der Blickwinkel neuen Perspektiven zugewandt wird. Was ihm diese neue Sichtweise offenbart, ist eine geheimnisvolle Realität. Physis und Metaphysis existieren und sind miteinander verknüpft. Dabei handelt es sich um Einblicke in die Gesetzmäßigkeiten des Kosmos. Dazu gehören Fragen wie:

- Was ist 'Im Anfang' des Kosmos geschehen?
- Weshalb bringt die Evolution ein 'Ich bin' hervor?
- Existiert für das 'Ich bin' ein freier Wille und weshalb gibt es Moral?

Die Antworten darauf sind vielfältig und individuell geprägt, und doch werden innerhalb der Mannigfaltigkeit der Entitäten Muster erkennbar, die dem forschenden und/oder neugierigen 'Ich bin' Einblicke in die wahre Beschaffenheit der Realität und damit des Kosmos ermöglichen.

Diese Schrift beschäftigt sich mit der Evolution des Kosmos, so wie sie in den Aussagen und Theorien von Philosophen und Wissenschaftlern in Erscheinung tritt, wobei sie eine neue Sichtweise in den Blick des Lesers rückt: die der *dualen Information* und ihrer weitreichen Folgen sowohl für den Kosmos als auch den Menschen, dem *vorläufigen* Höhepunkt der sich unaufhaltsam beschleunigenden Entwicklung.

Einführung

„Viel gibt es des Ungeheuren.
Doch nichts ist ungeheurer als der Mensch.“[5]

Sofokles

„Ein Wissender redet nicht, ein Redender weiß nicht“[6], sagt Lao-tzu (6. Jh. v. Chr.) und fügt an anderer Stelle im Tao-té-king hinzu:

> „Hervorgetreten, sind ihre Namen verschieden. Ihre Vereinigung nennen wir mystisch. Mystisch und abermals mystisch. Die Pforte zu jedwedem Geheimnis.“[7]

Oder Plotin (204-270):

> „Jenes dagegen, wie es jenseits des Geistes ist, so auch jenseits der Erkenntnis; und wie es in keinem Stücke irgend eines Dinges bedarf, so auch nicht des Erkennens. Sondern das Erkennen wohnt erst der Zweiten Wesenheit inne. [...] Daher Es auch in Wahrheit unsagbar ist; denn was du von ihm aussagen magst, immer musst du ein Etwas aussagen. Vielmehr ist allein unter allen anderen die Bezeichnung 'jenseits von allen Dingen und jenseits des erhabenen Geistes' zutreffend, denn sie ist kein Name, sondern besagt, daß es keines von allen Dingen ist, daß es auch 'keinen Namen für Es' gibt, weil wir nichts von ihm aussagen können; sondern wir versuchen nur nach Möglichkeit, uns untereinander einen Hinweis über Es zu geben.“[8]

Und zuletzt W. Heisenberg (1901-1976):

> „Diese   Wahrscheinlichkeitsfunktion
> stellt eine Mischung aus zwei verschie-
> denen Elementen dar, nämlich teilweise
> eine Tatsache, teilweise den Grad unse-
> rer Kenntnis einer Tatsache."[9]
>
> „[...] Ganz allgemein kann der Dualis-
> mus [Welle und/oder Teilchen] zwischen
> zwei verschiedenen Beschreibungen der
> gleichen Wirklichkeit nicht länger als
> eine grundsätzliche Schwierigkeit be-
> trachtet werden, da wir aus der mathe-
> matischen Formulierung der Theorie
> wissen, daß es in ihr keine Widersprüche
> geben kann."[10]

Die angeführten Zitate stehen für die Vielzahl von Interpretationen, sowohl über den Ursprung des Kosmos als
auch dessen Evolution. 'Ein Wissender redet nicht', behauptet Lao-tzu, und dennoch hat er ein Traktat mit fünf-
tausend Worten geschrieben, in dem er die *Pforte zu jed-
wedem Geheimnis* einen Spaltbreit aufgestoßen hat und
das, was ohne Namen ist, zu umschreiben versucht. Plotin
spricht dem Geist ein Erkennen in Bezug auf das *Seiende*
zu; nimmt davon aber das Eine, welches *jenseits von allem ist*, ist, explizit aus bzw. spricht von Hinweisen oder
Deutungsversuchen des 'Ich bin'[11]. Zum Schluss Heisenberg über die Kopenhagener Deutung der Quantenmechanik und ihre Interpretation der Realität, den Grad der Erkenntnis, wie er sich aus dem mathematischen Formalismus ergibt.

Drei Denker, die mit dem Wissen und der Sprache ihrer
Zeit das Wesen des Kosmos zu ergründen suchten und die
explizit die Phasen der Evolution zur Grund- und Ausgangslage ihrer Betrachtungen nahmen, die in dieser Schrift als
Grenzbereiche der Evolution des Kosmos bezeichnet werden.

14

Sie gewähren Einblicke in sein wahres Wesen, die Eigenschaften, die ihn ins Dasein treten ließen und seine Entwicklung bis heute prägen.

Die Grundeigenschaft des Kosmos besteht in einem Prozess, der die *Freiheitsgrade des Kosmos* in duale Information (Seiendes) transformiert - dazu gleich mehr. Dieser Prozess zieht sich wie ein roter Faden durch die Evolution des Kosmos und bedingt in den Grenzbereichen - den Phasen, in denen *Neues* entsteht - die Realität des Seienden, die bisher nicht oder nur wenig zufriedenstellend erklärt werden kann. Der Ursprung des Kosmos, die Quantentheorie und die Existenz von *bewusster Wahrnehmung* z. B. werfen Fragen auf, die in der Art und Weise, wie sie in Erscheinung treten, den Wissenschaftlern und/oder interessierten Laien nicht oder nur bedingt umfassende Antworten liefern. Mit der bewussten Wahrnehmung des Menschen, des 'Ich bin', beginnt zugleich dessen Suche nach dem Ursprung, sowohl der eigenen Spezies als auch der ihn umgebenden Mannigfaltigkeit des Kosmos. Die vielfältigen Schöpfungsmythen sind dafür nur ein beredtes Zeugnis und zugleich die ersten sinnvollen Antworten auf die bis heute aktuellen Fragen nach dem Ursprung und Sinn des Kosmos bzw. dessen Schöpfung. In ihrem mythologischen Reichtum artikuliert sich das Wesen des Kosmos, offenbaren sich unbewusst dessen Eigenschaften oder, wie Lao-tzu sagt: „Der Weg schuf die Einheit. Einheit schuf Zweiheit. Zweiheit schuf Dreiheit. Dreiheit schuf die zehntausend Wesen."[12]

Diesem Weg, der aus einem uranfänglichen Zustand die duale Struktur des Kosmos erzeugt hat, werden die kommenden Kapitel folgen und aufzeigen, dass die Mannigfaltigkeit des Seienden das Produkt *dualer Information* ist, bedingt durch den ihr zugrunde liegenden Prozess, der in dieser Schrift als *Prozess der Transformation* bezeichnet werden soll.

Der Aufbau der Schrift orientiert sich an der Evolution des Kosmos, so wie sie sich dem derzeitigen Kenntnisstand nach vollzogen hat. Drei Phasen der Evolution - Grenzbereiche - markieren die Ereignisse, die in der bewussten Wahrnehmung des Menschen zum ersten Mal in der langen Geschichte des Kosmos in Erscheinung und damit ins Licht der Erkenntnis treten:

1. Grenzbereich: Ursprung des Kosmos
2. Grenzbereich: Übergang vom Mikro- zum Makrokosmos
3. Grenzbereich: Bewusste Wahrnehmung und das individuelle 'Ich bin'

Nicht nur die Unanschaulichkeit der Thematik erschwert das Verständnis des Wesens des Kosmos, sondern auch die *begrenzte Wahrnehmungsfähigkeit* des Menschen, des 'Ich bin'. Andererseits gab und gibt es zahlreiche Erkenntnisse von Denkern über die Natur, den Menschen, das Seiende überhaupt, welche die Wahrheit unbewusst wahrgenommen und sie entsprechend dem Wissen ihrer Zeit an den Schulen gelehrt und/oder zu Papier gebracht haben.

Denn die Frage nach dem Ursprung des Kosmos bewegt das 'Ich bin', seit es aus den Tiefen des Unbewussten aufgetaucht ist und treibt es in seinen Forschungen unerbittlich voran. Eingebettet in den Strom der Evolution bleiben ihm - heute wie in früheren Zeiten - nur das fraglose Akzeptieren, die Möglichkeiten der modernen Wissenschaft oder die mühevolle Rückbesinnung; das Hinterfragen des 'Jetzt' im Geiste, die Suche nach dem Sinn und Zweck seines Daseins. Der Ursprung des Kosmos ist kein vor langer Zeit vergangenes und abgeschlossenes Ereignis, er ist jetzt und nur in seiner Ganzheit als Evolution verständlich. Das 'Ich bin' vereinigt in sich Ursprung und Gegenwart. Es ist das Produkt des Ursprungs, dessen bis heute anhaltender Entwicklung zu stets komplexeren Strukturen und der damit verknüpften Möglichkeiten des Seins. Somit ist es nur in diesem Licht begreifbar; nur darin erhält sein Dasein Sinn.

Das in Erscheinung Treten des 'Ich bin' in der Evolution des Kosmos, der bewussten Wahrnehmung einer das 'Ich bin' umgebenden, es bedingenden Realität, markiert den Beginn eines mühevollen, mit zahllosen Steinen und Fallstricken gepflasterten Pfades zu einem ersten, sich im weiteren Verlauf seiner Suche stetig differenzierenden Verständnisses der Natur und damit des Wesens des Kosmos. Z. B. stellen die Höhlenmalereien und figürlichen Artefakte (Z.B.: Lascaux oder 'Hohle Fels' bei Schelklingen) ein deutlich sichtbares Zeugnis der Frühphase des 'Ich bin', seiner Auseinandersetzung mit den äußeren, machtvollen und willkürlich handelnden Mächten der Natur dar. In den magischen Riten, den schützenden Symbolen und Opfergaben offenbart sich sein Verständnis von der ihn umgebenden Natur, indem sie entweder Unheil bannen können oder unwirksam bleiben; das Ritual ist das früheste Experiment, ein Lernen über Versuch und Irrtum und ein erstes, nachdenkliches Staunen angesichts des Erfolges oder Fehlschlages der Handlung. Dies führt - mit zunehmender Beschleunigung der Evolution, von den frühesten Schöpfungsmythen über die Philosophie, religiöse Gemeinschaften, die Alchemie bis zu der neuzeitlichen Wissenschaft mit ihren vielfältigen Theorien. Die Gemeinsamkeit in den schriftlichen Überlieferungen der Völker sind unbestritten und auf wenige Begriffe reduzierbar wie z. B. Urgrund, Weltenei, das Eine, Gott, mehrere Götter oder den Dualismus von Gut und Böse, Geist und Materie.[13]

Zudem geht es um die generelle Erkennbarkeit des Kosmos. Synonym dafür steht der Begriff Wirklichkeit[14], über den nicht nur im Bereich der Philosophie widerstreitende Auffassungen bestehen, wobei zwischen erkenntnistheoretischen, ontologischen und wissenschaftlichen Sichtweisen unterschieden wird. Für die Naturwissenschaft ist Wirklichkeit das der Erforschung Zugängliche. Mit anderen Worten: Nur messbare Objekte können als Grundlage der Theoriebildung dienen, im Gegensatz zum umgangssprachlichen

Gebrauch des Begriffes, der die Gesamtheit einer umfassenden Realität bezeichnet.

Der nachfolgende kurze Abriss zu der in dieser Schrift behandelten Thematik, wird entweder im weiteren Verlauf der Untersuchung oder in der Abhandlung 'Die Wiege Gottes' vertieft. Dabei sind Überschneidungen nicht völlig zu vermeiden. So werden z. B. die Zeugnisse der Vorsokratiker in 'Die Wiege Gottes' ausführlicher behandelt und deshalb an dieser Stelle nur anhand weniger Beispiele vorgestellt. Anders ausgedrückt: Beide Schriften ergänzen sich - was nicht verwunderlich ist, weil sie sich mit dem 'Ich bin', dessen Entwicklung, Denken und Suche nach der Wahrheit auseinandersetzen.

Geschichtliche Vorüberlegungen

Bereits die Vorsokratiker haben über den Ursprung des Kosmos, die Beschaffenheit des Seienden nachgedacht und sie sind, für ihre Zeit, zu überraschenden Erkenntnissen gelangt. So z. B. Anaximander (610-547 v. Chr.), der, wie andere Denker seiner Epoche, nach dem Ursprung des Seienden sucht und ihn als das *Unbestimmte* oder auch das *Grenzenlose* bezeichnet. Er war für ihn keine Unendlichkeit, sondern die Unermesslichkeit in seiner Größe; unbegrenzt und damit weder endgültig zu bestimmen noch auszuloten. Wie diese Unendlichkeit aus dem apeiron[15] ins Dasein getreten ist, beantwortet Anaximander jedoch nicht. Interessant in Bezug auf die duale Information ist Pythagoras (570-510 v. Chr.), der die Metempsychose[16] lehrt: „Hör auf mit deinem Schlagen. Denn es ist ja die Seele eines Freundes, die ich erkannte, wie ich ihre Stimme hörte."[17]

Philosophen wie Demokrit (460/459-370 v. Chr.), Platon (428-348 v. Chr.) oder auch Aristoteles (385-323 v. Chr.) müssen in dieser Schrift unerwähnt bleiben, obwohl sie wie zahlreiche andere Denker sowohl das Weltbild als auch unsere heutige Sichtweise entscheidend geprägt haben.

Ebenso der Bereich der Mystik[18], dessen Schriften Bibliotheken füllen und Einsichten bis heute ihre Wirkung entfalten. Der Begriff selbst beschreibt einen Bereich der Religiosität, bei dem durch Versenkung, Meditation etc. eine Verbindung mit der Gottheit gesucht wird und der jene Sehnsucht zum Ausdruck bringt, die sich bereits in den Schöpfungsmythen artikuliert und in der spiritistischen Bewegung des ausgehenden 19. Jahrhunderts ihre Fortsetzung gefunden hat. So sagt G. P. della Mirandola (1463-1494): „Im Himmel existiert eine Materie, die von der Materie der unteren Dinge verschieden ist."[19] Und als weiteres Beispiel M. Ficino (1433-1499):

> „Der Körper der Welt ist ein ganzer Körper, ... dessen Teile die Körper aller Lebewesen sind. ... In dem Maße also, in dem das Ganze vollkommener ist als der Teil, ist auch der Körper der Welt vollkommener als der Körper der einzelnen Lebewesen. Es wäre aber absurd, daß der unvollkommene Körper eine Seele hat, der vollkommene Körper dagegen weder eine Seele hat noch lebt ... Es lebt also der ganze Körper der Welt, da die Körper der Lebewesen, die seine Teile sind, leben."[20]

Ficino ist zudem der Erste, der von einer Weltseele spricht und die Wahrheit, wie sie dem Wesen des Kosmos zugrunde liegt, ahnt und sie wie sämtliche Denker entsprechend der Sichtweise ihrer Zeit interpretiert, verkündet und schriftlich niedergelegt.

Die Auseinandersetzung über die Erkennbarkeit der Realität nimmt im Mittelalter mit dem Universalienstreit ihren Anfang und findet in der Philosophie von R. Descartes (1596-1650) und der idealistischen Auseinandersetzung durch G. Berkeley (1685-1753) ihren neuzeitlichen Beginn.

J. G. Fichte (1762-1814), sein subjektiver Idealismus und die von I. Kant (1724-1804) weiter angeregte Diskussion infolge seiner Definition der Außenwelt als *Ding an sich* heizen die Angelegenheit zusätzlich auf.

> „Es genügt, wenn wir beachten, dass die sinnlichen Wahrnehmungen nur jener Verbindung des menschlichen Körpers mit der Seele zukommen und uns in der Regel sagen, wiefern äußere Körper derselben nützen oder schaden können, aber nur bisweilen und zufällig uns darüber belehren, was sie an sich selbst sind.So werden wir die Vorurtheile der Sinne leicht ablegen und hier uns nur des Verstandes bedienen, der auf die von Natur ihm eingepflanzten Vorstellungen aufmerksam Acht hat. "[21]

Descartes kommt damit der späteren kantischen Bedeutung des *Dinges an sich* sehr nahe. Für Kant sind die Eigenschaften der Dinge nicht erkennbar, sondern nur die von ihnen affizierten Vorstellungen im Bewusstsein.

> „Ich dagegen sage: es sind uns Dinge als außer uns befindliche Gegenstände unserer Sinne gegeben, allein von dem, was sie an sich selbst sein mögen, wissen wir nichts, sondern kennen nur ihre Erscheinungen, d.i. die Vorstellungen, die sie in uns wirken, indem sie unsere Sinne affizieren. Demnach gestehe ich allerdings, daß es außer uns Körper gebe, d.i. Dinge, die, obzwar nach dem, was sie an sich selbst sein mögen, uns gänzlich unbekannt, wir durch die Vorstellungen kennen, welche ihr Einfluß auf unsre Sinnlichkeit uns verschafft, und denen wir die Benennung eines Körpers geben,

> welches Wort also bloß die Erscheinung
> jenes uns unbekannten, aber nichts desto
> weniger wirklichen Gegenstandes be-
> deutet. Kann man dieses wohl Idealis-
> mus nennen? Es ist ja gerade das Gegen-
> teil davon."[22]

Die Gleichheit der Erkenntnisse führt ihn zu der Behauptung, dass Vorstellungen (Wahrnehmungen der Außenwelt) intersubjektiv sind und ihnen somit ein objektives Wissen zugrunde liegt. Zugleich umfasst der Verstand bei Kant die intelligible Welt (Vorwissen 'a priori'). Anders formuliert: Der Mensch verfügt über ein Wissen von Raum und Zeit, über Kategorien des Denkens, welche die Vorstellungen ordnen und nach bestimmten Gesetzmäßigkeiten in Begriffe und Aussagen umwandeln.

Der *Deutsche Idealismus*, der um die Wende des 18. zum 19. Jahrhundert in Deutschland die vorherrschende philosophische Strömung ist, nimmt Abstand vom Ding an sich und vertritt stattdessen die These, dass Wirklichkeit als ein Produkt des Geistes und deshalb als *Einheit* aufzufassen ist, weil ihm eine gemeinsame Ursache (Schöpfung, Geist) zugrunde liegt. Den Gegenpart bildet N. Hartmann (1882-1950) mit seinem kritischen Realismus und in dessen Nachfolge K. Popper (1902-1994), die ähnliche Aussagen propagieren, indem die Realität unabhängig von der subjektiven Wahrnehmung existiert.

Der Streit um die Erkennbarkeit und dem Wesen der Wirklichkeit ist bis heute aktuell. Was ist die Wirklichkeit? Die Ideenwelt von Platon (427-347 v. Chr.), von der Heisenberg sagt, dass: „[...] die platonische Auffassung tatsächlich die tiefste ist"[23], die Menschen zugänglich ist.

Sind die Bausteine der Materie, Platons Ideen folgend, physikalische Objekte oder Formen? C. F. von Weizsäcker (1912-2007) attestiert der Quantentheorie eine über sie hinausführende umfassende - spiritualistische - Wirklichkeit, von der das 'Ich bin' lediglich die Oberfläche wahrnimmt:

> „Mit der Quantentheorie, so wie wir sie rekonstruiert und gedeutet haben, ist der Gedanke voll vereinbar, dass die Wirklichkeit ein nichträumlicher individueller Prozess ist, den wir mit den uns geläufigen Worten als geistig zu beschreiben haben. Es ist eine alte Tradition, dass unser persönliches Bewusstsein nur eine Erscheinungsweise eines umfassenden Geistes ist."[24]

Anders ausgedrückt: Die Wirklichkeit offenbart sich dem Menschen in empirisch zugänglichen und bewussten Wahrnehmungen und kann deshalb erkannt und in decodierter Form dem 'Ich bin' als Erkenntnis zuteilwerden.

Die Quantentheorie hat das gewohnte Weltbild der Wissenschaft erschüttert und nicht nur die Diskussion um die Wirklichkeit neu entfacht, sondern ihr die Dimension der *Dualität* der Natur hinzugefügt, auf welche bereits Plotin (205-270) und Descartes hingewiesen haben. Die Frage der Dualität, ausgehend von Descartes Behauptung, dass die physikalischen Körper als Lebewesen für sich und aus sich selbst heraus existieren und sich infolgedessen die gesamte Wahrnehmung, im Gegensatz zum Denken, als Täuschung erweisen kann, beantwortet er mit der Eigenständigkeit von Körper und Geist als getrennte Substanzen.

Über T. Hobbes` (1588-1679) materialistische Beschreibung, B. de Spinozas (1632-1677) Gott als Substanz, der die Wirklichkeit hervorbringt und G. W. Leibnitz` (1646-1716) Monadenlehre führt die Interpretation der Quantentheorie zu I. Newtons (1642-1727) *spirits* als geistige, feinstoffliche Entitäten und S. Hawkings (1942-2018) Hologramm, dessen Projektion auf einer Membran erscheint bis in die Gegenwart. Ob in der Physik, den Neurowissenschaften oder in der Philosophie - die Frage nach der Beschaffenheit der Wirklichkeit ist aktueller als jemals zuvor; explizit in der Diskussion der bewussten Wahrnehmung und deren Verbindung mit dem ZNS, insbesondere des Gehirns.

Weizsäckers Annahme eines umfassenden Geistes impliziert ein *Weltgedächtnis*, dessen Präsenz mit dem Aufkommen der bewussten Wahrnehmung des 'Ich bin' erstmalig in Erscheinung getreten ist. Der Begriff ist nicht neu und findet seine erste Erwähnung bei Plotin, dessen *Eines*, aus dem das Seiende hervorgegangen ist, bei M. Ficino, der von einer *alten Weisheit* oder auch *Menschheitserbe* an gesichertem Wissen spricht und auch bei Paracelsus (1493-1541), der Himmel und Erde zu einem Mikrokosmos zusammenfasst. Auch spätere Denker wie W. James (1842-1910) und sein kosmisches Reservoir oder E. von Hartmann (1842-1906) und sein Telefonanschluss mit dem Absoluten, das in Bezug zu der Akasha-Chronik[25] steht und zuletzt soll R. W. Zuber (1959) nicht unerwähnt bleiben, dessen unbewusstes Weltgedächtnis, wie er es selbst bezeichnet,

> „[...] den Menschen aus dem Zentrum des eigenen Hauses drängt und das 'Ich' nicht nur infrage stellt, sondern auch zu einem unbedeutenden Punkt inmitten eines riesigen unbewussten Meeres degradiert."[26]

Das bis heute anhaltende Interesse an der Wirklichkeit, dem Ursprung des Kosmos und dem Sinn des Menschen innerhalb des Seienden wird - wie in den vergangenen Jahrtausenden, die an dieser Stelle nur skizzenhaft vorgestellt werden konnten - in vielfältiger Weise behandelt bzw. diskutiert. Einigen der bisher zitierten Denkern wird der Leser in dieser Schrift erneut begegnen, andere kommen in der Untersuchung über die 'Wiege Gottes' ausführlicher zu Wort. Die Frage nach der Wirklichkeit, dem Dasein des Seienden, beginnt mit dem Ursprung, dem 'Im Anfang' und bereits zu diesem ersten *Jetzt* in der Geschichte des Kosmos ist die Mannigfaltigkeit der Vorstellungen, Theorien etc. so vielfältig, dass selbst eine kurze Übersicht, z. B. über die Schöpfungsmythen, den Rahmen dieser Schrift bei

Weitem sprengen würde. Deshalb werden sie hier nur so weit zu Wort kommen, wie sie für das Verständnis der hier vertretenen Hypothese notwendig sind.

Der erste Grenzbereich

„Die Lippen der Weisheit sind verschlossen,
ausgenommen für die Ohren des Verstehens."[27]
Das Kybalion

Die Suche nach dem 'Im Anfang'

„Somit ist Es nichts von den seienden Dingen; und ist doch sie alle: nichts, weil die seienden Dinge später sind, und alles, weil sie aus Ihm stammen."[28], sagt Plotin über den Ursprung, während ihn Zhuang-Zhou (365-290 v. Chr.) folgendermaßen beschreibt:

> „Das, was die Dinge erzeugt, ist selbst kein Ding. Ein Ding, das erschaffen wurde, kann nicht allen anderen Dingen vorausgehen, denn da ist noch das, was die Dinge zu den Dingen macht; und dieser Zustand, dass es immer noch das gibt, was sie zu Dingen macht, ist endlos."[29]

Und noch einmal Plotin:

> „Das Erste nämlich muß ein Einfaches, vor allen Dingen Liegendes sein, verschieden von allem was nach ihm ist, für sich selbst seiend, nicht vermischt mit etwas, was von ihm stammt, und dabei doch in anderer Weise wieder fähig, den anderen Dingen beizuwohnen, wahrhaft Eines seiend und zunächst etwas anderes und dann erst Eines, von welchem es

'keinen Begriff' und 'keine Wissenschaft' gibt, von welchem es dann auch
heißt daß es jenseits des Seins ist. Denn
wenn es nicht einfach wäre, entrückt aller Zufälligkeit und aller Zusammengesetztheit, und wahrhaft und eigentlich
Eines, dann wäre es nicht der Urgrund;
erst dadurch, daß es einfach ist, ist es
von allen Dingen das Unabhängigste,
und so das Erste; [...]."[30]

Mit anderen Worten: Es gibt ein *Erstes*, das vor dem der
Erkenntnis zugänglichen Kosmos existiert, eine völlig andere Beschaffenheit aufweist und die Grundlage des Seienden (Entitäten) ist. Es besitzt keinen Namen und - wie in
der negativen Theologie - dürfen ihm nur negative Aussagen zugeschrieben werden, weil nur in dieser Weise seine
absolute Transzendenz zum Ausdruck gebracht werden
kann. Ein weiterer bedeutsamer Aspekt ist das *Abgegrenzt-
sein* des Ursprungs von dem aus ihm hervorgehenden
Seienden, trotz dessen *Enthaltensein* in ihm. Der Daoismus beschreibt diese Eigenschaft des Ursprungs treffend,
wenn er vom Dao als Ursprung und Weg spricht. Für Lao-
tzu (6. Jh. v. Chr.) ist es die transzendente 'Erste Ursache',
die uranfängliche Einheit, das Unbeschreibliche, das zeitlose, alles durchdringende Prinzip des Kosmos, das diesen
hervorbringt. Lao-tzus Aussage über den Ursprung des
Kosmos entspricht nicht nur der modernen Auffassung von
Kosmologen und Physikern und deren Theorie vom Big
Bang aus einer Singularität (Quantenfluktuation), sondern
sie offenbart zusätzliche Eigenschaften des Kosmos, seinen hierarchischen Aufbau und die Wiederkehr bestehender Strukturen innerhalb seiner Evolution.
   Der Urgrund, das 'Im Anfang' oder mit welcher Bezeichnung dieses ursprüngliche Ereignis in der Geschichte der
Menschheit auch beschrieben worden ist - existiert zeitlich vor
und jenseits des Kosmos und ist entgegen seiner absoluten

Transzendenz oder Abgegrenztheit, dass das Seiende, das die Entitäten Hervorbringende ist und zugleich als in ihm Enthaltenes Weg und Wirkprinzip der Evolution verkörpert. Anders formuliert:

> „Dao macht die Dinge zu dem, was sie sind; aber es ist nicht selbst ein Ding. Nichts kann Dao erschaffen, obwohl alles Dao in sich hat."[31]

Dieses Ursprüngliche beschreibt einen abstrakten Bereich, der weder Substanz, Geist, noch ein Anderes enthält und bei dem selbst der Begriff des Nichts sein wahres Wesen eher verschleiert als enthüllt. Meister Eckhart (1260-1328) bringt es in der *Gottheit* zum Ausdruck:

> „Gott wird, wo alle Geschöpfe Gott aussprechen: da wird 'Gott'. (...) So also reden alle Geschöpfe von Gott. Und warum reden sie nicht von der 'Gottheit'? (Weil) alles das, was in der 'Gottheit' ist, Eines ist, und davon kann man nicht reden. Gott wirkt, die 'Gottheit' wirkt nicht, sie hat auch nichts zu wirken, in ihr ist kein Werk; sie hat es niemals auf ein Werk abgesehen. Gott und 'Gottheit' sind unterschieden nach Wirken und Nichtwirken."[32]

Das Transzendente (Dao, das Eine, die Gottheit etc.) durchzieht sowohl das westliche als auch das östliche Denken, und trotz der unterschiedlichen Vorstellungen und Begriffe besteht über den Ursprung des Kosmos selbst überwiegend Einigkeit. Sämtliche Sichtweisen und Erklärungen über die Eigenschaften des Ursprungs sind ein spätes Produkt seiner Evolution, die erst mit dem Auftauchen des 'Ich bin' in Erscheinung treten konnten und, entgegen der Vielfältigkeit in ihren Beschreibungen, gleichsam als den

Ursprung konstituierende Allgemeine, einen nahezu identischen Anfang postulieren.

Die Problematik, die bei der Beschreibung des Ursprungs zwangsläufig zutage tritt, gründet in der Individualität des 'Ich bin' und bedingt die Mannigfaltigkeit der Theorien, Vorstellungen und Glaubensrichtungen, die weit über ein bloßes Missverstehen hinausführen, wie z. B. die Geschichte der Glaubenskriege beweist. Aber damit nicht genug der Verwirrung! Gleichzeitig wandeln sich im Laufe der Zeit die Vorstellungen und werden entsprechend der kulturellen oder wissenschaftlichen Orientierung des 'Ich bin' durch moderne Beschreibungen ersetzt. Selbst der abstrakte Pfad der Verallgemeinerung kann nur mit der jeweils aktuellen Begrifflichkeit beschritten werden, deren unterschiedliche und höchst individuelle Bedeutung nicht zur Einheit, sondern in die Mannigfaltigkeit der Vorstellungen führt.

Ich bezeichne den Ursprung des Kosmos als *Pool an Freiheitsgraden*[33], der das Seiende als potenzielle Möglichkeit enthält, ohne selbst substanziell zu sein. Dieser Pool an Freiheitsgraden, der den Zeitpunkt des 'Im Anfang' oder des ersten *Jetzt* markiert, ist zugleich ein *Möglichkeitsraum*, der zum Zeitpunkt eben dieses ersten Jetzt durch kein Seiendes in seiner Entfaltung begrenzt wird und somit jedes Ereignis zur Erscheinung gelangen lassen kann. Welches ursächliche Ereignis für den Pool an Freiheitsgraden selbst verantwortlich zeichnet, bleibt der Erkenntnis des 'Ich bin' verborgen. Die Frage, ob eine Quantenfluktuation, ein Schöpfer oder ein ewig wirkendes Prinzip die Ursache für den Pool an Freiheitsgraden ist, führt zu dem Münchhausen-Trilemma, das bis heute für philosophische Diskussionen sorgt und das 'Ich bin' entweder zu einem Zirkelschluss, einem infiniten Regress oder dem Abbruch des Gedankenganges zwingt. Deshalb muss der Pool an Freiheitsgraden als gegeben akzeptiert werden; er markiert das erste Jetzt, den Ursprung und damit den Beginn des ersten Grenzbereiches. Ein Jetzt vor diesem Zeitpunkt existiert nicht. Dazu Kant:

> „Die Vernunft wird durch einen Hang ihrer Natur getrieben, über den Erfahrungsgebrauch hinaus zu gehen, sich in einem reinen Gebrauche und vermittelst bloßer Ideen zu den äußersten Grenzen aller Erkenntnis hinaus zu wagen und nur allererst in der Vollendung ihres Kreises, in einem für sich bestehenden systematischen Ganzen, Ruhe zu finden."[34]

Die reine Vernunft hinterfragt jedes Seiende, sucht unablässig nach den Gründen ihrer Existenz und ruht nicht eher, als bis sie die Erkenntnis der Wahrheit zur Erscheinung gebracht hat, obwohl für sie kein Pfad über den Zeitpunkt des ersten Jetzt hinausführt. Dieser Sachverhalt bedingt:

Postulat I - Im Anfang ist der Kosmos

Mit dem Pool an Freiheitsgraden tritt der Kosmos als Ereignis in Erscheinung.

> „Gewiß, es ist nichts von dem, dessen Urgrund es ist, in der Art aber, da nichts von ihm ausgesagt werden kann, nicht Sein, noch Wesen, noch Leben, daß es über all das erhaben ist."[35]

Der Pool an Freiheitsgraden ist der bewussten Wahrnehmung und damit der Erkenntnis des 'Ich bin' nur indirekt zugänglich, indem er das Seiende ermöglicht. Das erste Jetzt markiert zugleich den Beginn des ersten Grenzbereiches und das *Neue* besteht in der Hervorbringung des Seienden.

Das Seiende

Die Frage nach dem 'Im Anfang' des Kosmos beinhaltet die nach dem *Woher*, die Schicksalsfrage, auf welche die Schöpfungsmythen bis zu den modernen Theorien der Kosmologie stets neue und differenziertere Antworten zu geben versuchen. Es ist zugleich die Frage nach dem Ursprung der Menschheit, der bewussten Wahrnehmung und des 'Ich bin'. Die Antwort ist zum einen symbolisch, wie alle Antworten, die auf der bewussten Wahrnehmung des Leibes gründen, und zum anderen physikalisch, weil das Seiende dem 'Ich bin' zuerst als materielle Realität in Erscheinung tritt.

Der geistige Aspekt des Ursprungs sind der Kreis und die Kugel. Deshalb stellt Platon das Runde an den Anfang:

> „Daher bildete er sie durch Drehung kugelförmig, mit allseitig gleichem Abstand von der Mitte aus nach der abschließenden Oberfläche, gerundet, gab ihr also diejenige Figur, die von allen die vollkommenste und am meisten sich selbst gleich ist, überzeugt, daß das Gleiche tausendmal schöner sei als das Ungleiche.“[36]

Es ist für Platon das in sich Geschlossene, das weder Anfang noch Ende besitzt, und als ursprüngliche Vollkommenheit ist es vor jedem Ablauf von Evolution. Bei Laotzu heißt es:

> „Es gibt etwas, das ist unterschiedslos vollendet. Es geht der Entstehung von Himmel und Erde voraus. Wie still! Wie leer! Selbstständig und unverändert, im Kreise wandelnd ungehindert, man kann es für die Mutter der Welt halten.“[37]

Die Kugel bildet in der Gestalt der Singularität, als Big Bang etc., den punktuellen Anfang des Kosmos in den modernen wissenschaftlichen Theorien. Die Einheit des in sich Ruhenden sind der geschichtslose Ursprungsort, der Pool an Freiheitsgraden und die Keimzelle des Schöpferischen. Der geistige Aspekt des 'Ich bin', der sich im Symbolismus der Schöpfungsmythen artikuliert, spricht von einer raum- und zeitlosen Ureinheit, die noch nicht in die Zweiheit getreten ist. Im Rigveda[38] wird die Schöpfung wie folgt beschrieben:

> Weder Nichtsein noch Sein war damals;
> nicht war der Luftraum noch der Himmel darüber.
> Was strich hin und her? Wo? In wessen Obhut? Was?
> Weder Tod noch Unsterblichkeit war damals;
> nicht gab es ein Anzeichen von Tag und Nacht.
> Es atmete nach seinem Eigengesetz ohne Windzug dieses Eine.
> Anderes als dieses war weiter nicht vorhanden.
> Im Anfang war Finsternis in Finsternis versteckt;
> all dieses war unkenntliche Flut.
> Das Lebenskräftige, das von der Leere eingeschlossen war,
> das Eine wurde durch die Macht seines heißen Dranges
> geboren.[39]

Deshalb ist für Plotin die ursprünglichste Bedingung für das Sein die Einheit. Das 'Ich bin' kann das Seiende nur als Einheit denken:

> „Alles Seiende ist durch das Eine ein Seiendes, sowohl das was ein ursprünglich und eigentlich Seiendes ist wie das was nur in einem beliebigen Sinne als vorhanden seiend bezeichnet wird. [...] Auch kein Haus oder Schiff, wenn sie nicht die Einheit haben, denn das Haus, das Schiff sind eines, und wenn sie das einbüßen, dann ist das Haus kein Haus mehr und das Schiff kein Schiff; die zusammenhängenden Größen also würden nicht existieren ...''[40]

Mit anderen Worten: Der Pool an Freiheitsgraden ist das ursprüngliche unterschiedslose Eine und aus ihm entsteht die Mannigfaltigkeit des Seienden, die zehntausend Wesen des Lao-tzu. Die individuelle Entität existiert nur, insofern sie Einheit ist. Ohne Einheit wäre es keine individuelle Entität bzw. kein individuelles Seiendes, somit Nichts und folglich wäre sie weder existent noch könnte sie gedacht werden. Plotins Eines transzendiert die Mannigfaltigkeit des Seienden. Er beschreibt somit eine Aufwärtsbewegung (henologische Reduktion), d. h. eine Rückführung der Mannigfaltigkeit auf die sie konstituierende ursprüngliche Einheit, den Pool an Freiheitsgraden. Es ist eine Abstraktionsbewegung, die davon ausgeht, dass die Struktur des 'Ich bin' der bewussten Wahrnehmung, mit der Struktur des Kosmos identisch ist und sie führt nicht ins Nichts (Leere), sondern zu einer stetig umfassenderen Fülle, oder anders ausgedrückt: zur Erkenntnis der die Mannigfaltigkeit bedingenden Einheit des Einen, dem Pool an Freiheitsgraden. In einer anderen Passage stellt er fest:

> „[...], erst das Zweite (der Geist) ist dann alles; und ist dies alles, so ist Jenes jenseits von allem; folglich auch jenseits des Seins." [41]

Der Pool an Freiheitsgraden enthält nicht nur (indirekt) alles Seiende, sondern bringt es zudem hervor. In seiner Transzendenz ist mit Begriffen nichts über ihn auszusagen, außer dass er Nichts ist, ein Nichts, das Alles enthält. Er besitzt weder Substanz, Geist, noch ein Anderes und selbst der Begriff des Nichts verbirgt sein wahres Wesen vor der bewussten Wahrnehmung des 'Ich bin'. Dieses Ursprüngliche, welches den Anfang des Kosmos markiert und der Menschheit in den unterschiedlichsten Symbolen und Begriffen gegenübertritt, bringt das Seiende hervor, indem die in ihm enthaltenen Freiheitsgrade in 'duale Information' transformiert werden.

Postulat II - Die Transformation eines Freiheitsgrades erzeugt explizit eine duale Information

Im Daoismus ist das Dao Ursprung und Wirkprinzip. Von Dauer ist nur das Wirkprinzip, der Prozess der Wandlung. Ihm gegenüber besitzen die zehntausend Wesen nur ein zeitweiliges Sein; sie sind ihm untergeordnet. Bei Plotin ist es das transzendente Eine, dessen Überquellen das Seiende erzeugt, indem es sich zu seinem Ursprung zurückwendet und somit eine Einheit aus der Gesamtheit alles Seienden bildet. Es ist das Absolute, der Ursprung, das Einheitsbildende, durch das alles Seiende Einheit und damit überhaupt seiend bzw. existent und dadurch für das 'Ich bin' wahrnehmbar ist. In ähnlicher Weise verkündet es Meister Eckhart:

> „Die Einheit zeugt - oder hat gezeugt -
> Einheit und hat auf sich selbst ihre Liebe
> und Glut zurückgewendet."[42]

Gottes absolute Selbstaffirmation ist *Selbstreflexion*, mit der er sich zum einen selbst und zum anderen seinem Ursprung, die *Gottheit*, erkennt. Das Gemeinsame in diesen Ausführungen ist ein Prozess, ein Wirkprinzip, der das Seiende, dessen Evolution bedingt und in ihm immanent existent ist. Der Prozess der Transformation ist dieses Wirkprinzip, in dem ein Freiheitsgrad in duale Information transformiert wird.

Der Prozess der Transformation ist die transzendente Erste Ursache, das uranfängliche, zeitlose, alles durchdringende Wirkprinzip, das Dao. Es ist der Prozess der Transformation der - um es in der Begrifflichkeit der Physik zu formulieren - zwei miteinander in Wechselwirkung tretende Entitäten[43] zu einer neuen, umfassenden Einheit transformiert, wobei dieser Prozess den Pool an Freiheitsgraden um einen Freiheitsgrad vermindert. Jeder Prozess der Transformation erzeugt eine duale Information, die aus der Information der neuen Einheit und der Information über ihre Transformation besteht oder mit anderen Worten: der Information der erzeugten Entität (Seiende), welche als Ereignis im Kosmos zur Erscheinung gelangt, und die Information, die das Sosein des Kosmos sowohl als Information erhält als ihn auch begründet. Noch einmal anders formuliert: Jede Entität (Seiendes) besteht zum einen aus der Information, wie sie in der Realität erscheint und zum anderen aus der Information ihrer Vergangenheit, ihrer bisher durchlaufenen Transformationen, wobei die Vergangenheit den Prozess der Transformation steuert. Dazu gleich mehr.

Eine Entität, z. B. ein Photon, besteht aus der Information Photon als Entität oder Ereignis, das zur Erscheinung gelangt ist und der Information, die es erzeugt hat, ihren Informationsgehalt; es besitzt somit eine duale Struktur und existiert in der Realität als duale Information. In der bewussten Wahrnehmung des 'Ich bin' tritt das Photon - wie das Seiende, jede Entität generell - als Einheit, als explizites Ereignis in Erscheinung,

> „[...]; denn wenn es nicht, obgleich aus vielen Dingen bestehend, zu einer Einheit wird, so kann man von ihm nicht 'ist' sagen."[44]

Die der Entität zugrunde liegende bzw. die sie bedingende duale Information lässt sich sehr gut am Beispiel einer Münze veranschaulichen, deren zwei Seiten - Kopf und Zahl - synonym für die beiden Aspekte stehen wie sie der Prozess der Transformation erzeugt, und die infolge dessen die Struktur des Kosmos, des Seienden, der Entitäten bilden. Diese Einheit, also die Entität an sich, ist nicht in ihre konstituierenden Aspekte auflösbar. Des Weiteren ist der Prozess der Transformation der bewussten Wahrnehmung und damit der Erkenntnis des 'Ich bin', wie bereits gesagt, nur indirekt zugänglich; im Bereich des Übergangs von der

Mikro- zur Makrowelt und in der bewussten Wahrnehmung des 'Ich bin', dem zweiten und dritten Grenzbereich.

Das Intervall der Transformation ist das Jetzt! Das Jetzt
markiert den Zeitpunkt, zu dem ein mögliches zukünftiges
Jetzt als Ereignis in der Realität in Erscheinung tritt.

Postulat III - Das 'Jetzt' umfasst das Intervall, das explizit eine Transformation umfasst

Das Jetzt entspricht der Planck-Zeit; es ist das kleinstmögliche Zeitintervall, für das die Gesetze der Physik gültig
sind. Es entspricht der Zeitspanne, in der das Licht eine
Planck-Länge durchmisst und eine Zustandsänderung bewirken kann. Eine andere Definition für das Jetzt beschreibt der Psychochemiker I. Prigogine (1917-2003), der
für jedes Lebewesen eine durch zyklische Prozesse selbst
erzeugte Eigenzeit annimmt.[45] So sagt er für das Gehirn
des Menschen eine Periode von 30 bis 40 Millisekunden
voraus. Sämtliche Eindrücke in diesem Intervall würden
dann als ein Ereignis interpretiert. Zum Vergleich: Eine
Nervenzelle kann bis zu 500-mal in der Sekunde ihr Aktionspotenzial freisetzen. Von Bedeutung ist das Intervall
des Jetzt in der bewussten Wahrnehmung des Menschen,
des 'Ich bin'.

Der Urgrund, das Eine, die Gottheit oder das Dao etc.
stehen für den Ursprung des Kosmos, des 'Im Anfang' des
Seienden. In seiner Transzendenz entzieht 'Er' sich jeder
Begrifflichkeit und somit der 'bewussten' Wahrnehmung
des 'Ich bin'. Der Pool an Freiheitsgraden ist ebenso unan-
schaulich und selbst Beispiele befördern die Vorstellung
des 'Ich bin' nicht oder nur bedingt. Im Gegensatz dazu ist
der Prozess der Transformation besser vermittelbar, weil
Wechselwirkungsprozesse in sämtlichen Bereichen der Natur vorkommen.

Der Prozess der Information

Wenn der Leser sich im Mittelpunkt einer Straßenkreuzung befindet, so stehen ihm fünf alternative Handlungsweisen zur Verfügung. Analog dem Pool an Freiheitsgraden bezeichne ich diese alternativen Handlungsweisen als Pool an Möglichkeiten. In ihrem Fall umfasst der Pool an Möglichkeiten folgende Handlungsweisen: Schritt in Richtung Osten, Westen, Süden, Norden oder stehen bleiben. Durch die Entscheidung - Tun[46] - kollabiert[47] der Pool an Möglichkeiten auf explizit ein Ereignis und gleichzeitig wird ein neuer Pool an Möglichkeiten aufgespannt. Das zur Erscheinung gelangende Ereignis vermindert gleichzeitig den Pool an Freiheitsgraden um genau einen Freiheitsgrad, indem dieser, aufgrund einer Wechselwirkung, in das Ereignis (duale Information) transformiert worden ist. Im Gegensatz zum Seienden, zu den in Erscheinung tretenden Ereignissen, ist der Prozess der Transformation, wie bereits ausgeführt, ein Wirkprinzip, nämlich der Prozess der Wechselwirkung des Seienden, der Entitäten - oder anders ausgedrückt: das *(Ur-)Muster*[48] der Evolution des Kosmos.

Im ersten Jetzt des Kosmos existiert einzig der Pool an Freiheitsgraden. Kein Seiendes vermindert zu diesem Zeitpunkt das in ihm angelegte Potenzial. Erst mit der Erzeugung des Prozesses der Transformation als transzendente erste Ursache und Einheit, beginnt die eigentliche Evolution, die einzigartige Geschichte des Kosmos. Das ursächliche Ereignis, welches für den Prozess der Transformation verantwortlich zeichnet, bleibt - wie bereits gesagt - ebenso im Dunkel der Vergangenheit verborgen wie die Entstehung des Pools an Freiheitsgraden selbst. Für Plotin hingegen ist die Sachlage eindeutig:

> „Denn wenn wir das Eine als die Ursache bezeichnen, so bedeutet das auch

> nicht ein Akzidentielles von ihm aussa-
> gen, sondern von uns, daß wir nämlich
> etwas von ihm her haben, während es
> selbst in sich verharrt."[49]

Und:

> „Nun eben deshalb weil nichts in ihm
> war, kann alles aus ihm kommen; gerade
> damit das Seiende existieren könne, ist
> Jener selbst nicht Seiendes, ist aber des-
> sen Erzeuger. [...] da Jenes von vollkom-
> mener Reife ist (es sucht ja nichts, hat
> nichts und bedarf nichts), so ist es
> gleichsam übergeflossen und seine Über-
> fülle hat ein Anderes hervorgebracht."[50]

Damit sagt Plotin, dass das 'Ich bin' nicht von dem Einen
selbst, dem Ursprung spricht, sondern von dem aus ihm als
Ereignis in Erscheinung Getretenen. Damit wird auch die
bereits angesprochene Grenze der negativen Theologie
nicht überschritten; das Eine bleibt auch als Ursprung,
Pool an Freiheitsgraden, unerkennbar und unsagbar. Die
Mannigfaltigkeit des Kosmos steht in Beziehung zum Ursprung, nicht umgekehrt! Oder auch: Der Mensch kann
über den Ursprung nichts weiter aussagen als dass ein Pool
an Freiheitsgraden die Möglichkeit in sich getragen hat,
dass Seiendes als Ereignis zur Erscheinung gelangen kann.
Ebenso ist es mit der Hervorbringung des Prozesses der
Transformation, der ersten Ursache oder der Manifestation
der ursprünglichsten Entität (Einheit).[51]
  Die duale Struktur des Prozesses der Transformation, die
in einer Vielzahl dualistisch geprägter Schöpfungsmythen[52]
unbewusst zum Ausdruck gelangt und in Descartes Erkenntnis 'cogito ergo sum' geradezu die Trennung von Leib und
bewusster Wahrnehmung symbolisiert, spiegelt nicht die tatsächliche duale Einheit des Prozesses der Transformation
und somit des Seienden wieder. Die vermeintliche Trennung

resultiert aus der begrenzten Wahrnehmung des 'Ich bin' in Bezug auf das Seiende. Deutlicher tritt dieser Bruch mit der Realität, der Natur der Erscheinungen, im zweiten und dritten Grenzbereich zutage.

Der Prozess der Transformation (Wirkprinzip des Kosmos) hat die Einheit erzeugt, die durch Demokrit (460/459-370 v. Chr.) als Atom in die Philosophie eingeführt wird.

> „Scheinbar (d. i. konventionell) ist Farbe, scheinbar Süßigkeit, scheinbar Bitterkeit: wirklich nur Atome und Leeres' läßt er die Sinne gegen den Verstand reden: 'Du armer Verstand, von uns nimmst du deine Beweisstücke und willst uns damit besiegen? Dein Sieg ist dein Fall!'"[53]

Die moderne Physik besitzt in der Stringtheorie[54] und ihren zahlreichen äquivalenten Fassungen einen mathematischen Formalismus zur Beschreibung des frühen Kosmos, der analog zum Atom ein *Unteilbares* postuliert. Demnach konstituieren winzige Fäden, sogenannte eindimensionale Strings und deren höherdimensionale Vertreter, die Branen, unsere gesamte Realität. Inwiefern diese Theorie - der in der westlichen Welt verbreitete Schöpfungsmythos - die Grundbausteine des Kosmos beschreibt oder ob es tiefer liegende, bisher der Erkenntnis verborgene Ebenen des Seienden gibt, wird erst die Zukunft erweisen. Die Frage, wie der Prozess der Transformation das *Grundelement* (z. B. die Strings) erzeugt hat, kann zumindest ansatzweise beantwortet werden.

Nichtwissen führt im Allgemeinen zu Spekulationen und die individuelle Geschichte des 'Ich bin', die ihm - wie die DNA beweist - seine Einzigartigkeit verleiht, bedingt zugleich die Mannigfaltigkeit der Vorstellungen über den Ursprung des Kosmos, das 'Im Anfang'. Durch vergleichende Studien der Literatur kristallisieren sich Strukturen und

Muster heraus, die nicht nur Informationen über das erste Jetzt offenbaren, sondern innerhalb der Evolution beständig wiederkehren und somit prägend für dessen Entwicklung, dessen heutiges Sosein sind. Dass die Beschreibungen des Ursprungs, wenn sie ihrer Schöpfungsgeschichten und Mythen entkleidet werden, in ihrer allgemeinen Form als Abstraktum erscheinen, ist ihr Preis, den die Menschheit für die rudimentäre Erkenntnis eben dieses ersten Jetzt des Kosmos bezahlen muss. Die Geschichte des Kosmos, des als Ereignis zur Erscheinung gelangenden Seienden, beginnt mit dem Prozess der Transformation und der sich daran anschließenden kontinuierlichen Evolution. Die Wissenslücke umspannt somit die Phase, welche ich als ersten Grenzbereich bezeichne, und die mit dem Ereignis der Hervorbringung des Prozesses der Transformation ihren Abschluss gefunden hat.

Der Prozess der Transformation ist, um es noch einmal zu verdeutlichen, ein Wirkprinzip; der Ablauf einer Wechselwirkung zweier Entitäten oder anders formuliert: das (Ur-)Muster der Evolution des Kosmos. Dabei werden die beiden Entitäten, die *Träger von Informationen* sind, durch die Umwandlung eines Freiheitsgrades in eine neue Einheit (Entität) transformiert oder auch überführt. Die resultierende Einheit (umfassende Entität) verfügt explizit über eine Information mehr. Die duale Struktur des Prozesses der Transformation bedingt nicht nur explizit den Ablauf der Wechselwirkung, sondern über den Informationsgehalt der wechselwirkenden Entitäten die Art und Weise ihrer Transformation.

Im nachfolgenden, sehr vereinfacht dargestellten Beispiel werden die Wechselwirkungen mit dem Medium der Luft, der Gravitation etc. vernachlässigt. Zwei Freunde, Klaus und Peter, werfen sich gegenseitig einen Tennisball zu. Klaus konzentriert sich und wirft den Tennisball hart und präzise in Richtung Peter. Klaus ist somit die Ursache

des Wurfes oder der durch sein Tun ausgelösten Wechselwirkung mit Peter. Der Ball als Träger von Information
(Beschaffenheit des Materials, Geschwindigkeit durch den
Wurf etc.) wird bei Peter folglich in Kürze eine Transformation initiieren, aus der dieser als umfassende Einheit -
Fänger des Tennisballs - als Ereignis zur Erscheinung gelangt oder einfacher ausgedrückt hervorgeht. Wie Peter auf
den Wurf reagiert, ist von seiner Geschicklichkeit, d. h. Erfahrung oder, in der Begrifflichkeit dieser Schrift, von seinem Informationsgehalt ('Ich-bin-Kategorie', dazu später
mehr) abhängig. Ist er ein trainierter Sportler und zudem
ein guter Fänger, dann wird er den Ball mit Leichtigkeit
fangen, während er als Anfänger entweder zu spät reagiert
oder sich mit einem Reflex aus der Flugbahn des Tennisballes in Sicherheit bringt.

Klaus ist als Werfer des Balles die Ursache einer in der
Zukunft stattfindenden Wechselwirkung, weil er, mit dem
Ball, eine Information an Peter übermittelt. Analog dazu
sendet z. B. Feuer innerhalb der elektromagnetischen Strahlung auch Photonen ab, deren Frequenz das 'Ich bin' als
sichtbares Licht wahrnimmt. Jedes Photon ist als Austauschteilchen[55] Träger von Information. Welche Wechselwirkungen vom Tennisball oder Photon initiiert werden, ist
zu diesem Zeitpunkt noch unbestimmt. So kann Klaus den
Wurf nach links verziehen und den Ball dadurch anstatt in
Richtung Peter gegen einen in der Nähe stehenden Baum
werfen, von dem er abprallt, zu Boden fällt und irgendwann
zum Stillstand kommt. Ebenso kann das einzelne Photon
von einem vorbeifliegenden Vogel absorbiert werden, der
infolge seines Instinkts mit Flucht reagiert. Die Information
selbst besteht - entsprechend ihrer dualen Struktur - aus der
Einheit Tennisball bzw. Photon oder aufgeschlüsselt aus
der Information Ball/Photon und der Information um den
Prozess der Transformation, der sie als Ereignis erzeugt
hat. Jede Entität ist die Synthese, umfassende Einheit, einer
ursprünglichen Entität mit einer anderen Entität, die als

Träger von Information die Wechselwirkung bedingen, wobei der Informationsgehalt der beteiligten Entitäten die Art und Weise der Transformation bedingt. Dass zwischen Peter, einem individuellen 'Ich bin', und einem Ball, Unterschiede in Bezug auf den Informationsgehalt und damit auf das 'Wie' der Transformation bestehen, ist unbestreitbar und wird im weiteren Verlauf dieser Schrift vertieft werden.

Der Begriff *Informationsgehalt* lässt sich anhand des 'Ich bin' und dessen individuellem Verhalten gut veranschaulichen, das sowohl durch sein Erbgut als auch sein kulturelles Umfeld geprägt wird. Die Information des Erbguts ist in der DNA (Desoxyribonukleinsäure), den Zellen des Leibes und den Neuronen des Gehirns gespeichert. Die RNA (Ribonukleinsäure) gilt als Vorläufer der DNA, besitzt als wesentliche Funktion die Umsetzung von genetischer Information in Proteine (Transkription und Translation) und in Form der rRNA fungiert sie als (Über-)Träger von Information. Die unterschiedlichen Varianten der Speicherung und der Übertragung von Information ist keine Neuerfindung der späten Evolution, sondern bereits in der Struktur des Prozesses der Transformation angelegt, als *'Information über den Prozess der Transformation'*, der die Erhaltung des Seienden über die Wechselwirkung hinaus gewährleistet und zugleich als Informationsgehalt dessen zukünftige Evolution bedingt.

Der Tennisball als Träger von Information tritt in Wechselwirkung mit Peter und transformiert ihn zu der umfassenden Einheit von Peter und der Information des Tennisballes. Wie Peter infolge der Wechselwirkung transformiert wird, ist von einer Vielzahl an Faktoren innerhalb des ihn konstituierenden Informationsgehaltes abhängig. Die Wechselwirkung muss somit stets im Kontext ihres Umfeldes interpretiert werden. Dieses integriert die Beteiligten - Klaus und Peter - in ein umfassenderes System, in dem sie seit Jahren befreundet sind, und deshalb erkennt Peter bereits in der Armbewegung, dem Verhalten von Klaus vor und während der Ausholbewegung, wie hoch seine Geschwindigkeit ist und die ungefähre Flugbahn verläuft. Zudem weiß er über seine eigenen Fähigkeiten Bescheid und folglich wird er den Tennisball ohne Probleme fangen. Nicht anders ist die Sachlage mit dem Photon, das, sofern es von einem 'Ich bin' wahrgenommen wird, die notwendigen Maßnahmen einleitet.

Postulat IV - Die transformierte Entität ist die Einheit (Synthese) einer Wechselwirkung; die ihres ursprünglichen Zustandes und einem Träger von Information (Entität)

Der Prozess der Transformation ist das Wirkprinzip des Seienden und somit die treibende Kraft der kosmischen Evolution. Seit dem 'Im Anfang' des Kosmos mit dem Pool an Freiheitsgraden transformiert dieser Prozess die Mannigfaltigkeit des Seienden, überführt es in stets komplexere oder differenziertere Entitäten und bedingt deren Erhaltung im Informationsgehalt sowohl der individuellen Entität als auch des Kosmos.

> „Der Weg hat Eigenschaften und Evidenz, jedoch kein Handeln und keine Form. Er lässt sich übermitteln, aber nicht empfangen. Er existiert wahrlich in alle Ewigkeit von seiner Wurzel, seinem Stamm her, bevor Himmel und Erde waren. Er haucht den Dämonen und Göttern den Geist ein, gebiert Himmel und Erde. [...] Er geht Himmel und Erde voraus und ist doch nicht alt, er ist älter als das älteste Altertum und doch nicht betagt."[56]

Zum Abschluss Lao-tzu:

> „Könnten wir weisen den Weg, es wäre
> kein ewiger Weg. Könnten wir nennen
> den Namen, es wäre kein ewiger Name.
> Was ohne Namen, ist Anfang von Him-
> mel und Erde; was Namen hat, ist Mut-
> ter der zehntausend Wesen."[57]

Der Informationsgehalt

> „Ich bin [...] Osiris. Ich bin aus dir her-
> vorgegangen, Korn. Ich bin hineingegan-
> gen in dich, ich bin fettgeworden in dir,
> ich bin gewachsen in dir, ich bin in dich
> gefallen [...] so daß die Götter von mir
> leben. Ich lebe als Korn, ich wachse als
> Korn das die Ehrwürdigen einbringen,
> mich bedeckt Geb (= der Erdgott). Ich
> lebe, ich sterbe, ich vergehe nicht."[58]

Weshalb ist das *Seiende* und nicht ein umfassendes *Nichts*?
Oder anders gefragt: Aus welchem Grund existieren die
zehntausend Wesen und nicht nur ein leerer Prozess der
Transformation, der, analog der Frühphase des Kosmos, als
Quarks und ihre Antiteilchen sich gegenseitig vernichteten,
nur sinnlose Information erzeugt, die für einen hypotheti-
schen außerirdischen Betrachter nur die Information ver-
mittelt, dass ein Prozess stattgefunden hat? Eine mögliche
Antwort gibt die Entropie.[59] Dazu später im Kapitel 'Duale
Information' mehr.

Die Wahrscheinlichkeit, dass sich der Prozess der Transformation mit der ersten Transformation eines Freiheitsgrades selbst wieder ausgelöscht hätte, ist zwar nicht Null,

43

aber so wenig wahrscheinlich, dass diese Transformation so gut wie ausgeschlossen ist. Des Weiteren bestünde in diesem Fall zumindest die erste, transformierte duale Information, welche den Prozess der Transformation eliminiert und so die Evolution des Kosmos bereits im Anfang wieder zum Stillstand gebracht hat. Die Frage, weshalb das Seiende (Entitäten) in Erscheinung getreten ist, ist für den Menschen nur deshalb möglich, weil der Prozess der Transformation nicht nur Freiheitsgrade in Information transformiert, sondern in duale Information, die den Prozess dokumentiert und in die neue Entität, als dessen Informationsgehalt, integriert. Der Informationsgehalt erzeugt für jede Entität ihren individuellen Pool an Möglichkeiten und bedingt über diesen, wie die Entität sich bei einer Wechselwirkung transformiert. Die Evolution des Kosmos und infolgedessen die Erhaltung des Seienden gründet auf zwei Säulen:

- der Entropie, die mit Wahrscheinlichkeiten operiert und dadurch ein Zurücksinken des Seienden in den Pool an Freiheitsgraden verhindert hat.
- der Information um den Prozess der Transformation, die einen leeren bzw. sinnlosen Prozess ausgeschlossen und so die kontinuierliche Evolution des Kosmos ermöglicht hat.

Die Erhaltung der Information ist das (Ur-)Kriterium, das bei jeder Wechselwirkung die Transformation bedingt, welche die Existenz des Seienden gewährleistet. Erinnert sei in diesem Zusammenhang an das Beispiel von Klaus und Peter, in dem Peter in kontinuierlicher Wechselwirkung mit Klaus und nach dessen Wurf mit dem Tennisball steht, wobei er sein Tun anhand der auf ihn einwirkenden Informationen in jedem Jetzt neu an die aktuelle Situation anpasst. Sein (Vor-)Wissen über Klaus, dessen unterschiedliche Wurftechniken sowie seine Mimik und Gestik bei der

Vorbereitung bedingen in Peter eine Vorauswahl in Bezug auf den zu erwartenden Wurf, der den Pool an Möglichkeiten vorab reduziert und dadurch eine schnellere Reaktion ermöglicht. Der Informationsgehalt von Peter, oder anders ausgedrückt seine Erfahrung anhand des Trainings mit Klaus, schafft die Voraussetzung dafür, dass er den Tennisball sicher fängt, sofern er das richtige Tun initiiert hat. Zum besseren Verständnis des Informationsgehaltes ein weiteres Beispiel: Das Angebot der Bank besteht drei Tage. In dieser Zeit hat das 'Ich bin' die Möglichkeit, das Angebot zu überdenken und sich über dessen wirtschaftlichen Ertrag zu informieren. Indem es sich bei anderen Anlegern, Banken etc. erkundigt, schließt es Risiken aus, eröffnet sich eventuell andere lukrative Optionen und erreicht letztlich, im Augenblick der Entscheidung, mit seiner Unterschrift die für ihn aufgrund seines Wissens (Informationsgehaltes) optimale Anlage. Ob sie es tatsächlich ist, wird erst die Zukunft entscheiden. Jedoch ist davon auszugehen, dass das 'Ich bin' das Risiko eines größeren Verlustes durch seine zusätzlichen Informationen, wenn nicht ausschließen, so doch minimieren konnte. Sein Informationsgehalt ist bei der Unterschriftsleistung wesentlich umfassender als zum Zeitpunkt der Erstellung des Angebotes seiner Bank und die endgültige Entscheidung stellt für das 'Ich bin' die optimale Transformation bzw. das optimale Tun dar. Je kürzer die Zeit bis zur Entscheidungsfindung ist, desto weniger - aus Sicht des 'Ich bin' - optimal ist das daraus resultierende Tun.

Grundsätzlich gilt: Eine Entität, deren Pool an Möglichkeiten nur ein Tun umfasst, wird dieses mit der Wahrscheinlichkeit von *Eins* transformieren, als Ereignis in der Realität zur Erscheinung bringen. Allgemein formuliert: Ist der Pool an Möglichkeiten einer Entität identisch mit den ihr, anhand des Informationsgehaltes, zur Verfügung stehenden Transformationen, dann bedingt, aufgrund einer Wechselwirkung, der Informationsgehalt die Transformation, welche die Existenz der Entität mit der Wahrscheinlichkeit von Eins gewährleistet.

Daraus folgt:

Postulat V - Der Informationsgehalt der Entität bedingt die Transformation aus dem Pool an Möglichkeiten, die ihre Existenz mit der höchstmöglichen Wahrscheinlichkeit gewährleistet

Der Begriff des Informationsgehaltes muss weiter präzisiert werden. Dazu ein kurzer Vorgriff auf den zweiten Grenzbereich, in dem ausführlicher auf die Quantentheorie und ihre Seltsamkeiten eingegangen wird.

Der Aufenthaltsort eines Teilchens wird anhand der Schrödinger-Gleichung berechnet, welche die größte Wahrscheinlichkeit dafür angibt, wo das Teilchen lokalisiert werden kann. Mit anderen Worten: Die Wahrscheinlichkeit, es irgendwo in den Weiten des Kosmos anzutreffen, ist äußerst gering, jedoch nie gleich null. Bisher ist es jedoch stets am Ort mit der berechneten größten Wahrscheinlichkeit angetroffen worden.

Die Wahrscheinlichkeit sagt aus, mit welchem prozentualen Grad der Möglichkeit das Teilchen an einem bestimmten Ort zu lokalisieren bzw. welches Ereignis infolge der experimentellen Ausgangslage (Versuchsaufbau) am wahrscheinlichsten ist und entsprechend der Voraussage eintreten wird. Allerdings gibt es in wissenschaftlichen Kreisen unterschiedliche Auffassungen in Bezug auf die Erklärung. Skeptiker behaupten, dass nur deshalb mit Wahrscheinlichkeiten operiert werden muss, weil das Wissen über das Teilchen selbst unvollständig ist, sonst besäße es stets einen genauen Ort. Die Befürworter der Theorie verteidigen sie mit Argumenten des Superpositionsprinzips und/oder des Unbestimmtheitsprinzips, die eine exakte Ortsangabe grundsätzlich ausschließen. Die Superposition bestimmt nur, welche Möglichkeiten dem Teilchen zu jedem Zeitpunkt des Jetzt zur Verfügung stehen, sie sagt jedoch nichts über seinen aktualen Aufenthaltsort, der erst mit der Messung, dem Kollaps der Wellenfunktion, den Pool an Möglichkeiten auf das transformierte Ereignis reduziert. Das Unbestimmtheitsprinzip bezieht sich explizit auf die Messung. Die Beobachtung bewirkt dabei eine kontinuierliche Wechselwirkung mit dem Teilchen und spiegelt somit dessen Transformationsgeschehen[60] wider und nicht das Teilchen als individuelle und isolierte Entität. Zudem umfasst das Intervall des Jetzt stets eine Transformation und deshalb isoliert jedes Experiment, so differenziert es auch aufgebaut ist, explizit eine Information über das Teilchen pro Messung; entweder den Ort oder den Impuls. Ein anderer Aspekt, den die Diskussion ins Licht rückt, ist der Begriff des unvollständigen Wissens, und sie beweist damit nur, wie problematisch die Bezeichnung selbst ist. Deshalb definiere ich die umfassende Information über eine Entität wie folgt:

Postulat VI - Der Informationsgehalt der Entität bezeichnet die Informationen, die sie anhand von Wechselwirkungen erworben hat

Analog der Ortsbestimmung eines Teilchens wird aus dem Pool an Möglichkeiten die Transformation bedingt, welche den *Erhalt der Entität* mit der höchstmöglichen Wahrscheinlichkeit sichert. Voraussetzung dafür ist, dass der gesamte Informationsgehalt - das umfassende Wissen der Entität - für die Transformation einbezogen werden kann und somit die 'optimale' bzw. diejenige Transformation mit der Wahrscheinlichkeit von Eins als Ereignis (Tun) zur Erscheinung gelangt. Noch ein Wort zur Wahrscheinlichkeit: Der Kollaps der Wellenfunktion weist dem Teilchen explizit seinen Ort im Raum zu, und somit ist die Wahrscheinlichkeit, es hier anzutreffen Eins. Dem entspräche z. B. bei Peter, dass in jedem Jetzt sein gesamter Informationsgehalt über dessen Tun entscheidet und somit - wenn der dafür notwendige Zeitfaktor außer Acht gelassen wird - stets dasjenige

Tun verwirklichlicht, welches eine Wahrscheinlichkeit von Eins besitzt und somit die optimale Transformation darstellt. Leider spielt in den meisten Fällen der Zeitfaktor eine erhebliche Rolle bei der Entscheidungsfindung und deshalb steht - wie später noch gezeigt werden wird - zumeist nur ein mehr oder minder großer Teil des Informationsgehaltes zur Verfügung, weshalb im Allgemeinen die höchstmögliche Wahrscheinlichkeit als Tun initiiert wird, die aufgrund der zeitlichen Begrenzung bis zur Entscheidungsfindung, dem Tun, möglich ist. Diese optimale Transformation besitzt natürlich, indem sie in der Realität zur Erscheinung gelangt, die Wahrscheinlichkeit von Eins, obwohl sie nur die im aktuellen Jetzt bestmögliche Lösung darstellt. Hierher gehört auch die Frage, wie die Entität zu ihrer Entscheidung gelangt bzw. welche Transformation aus dem Pool an Möglichkeiten initiiert werden soll. Vier Faktoren sind dafür bestimmend:

- Der die Wechselwirkung bewirkende Träger von Information,
- der Informationsgehalt der Entität,
- der Pool an Möglichkeiten, der die alternativen Transformationen beinhaltet,
- die Kriterien, die den Pool an Möglichkeiten zuerst reduzieren und dann auf das zu transformierende Ereignis kollabieren lassen.

Bei komplexen, differenzierter strukturierten Entitäten müssen zwei weitere Faktoren berücksichtigt werden:

- Die Beschleunigung des Transformationsgeschehens infolge der Vielzahl an Wechselwirkungen,
- Die durch die Beschleunigung bewirkte Reduzierung des Informationsgehaltes, der für die Transformation verantwortlich zeichnet.

Sowohl der Informationsgehalt als auch der Pool an

Möglichkeiten gewinnen mit zunehmender Komplexität der Entität an Bedeutung, weil sie z. B. bei dem 'Ich bin' dessen Tun bedingen.

Der Pool an Möglichkeiten

Das Seiende (Entität) unterliegt einem kontinuierlichen Prozess der Transformation. Mit anderen Worten: Im Kosmos existiert keine isolierte Entität. *Er* ist die alles Seiende umfassende Einheit. Der Pool an Freiheitsgraden ist der Ursprung, das 'Im Anfang' des Kosmos und, analog z. B. zur Energie, können Freiheitsgrade weder erzeugt noch zerstört, sondern nur in duale Information transformiert werden.

Der Pool an Möglichkeiten beinhaltet, entsprechend dem Pool an Freiheitsgraden, die der Entität im aktualen Jetzt zur Verfügung stehenden Transformationen oder - bei komplexeren Entitäten - deren Tun. In dem weiter oben angeführten Beispiel (Kreuzung) umfasst der Pool an Möglichkeiten, die vier Himmelsrichtungen sowie das Stehenbleiben in der Mitte. Die Entscheidung lässt den Pool an Möglichkeiten auf das zur Erscheinung gelangende Ereignis kollabieren und *vermindert* damit den Pool an Freiheitsgraden um explizit einen Freiheitsgrad. Zugleich wird - für das 'Ich bin' auf der Kreuzung - ein neuer Pool an Möglichkeiten aufgespannt.

Doch welche Kriterien bedingen anhand der oben aufgelisteten Faktoren die Entscheidung bzw. das optimale Tun der Entität? In Bezug auf den Menschen hat es I. Kant wie folgt formuliert:

> „Handle nur nach derjenigen Maxime, durch die du zugleich wollen kannst, dass sie ein allgemeines Gesetz werde."[61]

Bringt Kant mit dieser Maxime das grundlegende Gesetz der Evolution des Kosmos zum Ausdruck? Oder beschreibt Al Ġazzālī (Gest. 1111) in seinem Beispiel den wahren Prozess der Entscheidungsfindung?

> „Ein Esel steht zwischen zwei gleich großen und gleich weit entfernten Heuhaufen. Er verhungert schließlich, weil er sich nicht entscheiden kann, welchen er zuerst fressen soll."[62]

Wird die Entscheidung durch ein zufälliges Ereignis herbeigeführt und dadurch die Kontinuität der Evolution bewirkt? Anders gefragt: Welches ist bei identischen Kriterien die Transformation bzw. das Tun mit der höchstmöglichen (optimalen) Wahrscheinlichkeit?[63] Die Antwort liegt im Prozess der Transformation selbst begründet: In der Information über den Prozess der Transformation, die als Informationsgehalt der Entität erhalten bleibt. Der Pool an Möglichkeiten des Prozesses der Transformation umfasst im ersten Jetzt des Kosmos explizit eine Möglichkeit der Transformation; die Erhaltung des Prozesses im 'Dasein'. Zu diesem Zeitpunkt hat einzig die Entität *Kosmos* existiert und sein Informationsgehalt hat lediglich die Information des eigenen Seins beinhaltet. Der Pfad des Kosmos beschreibt folglich eine Gerade, bis sich sein Informationsgehalt aufgrund von Wechselwirkungen allmählich zu der stets umfassenderen Einheit bzw. Mannigfaltigkeit des Seienden entwickelt hat. Dabei wird der Pool an Möglichkeiten für die individuelle Entität (z. B. 'Ich bin') in Bezug auf sein Tun, seinen Handlungsspielraum, wesentlich vergrößert, während der Pool an Möglichkeiten des Kosmos insgesamt mit jeder Transformation vermindert wird, bis er letztlich ausgeschöpft ist und jegliches Tun zum Stillstand gelangt.[64] Analog dem Ursprung des Pools an Freiheitsgraden existieren im ersten Grenzbereich dunkle Zonen, deren Information für den Menschen - zumindest bis heute - im

Verborgenen liegen. Dazu gehören auch jene Faktoren oder Informationen, die letztlich das Tun des 'Ich bin' bedingen. Dazu später mehr.

Der Informationsgehalt der Entität und damit des Seienden generell, spannt zu dem Pool an Möglichkeiten auf, der bedingt, welche Transformation als Ereignis zur Erscheinung gelangt. Mit zunehmender Komplexität und/oder Differenzierung der Entität wird der Pool an Möglichkeiten, der sie wie eine virtuelle Wolke umhüllt, zum einen durch die Komplexität erweitert und zum anderen reduziert, indem, bedingt durch den Informationsgehalt selbst, bestehende Kriterien bestimmte Transformationen ausschließen, weil sie z. B. dem Erhalt der Entität zuwiderlaufen.[65] Anders ausgedrückt: Der Pool an Möglichkeiten umfasst die Transformationen, welche der Entität im aktualen Jetzt zur Verfügung stehen. So kann z. B. ein Pianist, dessen Hände gefesselt sind, obwohl er von seinem Informationsgehalt dazu imstande ist, kein Klavierkonzert geben. Das (Ur-)Kriterium, die Erhaltung der Entität, bestimmt über den Pool an Möglichkeiten die Evolution des Kosmos und tritt in differenzierter Form z. B. bei der Menschheit als moralisches Verhalten in Erscheinung.

Komplexität und Mannigfaltigkeit

Die duale Information besteht aus der Transformation eines Freiheitsgrades in Information und der Information über diesen Prozess bzw. der Information, die als Ereignis zur Erscheinung gelangt und der Information, die das *Sosein* des Ereignisses in der Realität bedingt.

„Im Großen Anfang da war nur Nichtsein
und noch kein Sein und keine Namen.

> Daraus entstand das Eine - da war das
> Eine, doch noch keine Form. [...] Das, was
> noch keine Form hatte, wurde unterschie-
> den, aber es gab noch keine Trennung. [...]
> Durch Stillstand und Bewegung wurden
> die Dinge geboren. Während die Dinge
> vollendet wurden, entstanden verschiede-
> ne Konfigurationen. Diese nennt man
> Formen. Die körperliche Form birgt den
> Geist, die Form und der Geist haben bei-
> de ihren eigenen Namen."[66]

Für Zhuang Zhou besitzt die leibliche Form Geist: die Information, welche das Ereignis prägt und ihm somit Form
verleiht, sein Sosein bewirkt. In Platons Ideenlehre bilden
die unvergänglichen Ideen und die vergänglichen Dinge
das Seiende und C. G. Jung (1875-1961) spricht in seinen
Schriften von Archetypen, im kollektiven Unbewussten
angesiedelte (Ur-)Bildern, sogenannte Vorstellungsmuster.
Dabei handelt es sich um psychische Strukturdominanten,
die als unbewusste Wirkfaktoren das Bewusstsein prägen
und strukturieren. Der Aspekt des Prozesses der Transformation, welcher die Wechselwirkung als Information erhält, prägt das Dasein des Seienden und ist in codierter
Form als dessen Informationsgehalt mit dessen Struktur
verwoben. Zhuang Zhou über die Mannigfaltigkeit der
zehntausend Wesen:

> „Tao ist nicht zu klein für das Größte
> und nicht zu groß für das Kleinste. So
> sind alle Dinge darin begriffen - wahr-
> haft groß ist seine grenzenlose Fassungs-
> kraft und unauslotbar seine Tiefe."[67]

Den Erkenntnissen der bedeutendsten chinesischen Denker
der Frühzeit füge ich zwei Beispiele hinzu, die verdeutlichen, wie Mannigfaltigkeit entsteht und mit welcher Beschleunigung der Prozess der Evolution sich entwickelt.

Die Entität 'A' tritt in Wechselwirkung mit 'B', dem Träger von Information, und wird zu 'C', der umfassenden Einheit transformiert. Die ursprüngliche Entität 'A' kann jetzt sowohl mit 'C' als auch mit 'D', einem weiteren Träger von Information, in Wechselwirkung treten und sich zur Einheit 'E' transformieren. Im Folgeschritt kann 'A' mit 'C', 'E' oder 'F', dem nächsten Träger von Information, in Wechselwirkung treten und damit zu 'G' transformiert werden. Vernachlässigt wurde das Transformationsverhalten von 'C', 'E', etc. Die Erhaltung des Seienden bedingt, dass sie als individuelle Strukturen fortbestehen und ihrerseits in Wechselwirkung treten können. So bewirkt ein Ereignis in der Vergangenheit das aktuale Transformationsverhalten des Seienden.[68]

Und:

Der indische Herrscher Shihram tyrannisierte seine Untertanen und stürzte sein Land in Not und Elend. Um die Aufmerksamkeit des Königs auf seine Fehler zu lenken, ohne seinen Zorn zu entfachen, schuf Dahers Sohn, der weise Brahmane Sissa, ein Spiel, in dem der König als wichtigste Figur ohne Hilfe anderer Figuren und Bauern nichts ausrichten kann. Der Unterricht im Schachspiel machte auf Shihram einen starken Eindruck. Er wurde milder und ließ das Schachspiel verbreiten, damit alle davon Kenntnis erlangten. Um sich für die anschauliche Lehre von Lebensweisheit und zugleich Unterhaltung zu bedanken, gewährte er dem Brahmanen einen freien Wunsch. Dieser wünschte sich Weizenkörner: Auf das erste Feld eines Schachbretts wollte er ein Korn, auf das zweite Feld die doppelte Menge, also zwei, auf das Dritte wiederum doppelt so viele, also vier, und so weiter. Der König lachte und war gleichzeitig erbost über die vermeintliche Bescheidenheit des Brahmanen.

Als sich Shihram einige Tage später erkundigte, ob Sissa seine Belohnung in Empfang genommen habe, musste er hören, dass die Rechenmeister die Menge der Weizenkörner noch nicht berechnet hätten. Der Vorsteher der Kornkammer meldete nach mehreren Tagen ununterbrochener Arbeit, dass er diese Menge Getreidekörner im ganzen Reich nicht aufbringen könne. Auf allen Feldern zusammen wären es $2^{64}-1$ oder 18.446.744.073.709.551.615 Weizenkörner.[69]

Jede Wechselwirkung fügt der umfassenden Einheit explizit eine duale Information hinzu und bewirkt somit, dass das Seiende mit jeder Transformation (Wechselwirkung) in seinem strukturellen Aufbau (z. B. Evolution des Lebens) komplexer bzw. differenzierter wird. Die Erhaltung des Seienden (Entität[(en)]) sowohl als zur Erscheinung gelangendes Ereignis als auch in Form des Informationsgehaltes bedingt nicht nur die Komplexität und Differenzierung des Seienden, sondern zudem die Mannigfaltigkeit innerhalb des Kosmos.

Die zunehmende Komplexität des Seienden erzeugt, ausgehend vom ursächlichen Ereignis, dem Pool an Freiheitsgraden über den Prozess der Transformation bis zum Kosmos dessen Mannigfaltigkeit. Jede Transformation erzeugt ein *Neues* und trotzdem existieren in der Evolution des Kosmos Phasen, besser gesagt Grenzbereiche, in denen das Neue, in der Physik wird es als *Quantensprung* bezeichnet, jenen vollzieht. Der erste Grenzbereich markiert den Ursprung des Kosmos, das 'Im Anfang' das Ereignis, das den Pool an Freiheitsgraden aufgespannt und die Evolution sowohl des Kosmos als auch des Lebens ermöglicht hat. Als zweiten Grenzbereich bezeichne ich die Phase des Übergangs vom Mikro- zum Makrokosmos, dessen Erörterung Gegenstand des zweiten Teils dieser Schrift ist.

Der zweite Grenzbereich

> „Die mystischen Erklärungen gelten für tief;
> die Wahrheit ist, dass sie noch nicht einmal
> oberflächlich sind.“[70]
>
> Nietzsche

Die Quantentheorie

„[...] es sucht gleichsam nach seiner eigenen Wesenheit, nach sich selber und dem, was es hervorgebracht hat, [...].“[71] (Entstehen bedeutet ein Suchen nach sich selbst, ein Streben nach Erfüllung der eigenen Wesensbestimmung, die das, was erst entsteht, eben noch nicht besitzt; das Entstehende ist noch nicht bei sich, es kommt allererst zu sich selbst.)

Die Erkenntnis von Plotin beschreibt den Menschen und dessen Suche nach dem Ursprung und Sinn des eigenen Seins, obwohl er den Begriff *Es* auf das Denken und dessen Hinwendung auf das Eine bezogen hat. Denken als Einheit umfasst bei ihm stets ein Denkendes und ein Gedachtes und wenn ich es in Bezug zum Prozess der Transformation setze, so entspricht seine Vorstellung von Einheit den beiden Aspekten der Transformation. Das Wirkprinzip des Kosmos bleibt der bewussten Wahrnehmung des 'Ich bin' verborgen; es existieren jedoch Bereiche innerhalb der Realität, die ihm einen indirekten Blick in dessen wahres Wesen gewähren. Diese Phasen der Evolution des Übergangs markieren Grenzbereiche, in denen nicht nur Neues entsteht, sie erscheinen gleichsam durchsichtig, als wolle der Kosmos das 'Ich bin' auf einen bedeutenden Aspekt seines Wesens hinweisen, ihm sagen: „Wie oben, so unten; wie innen, so außen. [Wie der Geist, so der Körper]."[72]

Der zweite Grenzbereich, der die Phase des Übergangs von der Mikro- zur Makrowelt umfasst, ist untrennbar mit zwei großen Theorien der Physik verwoben: der Quantentheorie und der Quantenelektrodynamik (QED). Zudem nimmt er die Mittelstellung zwischen dem ersten und dritten Grenzbereich ein. Mit anderen Worten: Er ist zwischen dem Ursprung, dem 'Im Anfang' und der bewussten Wahrnehmung des 'Ich bin', dessen Erkenntnis der Realität, wie sie ihm mittels moderner Technologie offenbart wird.

Die Methode, derer sich die Wissenschaft bedient, ist die der Naturbeobachtung, des Experimentes und die bewusste logische Auseinandersetzung mit den Resultaten. Die Anfänge der westlichen Weltsicht bildet der positivistische Realismus, dessen Basis in den Errungenschaften der Mechanik der Neuzeit liegt. Innerhalb zweier Jahrhunderte sind vor allem vier Forscher - N. Kopernikus (1473-1543), G. Galilei (1564-1641), J. Kepler (1571-1630) und I. Newton (1642-1726) - in den Vordergrund getreten und haben mit ihren Arbeiten das noch heute gültige Weltbild geschaffen. Sie haben die Erde aus dem Mittelpunkt des Kosmos gerückt und damit gleichzeitig den Menschen aus seiner bis dahin einzigartigen Stellung; ein Schritt, der mit der Evolutionslehre von C. Darwin (1809-1882) endgültig besiegelt worden ist. Aus den Erkenntnissen dieser Forscher resultieren Theorien, die bis heute ihre Schatten werfen und Begriffe wie 'Energie', 'Masse' und 'Gravitation' in das Denken sowohl der Wissenschaftler als auch der interessierten Laien eingeführt haben. Die Berechenbarkeit der Natur hat der Industrie neue Möglichkeiten eröffnet und der Gesellschaft einen ungeahnten Fortschritt. Auftauchende Probleme sind gemäß der Descartesschen Regel in Teilbereiche zerlegt worden, sodass sie einzeln analysiert und im Anschluss wieder zu einem verständlichen Ganzen zusammengefügt werden konnten.

Die Zeit, die Ursache und Wirkung verbindet, scheint mit den Gesetzen der Dynamik, die symmetrisch in der Zeit sind und so die Umkehrung eines Zustandes erlauben, nicht in Einklang zu bringen. Anders formuliert: Die Dynamik ist somit nicht für den Zeitpfeil verantwortlich. Die Lösung liefert das Konzept der Energie und der *Entropie*. Energie entwickelt sich stets zu niedriger Qualität, ebenso wie Wärme immer vom wärmeren zum kühleren Bereich fließt. Die Gesamtenergie bleibt - wie der erste Hauptsatz der Thermodynamik[73] beschreibt - unverändert; nur dass sie im Verlauf der Evolution des Kosmos zu unbrauchbaren Energieformen transformiert wird. Für diesen Prozess ist der Begriff Entropie[74] eingeführt worden, die in Richtung des Zeitpfeils zunimmt.

Im ausgehenden 19. Jahrhundert beginnt ein Umbruch im bisherigen klassischen mechanistischen Weltbild. Die Mechanik mit ihren Bahnen und Körpern und der über große Entfernung wirkenden Gravitation kann viele Phänomene wie z. B. die Periheldrehung von Merkur[75] nicht erklären und das elektrodynamische Feld mit seinen Wellen, dessen Nachweis H. Hertz (1857-1894) im Jahre 1886 gelungen ist, die sich mit Lichtgeschwindigkeit durch den anscheinend leeren Raum bewegen, hat die Natur in materielle Teilchen und solche, die sich wie Wellen verhalten, gespalten. Die Beschreibung der neuen Sichtweise der Realität wird von der Quantenmechanik geleistet. Sie stellt zugleich den Versuch dar, den Kosmos in seiner gesamten Struktur vom Elementarteilchen bis zum Makroniveau in einer umfassenden Theorie abzubilden. Bis heute kann sie diesem Anspruch jedoch nicht gerecht werden.

Folgende Thesen fassen die Position der Wissenschaftler zu Beginn des 20. Jahrhunderts zusammen:

- Objekte existieren unabhängig von einem Beobachter.
- Ebenso verhält es sich mit dessen physikalischen Eigenschaften; sie existieren unabhängig von der Beobachtung.
- Eigenschaften sind unabhängig voneinander. Wahrnehmung oder Beeinflussung einer Eigenschaft ist ohne Wirkung auf eine andere.
- Die zeitliche Veränderung folgt den bestehenden Naturgesetzen.

Es sind wissenschaftliche Experimente, die diese im Grunde einfachen Regeln untergraben, dadurch das Verständnis der Wissenschaftler von der Struktur des Kosmos erschüttert und dem alten Weltbild den Todesstoß versetzt haben. Welche Realität oder seltsame Phänomene offenbart nun die Quantentheorie dem Wissenschaftler?

Der Begriff *Quant* bezeichnet ein Objekt, das durch einen Zustand in einem System mit diskreten Werten einer physikalischen Größe, zumeist Energie, erzeugt wird und. Somit treten im Kosmos nur diskrete Erscheinungen auf, die vor der Aufstellung der Quantentheorie nicht zu erklären waren. Zudem interpretiert diese Begriffe wie *Materie, Kausalität und Beobachtung* neu und wirft seitdem ihre Fragen auch in die Philosophie hinein. B. d`Espagnat (1921-2015) sagt über sie:

> „Jeder, der sich eine Vorstellung von der Welt zu machen versucht - und von der Stellung des Menschen in der Welt -, muss die Errungenschaften und die Problematik der Quantentheorie einbeziehen. Mehr noch, er muss sie in den Mittelpunkt seines Fragens stellen."[76]

Seltsame Phänomene

Das Doppelspalt-Experiment

Auch siebzig Jahre nach ihrer Aufstellung sorgt die Quantentheorie in Bezug auf ihre Interpretation für heftige Kontroversen. Dem an der klassischen Physik orientierten Vorstellungsvermögen erscheint sie seltsam, obwohl ihr Formalismus selbst nie in Zweifel gezogen wird. Gerade in den letzten Jahren ist - infolge präziserer Experimente, die es erlauben, relevante Bereiche direkt zu messen - die Debatte über ihre Deutung neu in Gang gekommen.

In der Quantentheorie werden Teilchen aufgrund ihrer Fähigkeit zur Interferenz durch sogenannte Wellenfunktionen (Ψ) beschrieben. Dabei entspricht die Wellenfunktion z. B. bei einem Teilchen dem normalen dreidimensionalen Raum; sie beschreibt den Zustand des Teilchens. Für mehrere Teilchen ist sie auf einen abstrakten Raum definiert, der sich aus den Ortszuständen der Teilchen ergibt.

Eine Wasserwelle stört die glatte Oberfläche eines Sees, weil sie Bereiche mit höherem (Berg) und niederem (Tal) Wasserspiegel erzeugt. Normale Wellen weisen eine periodische Abfolge von Berg und Tal auf. Trifft jedoch ein Wellenberg auf einen anderen, dann verstärken sie einander; es entsteht Interferenz. Derselbe Effekt tritt bei zwei Wellentälern ein. Die Absenkung wird tiefer. Letztlich besteht noch die Möglichkeit, dass ein Wellenberg auf ein Wellental trifft, dann löschen beide einander aus und der See erhält seine glatte Oberfläche zurück. Nicht anders verhält es sich mit dem Licht, das ein Interferenzmuster erzeugt, wenn es durch die beiden Spalte der Versuchsanordnung geht und auf eine dahinter befindliche Fotoplatte trifft. Licht ist eine elektromagnetische Welle, und wenn beide Spalte offen sind, interferiert es, wie bei dem Beispiel der Wasserwellen.

Nach der klassischen Physik müssten auf der Fotoplatte - hinter den beiden Spalten - zwei geschwärzte Bereiche zu sehen sein. Das Experiment weist jedoch ein anderes Verhalten auf: es entsteht ein Interferenzmuster, das mit der Zeit aus einer Vielzahl an Einzelpunkten (Photonen)[77] aufgebaut wird; der unbezweifelbare Beweis für die Wellennatur des Lichts bzw. des Photons. Das Ergebnis bleibt unverändert, selbst wenn nur ein Photon nach dem anderen auf die Fotoplatte trifft. Folglich interferiert es mit sich selbst. Das Interferenzmuster verschwindet nur, wenn ein Spalt geschlossen ist oder das Photon auf seinem Weg beobachtet wird. Die Beobachtung durch einen Detektor zwingt das Photon, seiner Wellennatur zu entsagen, um als Punktteilchen, genauer gesagt als Ereignis in Erscheinung zu treten. Die vereinfachte Erklärung der Quantentheorie lautet: Da das Photon sowohl den linken als auch den rechten Spalt hätte nehmen können, müssen beide möglichen bzw. sämtliche möglichen Wege kombiniert werden, um die Wahrscheinlichkeit zu bestimmen, mit der das Photon die Fotoplatte an einem bestimmten Punkt schwärzt. Werden die beiden Wahrscheinlichkeiten addiert, erzeugen sie ein Interferenzmuster. Ein klassisches Photon könnte nie beide Spalte gleichzeitig passieren: doch wie das Doppelspalt-Experiment beweist, verschwinden die Interferenzen erst, wenn ein Detektor das Teilchen zwischen Quelle und Fotoplatte registriert. Folglich führt erst die 'Beobachtung' des Teilchens zum *Kollaps der Wellenfunktion* (Dekohärenz)[78] und zwingt dem Photon die aus der klassischen makroskopischen Realität bekannten Eigenschaften auf.

Dieser Versuch öffnet dem 'Ich bin' eine vollkommen andere Sicht auf die Realität und gibt ihm zu verstehen, dass Objekte eine Realität, ein Sein besitzen, auch bevor sie als Ereignis zur Erscheinung gelangen. Das Teilchen, welches die 'Schrödinger-Gleichung' beschreibt, wird damit in jeder nur möglichen Wahrscheinlichkeit in Raum und Zeit festgelegt. Seine Realität ist fest umschrieben, symmetrisch, allerdings nur in der Zeit, nicht in der Lokalität. Dort ist es über sämtliche Möglichkeiten verschmiert.

Die Verschränkung

Das Superpositionsprinzip ist das zentrale Element der Quantentheorie bzw. die wesentliche Eigenschaft von Wellentheorien. Es besagt, dass einem System aus mehreren Teilchen, nur eine gemeinsame Wellenfunktion zugeordnet werden kann - diese sind dann miteinander verschränkt. Diese *Verschränkung* ist der Hauptunterschied zur klassischen Physik, in der ein Teilchen niemals an zwei Orten zugleich sein kann, weil es stets lokalisiert ist. Ein weiterer Unterschied betrifft den Zustand des Teilchens, der in der klassischen Mechanik durch Ort und Impuls charakterisiert wird; sie legen die Bahn des Teilchens eindeutig fest. Im Gegensatz dazu wird in der Quantentheorie der Zustand des Teilchens durch seine Wellenfunktion bestimmt. Sie hängt entweder vom Ort oder alternativ vom Impuls ab. Die Konsequenz aus der Halbierung der Variablen ist, dass die Teilchenbahnen aufgegeben werden müssen und an ihre Stelle Wahrscheinlichkeiten sowohl für den Ort als auch den Impuls treten. Die Nichtexistenz der Teilchenbahn bedingt zugleich die *Unschärfe* bei der gleichzeitigen Messung von Ort und Impuls. Wird der Ort mit hoher Genauigkeit gemessen, dann geht dies zulasten der exakten Messung des Impulses.

Dazu ein Beispiel: Der Begriff *Lokalität* veranschaulicht am besten die Problematik der Quantentheorie; er betrifft die dritte These. A. Einsteins (1979-1955) Unbehagen gegen die neue Theorie ist bekannt, vor allem gegen den durch die Wahrscheinlichkeitsinterpretation eingeführten Indeterminismus - deshalb ersann er mit B. Podolsky (1896-1966) und N. Rosen (1909-1995) das als EPR-Paradoxon bekannt gewordene Gedankenexperiment.

In einem vereinfachten Experiment werden von einer Quelle ein Paar Spin-½-Teilchen[79] ausgesandt, welche in entgegengesetzte Richtungen davonfliegen. Die beiden Teilchen befinden sich in einem verschränkten Zustand: Keinem Teilchen kann ein definitiver Wert für den Spin in Bezug auf eine vorgegebene Richtung zugeordnet werden. Wird eines der Teilchen gemessen und zeigt, dass sein Spin nach oben weist, so muss die Messung des zweiten Teilchens das Ergebnis Spin nach unten ergeben.

Das EPR-Experiment geht davon aus, dass es bei zwei weit voneinander entfernten Teilchen möglich sein muss, den Spin eines der Teilchen zu bestimmen, ohne dass das andere davon Kenntnis erhält und deshalb muss laut EPR für das andere Teilchen dem Wert des Spins in jede Richtung Realität zukommen. Da die Quantentheorie die gleichzeitige Messung nicht erlaubt, muss sie unvollständig sein. Zur Erklärung dieses Paradoxons sind sogenannte *verborgene Parameter* in die Theorie eingeführt worden, die bisher nicht bekannt und für die seltsamen Ergebnisse verantwortlich sind.

Dieser Weg ist jedoch nicht gangbar, wie J. Bell (1928-1990) bewiesen hat. Dabei wird auf logischer Basis ein Kriterium erstellt, welches zwischen experimentellen Ergebnissen unterscheiden kann, welche durch keine gültigen Variablen bestimmt werden. Bisher sprechen sämtliche durchgeführten Versuche gegen die Existenz verborgener Variablen.

Handelt es sich bei dem Gedankenexperiment tatsächlich um ein *seltsames* Phänomen? Die Quantentheorie ist eine exakte Theorie und stellt ein konsistentes Gebäude dar. Außerdem ist sie hervorragend abgesichert, d. h., durch Experimente verifiziert. Andererseits zwingen die Ergebnisse das 'Ich bin' dazu, seine auf der Erkenntnis basierende Vorstellung über den Kosmos aufzugeben, weil die vorliegenden Tatsachen eine andere Sprache sprechen.

Schrödingers Katze

Der Aspekt der Dekohärenz ist analog zum Prozess der Transformation und der bewussten Wahrnehmung des Menschen, des 'Ich bin', ein Grenzbereich, bei dem ihm Informationen über eben diesen Prozess, indirekt über das Verhalten der Teilchen, zugänglich ist. Anders formuliert: Das Superpositionsprinzip bewirkt, dass einem aus mehreren Teilchen bestehenden System eine gemeinsame Wellenfunktion zugeordnet werden kann; die Teilsysteme sind dann miteinander verschränkt. Die Verschränkung, genauer gesagt die Problematik der Integration der Quantentheorie, wie sie sich anhand des Gedankenexperiments von *Schrödingers Katze* äußert, zeigt, welche Schwierigkeit die Grenzbereiche in Bezug auf das Verständnis für das 'Ich bin' darstellen. Das Beispiel mit den eigenen Worten von E. Schrödinger (1887-1961):

> „[...] Man kann auch ganz burleske Fälle konstruieren. Eine Katze wird in eine Stahlkammer gesperrt, zusammen mit folgender Höllenmaschine (die man gegen den direkten Zugriff der Katze sichern muß) in einem Geigerschen Zählrohr befindet sich eine winzige Menge radioaktiver Substanz, so wenig, daß im Laufe einer Stunde vielleicht eines von den Atomen zerfällt, ebenso wahrscheinlich aber auch keines; geschieht es, so spricht das Zählrohr an und betätigt über ein Relais ein Hämmerchen, das ein Kölbchen mit Blausäure zertrümmert.

Hat man dieses ganze System eine Stunde lang sich selbst überlassen, so wird man sich sagen, daß die Katze noch lebt, wenn inzwischen kein Atom zerfallen ist. Der erste Atomzerfall würde sie vergiftet haben. Die Psi-Funktion des ganzen Systems würde das so zum Ausdruck bringen, daß in ihr die lebende und die tote Katze (s.v.v.) zu gleichen Teilen gemischt oder verschmiert sind. Das Typische an solchen Fällen ist, daß eine ursprünglich auf den Atombereich beschränkte Unbestimmtheit sich in grobsinnliche Unbestimmtheit umsetzt, die sich dann durch direkte Beobachtung entscheiden läßt. Das hindert uns, in so naiver Weise ein *verwaschenes Modell* als Abbild der Wirklichkeit gelten zu lassen. An sich enthielte es nichts Unklares oder Widerspruchsvolles. Es ist ein Unterschied zwischen einer verwackelten oder einer unscharf eingestellten Photographie und einer Aufnahme von Wolken und Nebelschwaden."[80]

Anders gesagt: Die mikroskopische Superposition - Atom zerfallen und Atom nicht zerfallen - existiert so lange, bis durch die Wechselwirkung mit einem Anderen, hier dem Beobachter, der Zustand von toter und lebendiger Katze durch den Kollaps der Wellenfunktion (Dekohärenz) in einen eindeutigen Zustand von entweder toter oder lebendiger Katze überführt wird. Die Frage, woher die Katze bzw. das Teilsystem seine Information bezieht, dass es beobachtet wird, stellt sich nur für das beobachtende 'Ich bin' und ist das Resultat seiner Art der Wahrnehmung. Die Antwort lautet: Es existiert kein isoliertes Teilsystem innerhalb des Kosmos.

Damit sind die grundlegenden seltsamen Phänomene, welche die Quantentheorie, insbesondere die vielfältigen

Experimente, dem 'Ich bin' suggerieren, in aller Kürze angesprochen worden. Deshalb jetzt zu den Erklärungen der Messergebnisse.

Superpositionsprinzip und Dekohärenz

Das Superpositionsprinzip bringt im Experiment - mittels neuzeitlicher Technologien - nichts anderes als das *Wesen des Kosmos* zum Ausdruck. Die Quantentheorie zeigt dem 'Ich bin' das Bild, welches bereits im ersten Grenzbereich aufgezeigt worden ist und von dem, die im Text zitierten Philosophen bereits Jahrtausende vor den Entdeckungen der modernen Wissenschaft Zeugnis abgelegt haben. Z. B. Parmenides:

> „Ein Gemeinsames (*Zusammenhängendes*) aber ist mir *das Seiende*, wo ich auch beginne. [..] daß *das Seiende* ist und daß es unmöglich nicht sein kann, das ist der Weg der Überzeugung (denn er folgt der Wahrheit), der andere aber, daß es nicht ist und daß dies Nichtsein notwendig sei, dieser Pfad ist (so künde ich Dir) gänzlich unerforschbar." [81]

Nur wenn der Evolution des Kosmos ein kontinuierlicher Prozess - der Prozess der Transformation - zugrunde gelegt wird, ergeben die Messergebnisse einen verständlichen Sinn, der frei von *seltsamen Phänomenen* ist. C. F. von Weizsäcker formuliert es wie folgt:

> „Auch wir glauben, dass die Wirklichkeit kontinuierlich ist, unterscheiden aber scharf zwischen 'Wirklichkeit' und 'Faktizität'. Kontinuierliche Wirklichkeit er-

> öffnet sich uns nur im Kontinuum der
> Möglichkeiten. Diskrete Alternativen
> sind Vorbedingungen begrifflichen Den-
> kens über Fakten. Sie sind aber stets
> eine winzige Auswahl aus der Fülle der
> Möglichkeiten."[82]

Weizsäckers 'Fülle der Möglichkeiten' bezeichne ich als
Pool an Möglichkeiten, der zum Zeitpunkt des Jetzt für das
Seiende (Entitäten) stets neu aufgespannt wird. Das Seiende transformiert sich im Jetzt unabhängig von seiner Komplexität und seinem Aufenthaltsort im Kosmos. Selbst ein
Photon, das einsam die Leere des Kosmos durcheilt, tritt
mit der Raumzeit in Wechselwirkung und wird somit in jedem Jetzt transformiert und sein Weg in Form von Information festgehalten. Anders ausgedrückt: Grundsätzlich
beruht jede Transformation (Wechselwirkung), ob in der
Physik, der Chemie oder innerhalb des menschlichen Leibes etc., auf dem Prozess der Transformation. „Wie oben,
so unten; wie innen, so außen; wie der Geist, so der Körper."[83] So steht es im Kybalion, ein weiterer der grundlegenden Aspekte im Wesen des Kosmos angesprochen ist:
die Wiederholung bewährter Prozesse, Strukturen, Muster
etc. F. Nietzsche (1844-1900) spricht im Zarathustra von
der Wiederkunft des ewig Gleichen.[84]

> „Alles geht, Alles kommt zurück; ewig rollt
> das Rad des Seins. Alles stirbt, Alles blüht
> wieder auf, ewig läuft das Jahr des Seins.
> Alles bricht, Alles wird neu gefügt; ewig
> baut sich das gleiche Haus des Seins. Al-
> les scheidet, Alles grüsst sich wieder;
> ewig bleibt sich treu der Ring des Seins.
> In jedem Nu beginnt das Sein; um jedes
> Hier rollt sich die Kugel Dort. Die Mitte
> ist überall. Krumm ist der Pfad der
> Ewigkeit."

Und:

> „Nun sterbe und schwinde ich, würdest du
> sprechen, und im Nu bin ich ein Nichts.
> Die Seelen sind so sterblich wie die Leiber.
> Aber der Knoten von Ursachen kehrt
> wieder, in den ich verschlungen bin, –
> der wird mich wieder schaffen! Ich sel-
> ber gehöre zu den Ursachen der ewigen
> Wiederkunft.
> Ich komme wieder, mit dieser Sonne, mit
> dieser Erde, mit diesem Adler, mit dieser
> Schlange – nicht zu einem neuen Leben
> oder besseren Leben oder ähnlichen Leben:
> – ich komme ewig wieder zu diesem glei-
> chen und selbigen Leben, im Grössten
> und auch im Kleinsten, dass ich wieder
> aller Dinge ewige Wiederkunft lehre, –
> – dass ich wieder das Wort spreche vom
> grossen Erden- und Menschen-Mittage, dass
> ich wieder den Menschen den Übermenschen
> künde.
> Ich sprach mein Wort, ich zerbreche an
> meinem Wort: so will es mein ewiges
> Loos –, als Verkündiger gehe ich zu
> Grunde!"[85]

Obwohl Nietzsche diese Aussage auf den gesamten Kosmos bezieht, bin ich der Meinung, dass er die Wahrheit gesehen oder zumindest geahnt hat, zumal er stets in ehr-
fürchtigem, fast religiösem Tonfall über seine Erkenntnis
gesprochen hat.

Wird ein Teilchen - wie im Doppelspalt-Experiment beschrieben - durch die Versuchsanordnung geschossen, so
erhält man als Messergebnis, entsprechend dem Versuchsaufbau, entweder eine Schwärzung hinter dem linken bzw. rechten Spalt oder - wenn beide Spalte offen
sind - das Interferenzmuster. Das Interferenzmuster ist

stets das Ergebnis einer Vielzahl von ausgesandten Teilchen, es baut sich folglich erst mit der Zeit, nach einer gewissen Anzahl von Teilchen auf. Dieser Aspekt des Experiments ist in Bezug auf das tatsächliche Geschehen, die Struktur des Kosmos, von nicht zu unterschätzender Bedeutung. Dazu gleich mehr.

Der Kern des Atoms wird von Protonen und Neutronen gebildet, während die Elektronen die Schalen in der Elektronenhülle besetzen. In der Begrifflichkeit der Quantentheorie existiert das Elektron nicht als Punktteilchen, das wie ein Trabant - analog Erde und Mond - den Kern umkreist, sondern als den Kern umfassende, stehende Materiewelle. Erst die exakte Berechnung des Elektrons liefert eine Wahrscheinlichkeitsverteilung, die dessen Aufenthaltsort als den mit der größten Wahrscheinlichkeit angibt. An diesem Ort wird es auch stets angetroffen. Andererseits tritt das Elektron z. B. in Streuprozessen bei Kollisionen in Nebelkammern als punktförmiges Teilchen in Erscheinung, wie die von ihm erzeugten Nebelspuren bezeugen. Oder: Wenn ein Elektron durch eine Messapparatur nachgewiesen und es dadurch gezwungen wird, in der Realität als Ereignis in Erscheinung zu treten, kollabiert dessen Wellenfunktion und als Ergebnis tritt entweder eine Nebelspur, eine Schwärzung auf dem Fotopapier oder das Klicken eines Detektors auf. Noch einmal anders formuliert: Jede Wechselwirkung mit dem Teilchen innerhalb eines Experimentes zerstört den quantenmechanischen Zustand der *Superposition*[86] (stehende Materiewelle) und führt unweigerlich zur Dekohärenz, der Reduzierung der im Pool an Möglichkeiten existierenden alternativen Handlungs- bzw. Existenzmöglichkeiten auf explizit ein irreversibles Ereignis in der Realität.

Der vermutlich seltsamste Effekt der Quantentheorie ist die Verschränkung (EPR-Paradoxon) von Teilchen und der vermeintliche Austausch von Information, der - wie Experimente zu beweisen scheinen - instantan erfolgen muss.

Nach der Relativitätstheorie markiert die Geschwindigkeit des Lichts die Obergrenze, mit der sich masselose Teilchen (z. B. Photonen) und folglich mögliche Informationen fortbewegen können. Die Interpretation der Quantentheorie lässt jedoch zu, dass verschränkte Teilchen über große Entfernungen instantan miteinander in Wechselwirkung treten, dabei allerdings keine Information übertragen werden kann. Mit dieser Begründung wird die Kausalität[87] nicht verletzt. Die Erklärung ist wenig plausibel, kaum mehr als ein vergeblicher Rettungsversuch, ein Festhalten an der physikalisch erklärbaren Realität unter Ausschluss möglicher, alternativer Theorien.

Die Dekohärenz - der Kollaps der Wellenfunktion - beschreibt explizit den Prozess der Transformation, die - aufgrund der Beobachtung (Messung) des Teilchens - dessen Pool an Möglichkeiten z. B. in Bezug auf seinen Aufenthaltsort explizit auf ein Ereignis (Tun, Möglichkeit) reduziert. Sie sagt nichts darüber aus, welchen Weg das Teilchen genommen hat, beide oder jeweils nur den linken oder rechten Spalt, sondern nur, dass das Interferenzmuster Folge eines dem 'Ich bin' verborgenen Prozesses ist. Um das Verhalten des Teilchens besser zu verstehen, hat N. Bohr (1885-1962) seinen Studenten:

> „[...] den Gebrauch beider Bilder empfohlen, die er als '*komplementär*' zueinander bezeichnete. Die beiden Bilder schließen sich natürlich gegenseitig aus, weil eine bestimmte Sache nicht gleichzeitig ein Teilchen (d. h. Substanz, beschränkt auf ein sehr kleines Volumen) und eine Welle (d. h. ein Feld, ausgebreitet über einen großen Raum) sein kann. Aber die beiden Bilder ergänzen sich; wenn man mit beiden Bildern spielt, indem man von einem zum anderen übergeht und wieder zurück,

so erhält man schließlich den richtigen Eindruck von der merkwürdigen Art von Realität, die hinter unseren Atomexperimenten steckt."[88]

Natürlich schließen die beiden Bilder sich gegenseitig aus, ebenso wie dem 'Ich bin' die unmittelbare Wahrnehmung und damit die Erkenntnis des Aspektes der Transformation nicht zugänglich ist, der die Information trägt und in der neuen Einheit erhält. Den Gebrauch der beiden Bilder, das 'von einem zum anderen Gehen und wieder zurück', diese Empfehlung von Bohr wird im dritten Grenzbereich ein guter Helfer für das Verständnis sein, wenn sich diese Schrift mit der bewussten Wahrnehmung des 'Ich bin' auseinandersetzt.

Das Teilchen nimmt, sofern es nicht beobachtet wird, sämtliche ihm durch seinen Pool an Möglichkeiten zur Verfügung stehenden Wege, bis es auf die Fotoplatte trifft und dort einen schwarzen Punkt hinterlässt. Die Superposition, in der sich das Teilchen bis zu diesem Zeitpunkt, seinem Auffinden bzw. seinem in der Realität als Teilchen in Erscheinung Treten, befindet, ist die *physikalische Beschreibung der Überlagerung seiner ihm möglichen Wege; sein Pool an Möglichkeiten*. Erst die Versuchsanordnung entscheidet darüber, wie das Teilchen sich verhält, oder welchen Aspekt seines Wesens das Messergebnis zur Erscheinung bringen soll. Dazu ein Beispiel:

Das 'Ich bin' verfügt in jedem Intervall des Jetzt über einen Pool an Möglichkeiten, der die ihm möglichen Transformationen sowohl in der Innenwelt (Homöostase, Denken etc.) als auch der Außenwelt (Sprache, Tun) umfasst. Wenn das 'Ich bin' Hunger verspürt, an den Kühlschrank geht und außer einem Stück Käse und einem Becher Joghurt

72

nichts vorfindet, so besitzt es - je nach individueller Veranlagung - einen Pool an Möglichkeiten, der vielleicht folgendermaßen beschaffen ist: Entweder Joghurt, Käse oder beides essen. Alternativ kann es in ein Restaurant gehen, einen Lieferdienst beauftragen, sich bei einer Bekannten zum Essen einladen oder einkaufen gehen. Jede der ihm zur Verfügung stehenden Handlungen steht für ein 'Tun' aus dem Pool an Möglichkeiten, dieser umgrenzt seinen Entscheidungsrahmen oder, in der Begrifflichkeit der Physik, dessen Freiheitsgrade. Mit anderen Worten: Der Pool an Möglichkeiten ist die Superposition, die Überlagerung der Wahrscheinlichkeiten, aus der, infolge einer Wechselwirkung, das Tun transformiert wird, das als Entscheidung des 'Ich bin' als Ereignis in der Realität zur Erscheinung kommt. Es isst den Käse. Sollte es danach noch Hunger verspüren und ins Restaurant gehen, so liegt diesem Tun ein neuer Pool an Möglichkeiten zugrunde. Das geschilderte Tun besteht natürlich aus einer 'großen' Anzahl an Wechselwirkungen und den durch sie bewirkten Transformationen. So verändert jede bewusste oder unbewusste Wahrnehmung ebenso sein Tun wie seine leibliche Befindlichkeit.

Dieser kurze Vorgriff auf den dritten Grenzbereich veranschaulicht die Superposition als Pool an Möglichkeiten des Teilchens, bis es mit einem Anderen (Messapparatur) in Wechselwirkung tritt und die dadurch bedingte Transformation zur Dekohärenz der Superposition führt und das Tun des Teilchens in der Realität explizit auf ein Ereignis reduziert. Gleichzeitig werden die alternativen Transformationen (Handlungsmöglichkeiten) aufgehoben. Oder auch: Die Überlagerung der Wahrscheinlichkeiten wird infolge des Experimentes aufgelöst - Dekohärenz - und das Teilchen wird entsprechend dem Versuchsaufbau zum Ereignis in der Realität; es tritt in Erscheinung. Das Experiment oder die an das Teilchen gerichtete Frage entscheidet somit über das Tun des Teilchens, indem es aus dem gemeinsam aufgespannten Pool an Möglichkeiten die wahrscheinlichste[89] Transformation (Ereignis) realisiert - die, welche mit dem Informationsgehalt des Teilchens und dem Messapparat konform geht. Entweder, bei einem geöffneten Spalt, die Schwärzung im dahinter befindlichen Bereich oder, wenn beide Spalten geöffnet sind, der *Punkt für Punkt* Aufbau des Interferenzmusters des ihm anhand der Versuchsanordnung zur Verfügung stehenden Pool an Möglichkeiten.

Entscheidend ist, dass - analog der physikalischen Interpretation, welche das Teilchen mit sich selbst interagieren und so das Interferenzmuster entstehen lässt - jedes Teilchen explizit nur einen Punkt auf der Fotoplatte schwärzt. Erst Tausende erzeugen ein sichtbares Interferenzmuster. Mit anderen Worten: Als Ereignis in der Realität erscheint das Teilchen stets als punktuelles Teilchen (Entität). Das Interferenzmuster offenbart dem 'Ich bin' den informationstragenden Aspekt der Realität, der ihm im zweiten Grenzbereich zur bewussten Wahrnehmung und damit zur Erkenntnis gelangt. Der Übergang von der Mikro- zur Makrowelt bringt den verborgenen Prozess der Transformation als sichtbares Ereignis in der Realität zur Erscheinung, er gewährt dem 'Ich bin' sozusagen einen flüchtigen Blick in die wahre Struktur (Wesen) des Kosmos, seinen - bis zu diesem Zeitpunkt der experimentellen Entwicklung - verborgenen Seinsweisen. Ich will diesen Sachverhalt anhand eines weiteren Beispiels verdeutlichen.

> Aus einer Höhe von fünfzig Metern betrachtet, ist ein Parkplatz nicht mehr als

ein asphaltierter Bereich, der in regelmä-
ßigen Abständen weiße Linien aufweist,
die unterbrochen (Fahrbahn) und in
mehreren Reihen nebeneinander (Parkbuchten) angeordnet sind. Die Anzahl
der zur Verfügung stehenden Parkbuchten bilden den Pool an Möglichkeiten
für die einzeln einfahrenden Fahrzeuge.
Bevor die Schranke zum ersten Mal
nach oben geht, versetzt ein Roboter den
Standort der den Parkplatz beobachtenden Kamera so weit in die Höhe, dass
die Markierungen der Parkbuchten nicht
mehr sichtbar sind. Ein Taktgeber öffnet
jetzt einmal pro Minute die Schranke
und lässt genau ein Fahrzeug auf den
Parkplatz einfahren. Die Kamera registriert, wie ein Fahrzeug nach dem anderen auf den Parkplatz fährt und ohne jedes erkennbare System die Parkbuchten
belegt. Bedingt durch die nicht mehr
sichtbaren Markierungen bauen die
Fahrzeuge in zunehmendem Maße ein
Muster auf, das für die Kamera - den damit verbundenen Beobachter, der nur die
etwas mehr als punktgroßen Fahrzeuge
sieht, den Eindruck erweckt, als inter-
agierten die Fahrzeuge entweder mit
sich selbst oder miteinander, analog zu
der scheinbaren Interferenz beim *Doppelspalt-Experiment.*

Das Interferenzmuster beweist die duale Struktur des Kosmos; es ist der sichtbare Ausdruck seines informationstragenden Aspektes, des Pools an Möglichkeiten, der im Doppelspalt-Experiment von der Versuchsanordnung aufgespannt wird und jetzt als Ereignis in der Realität zutage
tritt. Die Gründe, weshalb gerade das Interferenzmuster als
Ereignis zur Erscheinung gelangt, liegt im Informationsgehalt, der dem Experiment, dem Seienden generell, zugrunde

liegt und den sowohl jede Entität (Teilchen, Messapparatur etc.) als auch die sie umfassende Einheit mit sich trägt bzw. damit verknüpft ist. Diese 'Halbierung' der Wahrnehmung und damit der Realität bewirkt, dass das 'Ich bin' ein Ereignis wahrnimmt, von dem es nur über dessen Wirkung Kenntnis besitzt, nicht aber über dessen Ursache bzw. die es bedingenden Kriterien (Naturgesetze). Nach welchem Kriterium die Fahrzeuge auf dem Parkplatz ihre jeweiligen Positionen besetzen und dadurch täglich dasselbe Muster erzeugen, ist für den Beobachter anhand der Markierungen sofort ersichtlich; er ist über den Sachverhalt umfassend informiert. Er kennt sowohl die Ursache als auch das Kriterium für das Ereignis und deshalb erscheint es ihm nicht seltsam, dass jeden Tag explizit dieses Muster vor ihm aufgebaut wird und niemals eine davon abweichende Struktur.

Das Teilchen besitzt, nachdem es die Quelle verlassen hat und beide Spalte offen sind, sämtliche ihm durch den Pool an Möglichkeiten zur Verfügung gestellten alternativen Transformationen (Tun), um als punktuelle Schwärzung - individuelles Ereignis - in Erscheinung zu treten. Welches Kriterium letztlich die Dekohärenz bewirkt und das Teilchen links oben und nicht rechts unten als Ereignis manifestiert, bleibt der Erkenntnis des 'Ich bin' verborgen.

Duale Information

Exkurs: Entropie und Information[90]

Das Superpositionsprinzip der Quantentheorie entspricht dem Pool an Möglichkeiten eines Teilchens und die Dekohärenz beschreibt den Prozess der Transformation aufgrund einer Wechselwirkung. Jede Wechselwirkung transformiert aus dem ursprünglichen Pool an Freiheitsgraden einen Freiheitsgrad in duale Information. Der Begriff Information ist ein zentraler Bestandteil der heutigen Zeit und somit nicht isoliert vom Menschen bzw. dem 'Ich bin' analysierbar. Er spielt in der Entropie[91], der Quantentheorie, dem Internet etc. eine ebenso bedeutende Rolle wie in vielen anderen Bereichen des täglichen Lebens, wo er weniger offenkundig in Erscheinung tritt. Aber was ist Information und wie bedingt bzw. strukturiert sie die Evolution des Kosmos? Zuerst ein kurzer Blick in die Geschichte der Information. In der Metaphysik von Aristoteles (384-322 v. Chr.) steht: „Alle Menschen streben von Natur nach Wissen."[92]

Oder nach Information! Und in der Bibel heißt es:

> „Im Anfang war das Wort. Das Wort war bei Gott, und in allem war es Gott gleich. Von Anfang an war es bei Gott. Alles wurde durch das Wort geschaffen; und ohne das Wort ist nichts entstanden."[93]

Oder, wie es im Englischen ausgedrückt wird: „It from bit". Nach J. Wheeler (1911-2008), von dem die Redewendung stammt, nimmt der Kosmos seinen Anfang in einer Formbildung, und so gesehen erzeugt der Mensch Dinge erst durch Information, die sie ihm selbst mitteilen.

Doch wie kann Information definiert werden? Als kopier- und mitteilbares Muster welches der Mensch versteht, und das eigenständig das Seiende erzeugen kann? Und woraus bestehen die Muster aus Bits oder sind sie quantisierbar? Zudem kann Information in Form von Frequenzen, chemischen Reaktionen etc. gespeichert und verarbeitet werden. 'Im Anfang war das Wort' könnte auch heißen, dass es im Urstoff bereits angelegt gewesen ist. A. Zeilinger (1945) vertritt die Hypothese, dass „Wirklichkeit und Information dasselbe sind"[94].

77

Für N. Wiener (1894-1964) und seine Mitarbeiter tritt der Informationsgehalt eines Systems gleichberechtigt neben seine Energie und sie definieren die Information als ein Maß für den Grad an Ordnung innerhalb eines Systems. Damit verknüpfen sie die Information mit dem in der Thermodynamik verwendeten Begriff Entropie, der das Wechselspiel von Ordnung und Unordnung beschreibt. Anders formuliert: Die Entropie beschreibt die Änderung eines Systems, und legt man ihr eine konstante Energie zugrunde, so strebt die Unordnung beständig ihrem Maximum zu.

Ein Bereich, in dem die Information größte Bedeutung erlangt hat, ist die Molekularbiologie bzw. deren Begriff der *Desoxyribonukleinsäure*, kurz DNA, in deren Doppelhelix als Folge von Bausteinen die genetische Information des Lebens eingewoben ist. Angeregt durch Schrödinger und seine These, dass Gene Information enthalten und weitergeben, lenken J. Watson (1928) und F. Crick (1916-2004) ihre Forschungsarbeit auf die Gene und versuchen, die Struktur der DNA zu erkunden. Fazit: Information wird als Kette in sogenannten Basen - dem Code des Lebens - gespeichert und gleicht damit der Welt der Maschinen.

In den nachfolgenden Jahren beschäftigten sich Physiker und Informationswissenschaftler mit der alten Frage, die unter der Bezeichnung *Maxwells Dämon* zu weltberühmt geworden ist. Ausgedacht von J. C. Maxwell (1916-1879), beschreibt dieser einen Behälter mit einer mittig angebrachten Trennwand, die eine winzige verschließbare Öffnung besitzt. In beiden Seiten befindet sich Luft gleicher Temperatur. Ein Dämon, der die einzelnen Moleküle sehen kann, öffnet und schließt die Verbindung so, dass er die schnellen von den langsameren Molekülen trennt. Vorausgesetzt, dass der Prozess selbst keine Energie verbraucht, kann mit der Temperaturdifferenz eine Maschine angetrieben werden, und weil im Behälter selbst nichts verändert wird, außer der Verringerung der Temperatur, haben wir ein Perpetuum mobile zweiter Art erschaffen. Soweit das Gedankenexperiment.

Maxwell war zudem der Erste, der die Bedeutung der Tatsache erkannt hat, dass sich Moleküle aufgrund ihrer ungeordneten Bewegung in einem Gas unmöglich alle mit derselben Geschwindigkeit bewegen können. Und weil der Mensch Moleküle weder sehen, zählen noch messen kann, ist nur über einen statistischen Ansatz auf der Grundlage probabilistischer Annahmen, die Beschreibung objektiver physikalischer Systeme möglich. Drei Aspekte, so seine Überlegung, sind für die Geschwindigkeit eines Moleküls von Bedeutung: Die drei des Raumes, und da sie unabhängig voneinander sind, hat er daraus ein Gesetz für die Verteilung der Geschwindigkeit abgeleitet. Maxwells Wahrscheinlichkeitstheorie markiert die Geburtsstunde der modernen statistischen Physik.

Der oben angesprochene Dämon soll den zweiten Hauptsatz der Thermodynamik auf den Prüfstand stellen und die Physiker indirekt zwingen, die Unmöglichkeit des Dämons aufzuzeigen. Hundert Jahre mussten vergehen, ehe die Lösung gefunden worden ist. Diese ist keine sonderliche Überraschung - hat mit Information zu tun. Zuvor ein Wort zu den drei Hauptsätzen der Thermodynamik:

- Energie kann weder erzeugt noch vernichtet, nur umgewandelt werden.
- Die Entropie kann nicht abnehmen.
- Der absolute Nullpunkt kann nicht erreicht werden.

Es ist die Zeit der industriellen Revolution, und zahlreiche Physiker beschäftigen sich mit der Frage, wie möglichst viel Energie in Arbeit umgewandelt werden kann oder wie der Gesamtenergie so viel als möglich von ihrer freien Energie - die tatsächlich in der Lage ist, Arbeit zu leisten - zu entziehen ist. Sie haben jedoch nicht in Betracht gezogen, dass Naturvorgänge stets in einer Richtung ablaufen. So strömt Wärme in einem Glas stets zu den Eiswürfeln, die in den Whiskey geworfen werden und niemals umgekehrt. Sind die Eiswürfel gelöst, kommt der Energietransfer zum Erliegen.

Planck formuliert es in seinen Vorlesungen so:

> „Ob Wärmeleitung in die Richtung vom wärmeren zum kälteren erfolgt oder umgekehrt, daraus lässt sich aus dem Energieprinzip nicht das mindeste schließen."[95]

Und als den zweiten Hauptsatz:

> „Der zweite Hauptsatz der Thermodynamik besagt also, daß in der Natur für jedes Körpersystem eine Größe existiert, welche die Eigenschaft besitzt, bei allen Veränderungen, die das System allein betreffen, entweder konstant zu bleiben (bei reversibeln Prozessen) oder an Wert zuzunehmen (bei irreversibeln Prozessen)"[96].

Folglich existieren in der Natur Prozesse, die unumkehrbar sind. Für sie hat Clausius den Begriff 'Entropie' eingeführt, den er selbst auf folgende universelle Formulierung gebracht hat:

> „Die Entropie strebt einem Maximum zu."[97]

Jetzt zu der Lösung des Problems von 'Maxwells Dämon', die von L. Szilárd (1898-1964) stammt, der den Dämon nicht bloß als physikalische Apparatur betrachtet, sondern zudem als intelligent, denn er muss im Prinzip Entscheidungen treffen. Somit kann er a) nicht beliebig klein sein und b) muss er die für seine Entscheidungen notwendigen Informationen zuerst gelernt und dann abgespeichert haben. Mit anderen Worten: Die Zunahme an

Information verwirrt den Dämon und irgendwann verliert er regelrecht die Übersicht, so dass es ihm nicht mehr gelingt, zwischen schnellen und langsamen Molekülen zu unterscheiden.

Ist Information physikalisch? Dazu das Landauer-Prinzip[98]: In Computern entstehen thermodynamische Verluste nicht durch die Verarbeitung von Information, sondern erst durch deren Löschung, ihr Vergessen. Deshalb muss selbst Maxwells Dämon, der ungeheure Mengen an Informationen sammelt, entweder mit der Zeit riesig werden oder er muss Informationen löschen und dafür zahlt er den Preis des Vergessens, denn dadurch wird die Entropie exakt mit der Menge ausgestattet, die ihr durch den Sortiervorgang entzogen worden ist. Der zweite Hauptsatz bleibt gültig.

Kann Information - analog zur Energie - weder erzeugt noch vernichtet werden? Information ist etwas Reales, eine Größe, mit der der Mensch den Kosmos erfasst, somit physikalisch. Salopp ausgedrückt: 'Information klebt vielmehr immer an physikalischen Repräsentationen'. Oder: Information ist gesprochenes Wort, codiert auf Festplatten (Steintafeln) und tritt dort in den Phonemen der Sprache oder in den Symbolen der Schriftzeichen auf.

Was wird unter dem Begriff Information verstanden? Was sagt z. B. der folgende Satz aus: 'Das Wetter wird schlechter'. Um die Aussage zu verstehen, muss das 'Ich bin' den Satz, seinen Informationsgehalt begreifen. Gleichzeitig erzeugt er die weitere Information - *vorsichtshalber Schirm mitnehmen*. Ob in der Kommunikation, beim Fernsehen oder Lesen, es ist stets derselbe Prozess: Information wird erworben und erzeugt ihrerseits neue Information. Von Interesse in Bezug auf die duale Information des Prozesses der Information ist nur die physikalisch dargebotene Information bzw. deren Informationsgehalt.

Das Konzept des Informationsgehaltes besagt, dass der Informationsgehalt einer Nachricht etwas mit der Wahrscheinlichkeit zu tun hat, mit der das Berichtete eintritt. Somit ist der Informationsgehalt - auch Überraschungswert genannt - eine logarithmische Größe, die angibt, wie viel Information in dieser Nachricht übertragen worden ist.

Folglich kommt es beim Informationsgehalt nicht nur auf die Länge der Nachricht (Zahl der Bits) an, sondern auch auf ihre Signifikanz. Das besagt: Bei zwei Nachrichten trägt die mit der geringeren Wahrscheinlichkeit die höhere Information. Man könnte auch sagen, dass der Informationsgehalt eines Zeichens umgekehrt proportional zum Logarithmus der Wahrscheinlichkeit ist, mit der man es erraten kann. Der Informationsgehalt ist also ein Maß für die maximale Effizienz, mit der eine Information übertragen werden kann. Fazit: Information ist tatsächlich physikalisch.

Ein letztes Wort zur physikalischen Struktur der Information. Es ist einfach, sich das Gesetz der Entropie zu veranschaulichen, weil es in unserem Alltagsgeschehen so viele natürliche Beispiele dafür gibt. Der Schreibtisch, der mit jeder Stunde mehr Unordnung aufweist oder der Milchtropfen im Kaffee, der sich beständig darin ausbreitet. So wird das 'Ich bin' mit großer Wahrscheinlichkeit stets einen hellbraunen Kaffee vorfinden, indem die Milch gleichmäßig verteilt ist und vermutlich nie eine Tasse, in der der Tropfen am Rand schwimmt. Entropie lässt sich als Wahrscheinlichkeit ausdrücken - dies wird im Falle der Information praktiziert.

Der Satz von der Entropie bringt zum Ausdruck, dass die Milchmoleküle von selbst nie wieder in den Ausgangszustand zurückfinden, sondern sich gleichmäßig ausbreiten. Der Grund dafür ist, dass die Ausbreitung der Milch durch sehr viele sogenannte Mikrozustände bedingt werden kann, während der Makrozustand in dem Beispiel lediglich auf eine einzige Weise charakterisiert werden kann. Physikalische Systeme besitzen offensichtlich die Eigenschaft, Makrozustände anzunehmen, die über unendlich viele Mikrozustände verwirklicht werden können. Oder auch: Entropie und Information sind enge Verwandte, und wenn der zweite Hauptsatz der Thermodynamik besagt, dass die Entropie physikalischer Prozesse zunimmt und einem Maximum zustrebt, so gilt dies auch für die Information. Trotzdem verbietet selbst eine hohe Wahrscheinlichkeit nicht die Rückkehr in den Anfangszustand.

Mit anderen Worten: Entropie und Information sind miteinander verknüpft (korreliert) und deshalb strebt - analog der Entropie - die Information im Kosmos dem Maximum an Informationsgehalt zu.

Wirklichkeit und Information

„Wirklichkeit und Information sind dasselbe", stellt Zeilinger fest und ich kann mich dieser Ansicht nur anschließen. Die physikalische Realität ist, nach der heute anerkannten Theorie, aus einer Vakuumfluktuation entstanden, dem Big Bang. In der Frühphase des Kosmos gibt es nur eine Urkraft, ehe sich die Gravitation und später die starke Kernkraft abspalten können. Letztere bewirkt einen Phasenübergang in den Kraftfeldern, der ausreichend Energie freigesetzt hat, um die Ausdehnung des Kosmos inflationär zu beschleunigen. Gleichzeitig kühlt die Strahlung ab und jetzt entkoppeln sich die elektromagnetische und die schwache Kernkraft voneinander. Im heißen Plasma aus Strahlung und Teilchen entstehen jetzt Quarks und Antiquarks und durch ihre Verbindung verschiedene Sorten von Elementarteilchen. Mit dem weiteren Absinken der Strahlungsenergie entstehen nur noch Protonen, Neutronen und deren Antiteilchen, die sich bei Kollisionen gegenseitig bis auf den winzigen Materie-Überschuss vernichten, der den heute sichtbaren Kosmos bildet. Wenig später genügt die Strahlungsenergie nicht mehr zur Bildung von schweren Teilchen und somit kommt es nur noch zur Produktion von leichten Elementarteilchen wie Elektronen und deren Antiteilchen, bevor der Kosmos so weit abgekühlt ist, dass Protonen und Neutronen stabile Atomkerne bilden können, ohne von der Strahlung sofort wieder zerstört zu werden. Die Ausdehnung bewirkt eine konstant sinkende Temperatur, während gleichzeitig die Energie und die Masse der Strahlung abnehmen. Zuletzt fangen die positiv geladenen Atomkerne negativ geladene Elektronen ein und es entstehen stabile Atome. Aufgrund ihrer elektrischen Neutralität treten sie nur wenig mit Strahlungsteilchen in Wechselwirkung und so ist es möglich, dass das Licht sich ungehindert ausbreiten konnte. Dieser kurze Abriss der Frühphase des Kosmos beschreibt die für das 'Ich bin' entweder direkt oder durch moderne Technologie erfahrbare Realität. Anders gewendet: Die physikalische Realität besteht aus Information. *Sie ist Information*!

Die Information über die Transformation ist der Informationsgehalt des Seienden, der Entitäten und in der Einheit mit dem als Ereignis in der Realität zur Erscheinung gelangenden Seienden das Wirkprinzip des Kosmos.

> „[...] denn das in diesem Sinne Eine ist Ursprung des Wieviel, welches gar nicht zur Existenz gelangt wäre, wäre nicht zuvor das Sein und das was vor dem Sein ist."[99]

Für Plotin ist *Einheit* der Grund des Seins, der Existenz des Seienden. zudem ist es für ihn in seiner individuellen Weise nur aufgrund seines Charakters Einheit: Die Individualität des Seienden, der Mannigfaltigkeit des Kosmos, wird bedingt durch die Einheit der dualen Information, sie allein bringt die zehntausend Wesen hervor, von denen Lao-tzu spricht. Die Einheit der dualen Information, wie sie der Prozess der Transformation erzeugt, bringt nicht nur das Seiende hervor, sondern erhält es durch den Informationsgehalt auch im Dasein.

Wechselwirkungen können dem Seienden, der individuellen Entität, sowohl neue Möglichkeiten eröffnen als auch seinen Pool an Möglichkeiten reduzieren. Dieser wird von zwei grundlegenden Faktoren bestimmt bzw. aufgespannt:

- den physikalischen Gesetzmäßigkeiten
- dem Informationsgehalt.

So unterliegt das auf den Parkplatz einfahrende Fahrzeug den in diesem Bereich gültigen Verkehrsvorschriften und den dort herrschenden physikalischen Gesetzmäßigkeiten. Sein Pool an Möglichkeiten wird auf vielfältige Weise beeinflusst, so z. B. durch bereits besetzte oder gerade frei werdende Parkplätze, die Fahrzeuggröße, die StVO oder die bereits angesprochenen physikalischen Bedingungen (Naturgesetze etc.). Der Informationsgehalt schließt unter Umständen bereits im Vorfeld das Befahren des Parkplatzes zu gewissen Zeiten aus oder im Zusammenspiel mit den physikalischen Bedingungen, der Fahrer entscheidet sich entsprechend dem Verkehrsaufkommen und sucht stattdessen ein nahe gelegenes Parkhaus auf.

Die Evolution des individuellen Seienden wird erstens von den Umgebungsbedingungen, in dessen Einflussbereich es existiert, und zweitens von seinem Informationsgehalt geprägt. Beide Faktoren formen im kontinuierlich ablaufenden Prozess der Wechselwirkungen (Transformationen) dessen Evolution und damit die Art und Weise seines Daseins. So beeinflusst der Informationsgehalt die Wahrscheinlichkeit, mit der ein Ereignis in der Realität zur Erscheinung gelangt, und infolge dessen das Verhalten seiner Transformation oder, auf das Leben bezogen, dessen Entwicklung. Grundsätzlich gilt: Je umfassender der Informationsgehalt, der die jeweilige Transformation bedingt, desto höher die Wahrscheinlichkeit, dass die für das Tun und/oder Erhaltung des Daseins wahrscheinlichste, d. h. optimale Transformation als Ereignis in der Realität zur Erscheinung gelangt. Oder auch: Wird der gesamte Informationsgehalt zur Entscheidungsfindung herangezogen, reduziert er die Wahrscheinlichkeit auf explizit ein Tun; das Ereignis, welches in diesem Jetzt und unter den gegebenen Umständen als optimale Lösung (Transformation) erscheint und damit die Wahrscheinlichkeit von Eins besitzt.

Die seltsamen Phänomene des Mikrokosmos, ihr auf Wahrscheinlichkeitsaussagen beruhender mathematischer Formalismus, beweisen nur den 'mangelhaften' Informationsgehalt der Menschheit gegenüber dem ihn bedingenden Kosmos. So wird z. B. der Tunneleffekt[100] mit der Schrödinger-Gleichung erklärt, die die Aufenthaltswahrscheinlichkeit eines Teilchens angibt. Die Wellenfunktion des Teilchens ist - bis es beobachtet und damit zum Ereignis in der Realität wird - mit unterschiedlichen Wahrscheinlichkeiten über den gesamten Kosmos verschmiert. Deshalb besteht eine gewisse Wahrscheinlichkeit, es irgendwo im Kosmos anzutreffen, folglich auch hinter der normalerweise unüberwindlichen Energiebarriere. Hier ersetzt die Wahrscheinlichkeit der Schrödinger-Gleichung den Informationsgehalt, der notwendig ist, um das individuelle Verhalten des Teilchens explizit vorherzusagen, die Information darüber, welche Transformation als Ereignis in Erscheinung tritt.

Auf dieselbe Weise erklärt sich das EPR-Paradoxon, in dem die Teilchen ihre gemeinsame Vergangenheit in Form ihres Informationsgehaltes mit sich tragen, zu der die Versuchsapparatur und die Erzeugung der beiden verschränkten Teilchen gehören. Das Ereignis der Verschränkung innerhalb des Experimentes lässt sich gut als Punkt veranschaulichen, der sich im Zentrum von zwei sich nach oben und unten erweiternden Kegeln befindet. Er markiert das Jetzt der Verschränkung, und während die Vergangenheit - der Versuchsaufbau - in diesem Punkt kulminiert, beschreibt der in die Zukunft gerichtete Kegel das kontinuierliche Transformationsgeschehen der an dem Experiment beteiligten Objekte (Teilchen, Geräte etc.) und infolge dessen auch die Wechselwirkungen der sowohl miteinander als auch mit dem Versuchsapparat verschränkten Teilchen.

Die Erklärung durch die *Nichtlokalität des Kosmos* bzw. die instantane Übertragung von Information[101], entspricht insofern der Beschaffenheit der Realität, dass die Verschränkung nicht nur die beiden Teilchen miteinander verknüpft, sondern ihnen auch einen gemeinsamen Informationsgehalt (Vergangenheit) zuweist. Wird folglich der Spin des Teilchens A gemessen und zeigt er nach oben, so zeigt - und nicht erzeugt - die Messung des Teilchens B, dass dessen Spin nach unten weist. Verantwortlich für dieses Verhalten ist der gemeinsame Informationsgehalt beider Teilchen und der Versuchsapparatur als umfassende Einheit. Experimente mit Quantenradierern oder verzögerter Wahl sind mit der hier vorgestellten Interpretation der Quantentheorie konform.

Letztlich ist selbst das heutige Wissen von Wissenschaftlern und interessierten Laien über den Prozess der Transformation bzw. dessen Information erzeugenden und bewahrenden Vorgang zu gering, um sämtliche, bisher unbeantwortete Fragen und Paradoxien umfassend erklären zu können, zumal er sich bisher experimentell nicht nachweisen lässt. Anschaulicher wird die Problematik bei der Erörterung der bewussten Wahrnehmung des 'Ich bin', dem dritten Grenzbereich.

Der dritte Grenzbereich

„Den Anfang der wahren Lehre zu
ergründen ist schwer; der Ursprung
bleibt immer dunkel."[102]
Zhu Xi

Die bewusste Wahrnehmung

„Ist ihm (Geist) aber die Vernunft keine
nachträgliche Zutat, so stammt das was er
denkt, aus ihm selbst, und was er hat, hat
er aus sich selbst. Denkt er aber aus sich
und von sich selbst, so ist er selbst, das
was er denkt. [...] Somit denkt der Geist
das Seiende indem er es ist [...]."[103]

Und:

„Der Geist (Nous[104]), der wahrhaftig
und eigentlich Geist ist: Will man von
ihm vielleicht behaupten, daß er je trüge
und Nichtseiendes glaube? Keinesfalls.
Denn wie könnte er noch Geist sein,
wenn er je geistverlassen wäre? Er muß
also immer wissen, darf nichts je vergessen; und sein Wissen darf nicht auf Vermuten beruhen, noch zweifelhaft sein,
noch auch andererseits von einem andern stammen, von dem er es gleichsam
gehört hätte."[105]

Plotins Geist, der denkend das Sein erkundet, ist der bewusste Geist des Menschen, des individuellen 'Ich bin'.

89

Auch wenn er sagt, dass es keine punktuelle Identität und somit ein kosmischer Geist sei, der in der vollständigen Selbsterkenntnis sein wahres Wesen erkennt, so ist das 'Ich bin' aufgrund seiner Teilhabe sowohl an der Menschheit als auch am Kosmos in dessen Bewusstwerdung involviert. Des Weiteren muss der Geist um seine Vergangenheit wissen; sie konstituiert ihn und bedingt seine Evolution. Das 'Ich bin' rekrutiert sich aus seinem Informationsgehalt (DNA, Gedächtnis etc.), der kontinuierlichen Abfolge seiner Ereignisse. Erneut wird das 'Ich bin' mit den grundlegenden Eigenschaften der Struktur des Kosmos konfrontiert, der Wiederholung bewährter Strukturen auf höherer Ebene, in komplexerer und/oder differenzierterer Weise.

Der Ursprung des geistigen Aspektes ist die Kugel, das Sein im Uroboros[106], ist die symbolische Verkörperung des frühen Menschen (Hominiden) und des Kindes.

> „Als Kreis, Kugel und Rundes ist es das in sich Geschlossene, das ohne Anfang und Ende ist; in vorweltlicher Vollkommenheit ist es vor jedem Ablauf, ewig, denn für seine Rundheit gibt es kein Vorher und Nachher, d. h. keine Zeit, und kein Oben und Unten, d. h. keinen Raum. All dies kann erst mit der Entstehung des Lichts, des Bewusstseins, auftreten, das hier noch nicht vorhanden ist; hier herrscht noch die nicht aus sich herausgetretene Gottheit, deren Symbol deswegen der Kreis ist."[107]

Der sein 'Ich bin' noch nicht bewusst wahrnehmende Keim des 'Ich bin' schläft in der Obhut der Kugel und erwacht in ihrem Innern. Keine Eigenerfahrung berührt sein Dasein, noch existiert keine bewusste Wahrnehmung. Der Zustand ist paradiesisch, ein Geborgensein im Ursprung, im Teich des Ungeborenen. Für das werdende 'Ich bin' ist es die Zeit der Vollkommenheit, des Dao der chinesischen Philosophie, der Ursprung. Es herrscht die Zeit des Jetzt, der ewigen Dauer, in der weder Vergänglichkeit noch Werden und Vergehen, Geburt und Tod für das 'Ich bin' existieren.

In der ersten Phase der Entstehung der bewussten Wahrnehmung des 'Ich bin' ist es eingehüllt in den Uroboros, und obwohl es bereits eine individuelle Entität ist, ist es von ihm noch nicht unterschieden. Der Leib umschließt das frühe 'Ich bin', das sich nur in kurzen Augenblicken als individuelle Entität erfährt. Es ist schwach, lebt die bewussten Wahrnehmungen (Erkenntnisse von Ereignissen) von auftauchenden Bildsequenzen und/oder Eindrücken aus der Umwelt nach und ermüdet schnell. Inselhaft taucht es aus dem Dunkel des unbewussten Daseins auf und sinkt wieder in diesen Bereich der verborgenen Bilder zurück. Der frühe Mensch ist klein, verletzlich, nur selten bewusst wahrnehmend; wie ein Tier schwimmt er schlafend im Instinkthaften. Geborgen in der Unendlichkeit des Kosmos, der ihn umfassenden 'Großen Mutter', die ihn wiegt und der er schutzlos ausgeliefert ist. Sie nährt das kindliche 'Ich bin', das träumend im Unbewussten lebt, der unerschöpflichen Dämmerwelt der Bilder, die ihm mühelos zuströmen, hilflos ausgeliefert. Es sind die Grenzbilder des 'Ich bin', in dem die Anfänge der bewussten Wahrnehmung und die ersten Erkenntnisse von ihm zur Erscheinung gelangenden Ereignissen, gerade noch erfahrbar und damit erinnerbar werden.

Wie die Gravitation ist das Unbewusste anziehend; es lockt das 'Ich bin' mit der Kraft seiner Bilder, den Vorstellungen des verlorenen Paradieses, und die Auseinandersetzung mit ihm kostet das 'Ich bin' Kraft, denn die *Existenz als individuelle Entität* ist für es weniger beglückend als der lustvolle Dämmerzustand des Unbewussten. Noch ist es nicht völlig auf sich selbst gestellt, in den Gegensatz zum Leib, die Außenwelt, getreten; es lebt in Bildern und hat dadurch Anteil an dem Informationsgehalt des Gestaltlosen,

dem *(Ur-)Meer des kosmischen Informationsgehaltes.*
Oder auch: Das 'Ich bin' ist eingebettet in den Ursprung
der Evolution, der zugleich Quelle der Information ist.
Dem heutigen 'Ich bin' offenbart sich diese vor der bewussten Wahrnehmung existierende Bilderwelt in den Mythologien der Schöpfungsvorstellungen, in Trance und in
seinen Träumen. Es sind die großen Bilder des Ursprungs,
des platonischen Reichs der Ideen, der Archetypen des kollektiven Unbewussten und somit der lebendigen Realität
des 'Ich bin'.

Die Evolution der bewussten Wahrnehmung des Seienden
durch das 'Ich bin', die ihm die Erkenntnis über die in der
Realität zur Erscheinung gelangenden Ereignisse vermittelt,
markiert den dritten Grenzbereich; es ist in dieser Phase der
Evolution des Kosmos das Neue. Gleichzeitig verweist die
bewusste Wahrnehmung auf tiefer liegende Muster und
Strukturen. Der Bereich der Elementarteilchen, ihr seltsames
Verhalten und die bewusste Wahrnehmung des 'Ich bin'
spiegeln auf höherer Ebene, und damit in differenzierterer
Weise, das Wirkprinzip des Kosmos, den Prozess der Transformation wider. Das Seiende steht in kontinuierlicher
Wechselwirkung miteinander und dabei wird stets ein Freiheitsgrad in duale Information transformiert. Die begrenzte
bewusste Wahrnehmung des 'Ich bin' ist dafür verantwortlich, dass ihm die duale Information nicht als Einheit, sondern in seine beiden Aspekte aufgespalten zur Erscheinung
und damit zur Erkenntnis gelangt. Andererseits weiß es um
sein Defizit[108], seine rudimentäre Erkenntnisfähigkeit in Bezug auf die umfassende Einheit des Seienden.
  Die bewusste Wahrnehmung ist der Ausdruck einer
hochkomplexen Struktur, die das 'Ich bin' erzeugt und mit
dem Informationsgehalt seines Leibes verknüpft.

> „Die Konzentration eines Bewusstseins,
> können wir sagen, verändert sich umgekehrt

proportional zu der Einfachheit der stofflichen Verbindung, die ihm entspricht."[109]

Oder auch:

> „Ein Bewusstsein ist umso vollendeter,
> als es einem reicheren und besser organi-
> sierten stofflichen Aufbau entspricht.
> *Geistige Vollkommenheit (oder bewußte*
> *'Zentriertheit') und stoffliche Synthese*
> *sind nur die beiden Seiten oder die zu-*
> *sammenhängenden Teile ein und dersel-*
> *ben Erscheinung.*"[110]

Sichtweisen wie die von de Chardin werden im Allgemeinen dem religiösen oder esoterischen Bereich zugeordnet, weil das westlich, physikalisch geprägte Weltbild, entgegen der tieferen Erkenntnis von de Chardin, einen anderen Pfad der Interpretation der Struktur des Kosmos eingeschlagen hat. Was aber ist bewusste Wahrnehmung? Anders gefragt: Wie gelangt dem 'Ich bin' ein Ereignis als Erkenntnis zur Erscheinung?

Der Leib und das 'Ich bin'

Die bewusste Wahrnehmung des 'Ich bin' ist ein 'Spätes' in der Evolution des Kosmos. Es bedarf, um überhaupt in Erscheinung zu treten, einer hochkomplexen Struktur wie z. B. des Zentralnervensystems (ZNS) des Menschen. „Der Leib ist unser Mittel überhaupt, eine Welt zu haben."[111]
Diese Erkenntnis von Merleau-Ponty weist das 'Ich bin' auf die Grundlage der bewussten Wahrnehmung hin, den Leib. Der Mensch ist evolutionsgeschichtlich zuerst Leib. Und als Leib-Wesen ist er in seiner Wahrnehmung an das Leibliche, das physikalisch Reale gebunden. Somit bleibt ihm, zumin-

dest im jetzigen Stadium seiner Entwicklung, die Einheit des Kosmos verborgen; er verfügt in Bezug auf die leiblichen Möglichkeiten, explizit in Bezug auf seine Sinne, nur über einen begrenzten Gesichtskreis. Ihm liegt damit ein verborgenes Wissen zugrunde, das bedeutsam und unbewusst ist.

„Es denkt sich in mir"[112], drückt Merleau-Ponty diesen Sachverhalt aus und fügt hinzu:

> „Wollte ich infolgedessen die Wahrnehmungserfahrung in aller Strenge zum Ausdruck bringen, so müßte ich sagen, daß man in mir wahrnimmt, nicht, daß ich wahrnehme."[113]

Mit anderen Worten: Der Mensch ist eine Entität, die das Tun des Leibes mit einem Symbol/Begriff zu der umfassenden Einheit des 'Ich bin' transformiert. Vor der ausführlichen Erklärung dieser Aussage, nun, ein kurzer Abriss des Gehirns, insbesondere der Strukturen, die für das Gedächtnis und damit für das Erscheinen des 'Ich bin' verantwortlich zeichnen.

- Das 'deklarative Gedächtnis', auch Wissensgedächtnis, speichert Tatsachen und Ereignisse, die bewusst wiedergegeben werden können. Das deklarative Gedächtnis wird in zwei Bereiche eingeteilt:
- Das 'semantische Gedächtnis' enthält das Weltwissen, von dem das 'Ich bin' unabhängige, allgemeine Fakten ('Der Mount Everest ist der höchste Berg der Erde', oder: 'Hühner schlüpfen aus Einern.') abrufen kann.
- Im episodischen Gedächtnis finden sich Ereignisse und Tatsachen aus dem eigenen Leben (Erinnerungen an Erlebnisse, das Gesicht eines Freundes.). Das deklarative Gedächtnis basiert auf neuronalen Strukturen im Neokortex.
- Das 'prozedurale Gedächtnis', auch Verhaltensgedächtnis, speichert automatisierte Handlungsabläufe und Fertigkeiten wie z. B.: das

Gehen, Rad fahren, Tanzen und Klavierspielen. Dabei müssen komplexe Bewegungen ausgeführt werden, deren Ablauf das 'Ich bin' oft geübt und dadurch gelernt hat und die nun ohne nachzudenken abgerufen werden, also ohne, dass die bewusste Wahrnehmung die Bewegungsimpulse der beteiligten Muskeln und ihre Koordination steuern müsste. Verschiedene subkortikale Regionen[114] erbringen die Leistung des prozeduralen Gedächtnisses. Die Inhalte des nicht-deklarativen Gedächtnisses sind also insbesondere auch nicht sprachlich explizierbar.

Weitere Begriffe in diesem Zusammenhang sind:

- Habitgedächtnis: Habit = Gewohnheit. Gedächtnis über gewohnte oder mechanische Handlungsweisen.
- Bahnung (Priming): Voraktivierung von Sequenzelementen. Dabei beschleunigt die Realisierung einer Zwischenstufe die Realisierung bestimmter nachfolgender Ereignisse.
- Autobiografisches Gedächtnis: Gedächtnis der eigenen Persönlichkeit.
- Limbisches System: Emotionale und motivationale Funktionen werden am direktesten durch das limbische System repräsentiert; es ist zudem zentral an der Übertragung von Informationen des Kurzzeit- ins Langzeitgedächtnis beteiligt.

Die verschiedenen Arten des Gedächtnisses sind evolutionär bedingt und führen von der einfachen Berührungswahrnehmung des Einzellers, die lediglich eine Änderung der Richtung seiner Fortbewegung bewirkt, über das instinktive Verhalten der Tiere, basierend auf erlernten Programmen und Verhaltensweisen wie z. B. den Nestbau, das Jagdverhalten etc., bis zu der bewussten Wahrnehmung des Menschen und letztlich des 'Ich bin'. Stets jedoch werden Informationen der Außenwelt mit Informationen der Innenwelt, des Informationsgehaltes der Entität, durch den Prozess der Transformation zu einer umfassenden Einheit modifiziert, welche dann als Ereignis in der Realität zur Erscheinung gelangt. „Der Raum ist das Unbewusste des Leibes, ebenso wie der Leib das Unbewusste des Denkens ist."[115] Und an anderer Stelle: „Es ist der Leib, der schweigend hinter meinen Worten und Handlungen steht."[116]

Der Leib ist - wie gesagt - vor der bewussten Wahrnehmung des Menschen, welche ihm als Denken bzw. Sprache zur Erscheinung kommt und für jedes 'Ich denke' existiert zugleich ein verborgenes, nicht-thetisches Wissen des Leibes. Und wenn Merleau-Ponty vom 'anonymen Wissen des Leibes' spricht, dann meint er damit den Informationsgehalt des Menschen. Die Struktur des Seienden wird von diesem Informationsgehalt geformt; es ist in der Begrifflichkeit der Physik 'physikalische Information'. Dazu gleich mehr.

In Bezug auf die Struktur des Kosmos, sprechen die Texte, wie sie in den Upanischaden gesammelt worden sind, dieselbe Wahrheit aus, nur in der Begrifflichkeit ihrer Zeit.

> „Wie möchte ich in diese Welten wieder hinabgehen?"[117]

Das fragt sich das Brahman.[118]

> „Es ging mittels zweier Dinge, nämlich mittels Name und Gestalt in sie wieder hinab. Was immer einen Namen trägt, das ist eben Name; was aber keinen Namen trägt und, indem man sagt, 'diese Gestalt ist das', an seiner Gestalt erkennbar ist, das ist Gestalt. So weit reicht diese Welt, wie Name und Gestalt."[119]

Und weiter:

> „Von diesen beiden ist eines das wichtigere, die Gestalt. Denn auch was Name ist, ist Gestalt."[120]

Zuletzt:

> „Wenn er dem Geist ein Gußopfer bringt - Geist ist Gestalt, durch den Geist erkennt er: 'das ist diese Gestalt' -, dadurch erlangt er die Gestalt. Wenn er der Rede ein Gußopfer bringt - Rede ist Name -, dadurch erlangt er den Namen. So weit reicht dies All, wie Name und Gestalt."[121]

Das Brahman ist folglich die Einheit von Namen und Gestalt, wobei sein Name nur eine andere Seinsweise der Gestalt ist. Wie ist das zu verstehen? Besteht das Brahman aus zwei unterschiedlichen Gestalten? Jetzt ist Gestalt nicht bloße Gestalt, sondern Geist. Damit ist zugleich der Name Geist und für das Brahman folgt daraus, dass es Geist ist, der sich anhand des Namens und Geistes individualisiert und, indem er zur Erscheinung gelangt, selbst erkennt.

> „Das alles erlangt er. Das alles ist unvergänglich. Dadurch wird ihm unvergängliches gutes Werk, unvergängliche Welt zuteil."[122]

Das Seiende wird vom Brahman aus dem namen- und gestaltlosen Dunkel des Kosmos in das Licht der Erkenntnis gerückt. Es transformiert Namen und Gestalt zu der diese umfassenden, übergeordneten Einheit, die für den Geist als individuelle Realität zur bewussten Wahrnehmung wird. Die Gestalt ist das Wichtigere, weil selbst der Name Gestalt ist. Besagt dies, dass das Grundlegende, das Frühere in

Bezug auf den Namen die Gestalt ist? Aber umfasst das Brahman nicht beide Aspekte? Geht es nicht mithilfe zweier Dinge, nämlich Name und Gestalt, wieder in die Welten hinunter? In dieser Formulierung wird kein gradueller Unterschied zwischen ihnen aufgeworfen und trotzdem erscheint die Gestalt gegenüber dem Namen ausgezeichnet. Worin gründet dieser Sachverhalt bzw. diese Vorstellung in der Frühzeit des Menschen in Bezug auf die Vormachtstellung der Gestalt? Ich werde darauf zurückkommen.

Das Seiende ist Ausdruck der Evolution, des Prozesses der Transformation, und der Aspekt über diesen Prozess, die *Erhaltung der Information*, wird zum grundlegenden Prinzip eben dieser Evolution, der Entwicklung der Entitäten. Darauf fußen sämtliche Kriterien in Bezug zu der Transformation der Entitäten, von der einfachen entweder-oder-Entscheidung bis zu den differenzierten Moralvorstellungen der Menschheit. Die Erhaltung der Information bedingt erst die Erhaltung der Entitäten und ist somit das (Ur-)Kriterium, das jeder Wechselwirkung zugrunde liegt.

> „Die Aufgabe des Menschen besteht in erster Linie darin, überhaupt am Leben zu bleiben - es wird dies darin deutlich, dass wir z. B. für eine menschliche Gemeinschaft, ein Volk, gar keine andere Aufgabe als die setzen können, sich im Dasein zu erhalten."[123]

Nietzsches Erkenntnis der 'Wiederkunft des ewig Gleichen' beschreibt den strukturellen Aufbau des Seienden, der besagt: Die Evolution baut auf bestehenden Strukturen auf und erfolgreiche Strukturen erleben, in differenzierterer Form, ihre Wiederkunft im Neuen. Ein Beispiel, das die Strategie des Kosmos gut veranschaulicht, ist die Entwicklung des Neugeborenen, das erlernte Handlungen in seine einzelnen Komponenten zerlegt und diese zur Grundlage für differenziertere Handlungsabläufe verwendet.[124]

Der Leib des Menschen spiegelt das Wesen des Kosmos, dessen strukturellen Aufbau wider, von der einfachen Zelle bis zum hochkomplexen Netzwerk des Gehirns. Dabei ist die spezielle Bezeichnung des Dinges nur von untergeordneter Bedeutung. Ob die Kernkörperchen als Nucleolus oder einfach als Entitäten bezeichnet werden und der Kern als umfassende Einheit oder die Zelle als einfache Struktur und z. B. die Niere, der sie angehört, als umfassende Einheit oder Modul etc., ist von der Art und Weise der Betrachtung abhängig. Sie ändert jedoch grundsätzlich nichts am strukturellen Aufbau der Entität, des Seienden. Analog dazu kann der Nucleolus ebenso als Entität aufgefasst werden wie als umfassende Einheit, in die er aufgrund einer Wechselwirkung bzw. seiner Funktionstätigkeit transformiert wird. Die Einfachheit oder, anders formuliert, die Gleichheit im Aufbau des Seienden bis zu der hochkomplexen Struktur des Kosmos selbst fördert die Verwirrung und/oder die Anschaulichkeit und damit das Verständnis seiner Evolution. Explizit bei der bewussten Wahrnehmung des Menschen ist der strukturelle Aufbau von entscheidender Bedeutung, wenn es um sein Transformationsverhalten, das Verständnis seines Tuns geht. So können z. B. die Ideen von Platon analog zu den Archetypen von C. G. Jung gesehen werden, wobei nicht die Bezeichnung das Entscheidende ist, sondern das, wofür sie stehen: als allgemeine oder umfassende Form, die das Individuelle prägen. Das Seiende, die zehntausend Wesen des Lao-tzu oder die Mannigfaltigkeit des Kosmos, bedingen ebenso viele Sicht- oder Interpretationsweisen und im Grunde sprechen sie sämtlich vom Gleichen, den Wesen bzw. der Struktur des Kosmos.

> „Und (gedenke,) da dein Herr zu den Engeln sprach: „Siehe, Ich erschaffe einen Menschen aus trocknem Lehm, aus geformtem Schlamm:

Und wenn Ich ihn gebildet und ihm von
Meinem Geiste eingehaucht habe, so fal-
let anbetend vor ihm nieder."[125]

Diese Stelle im Koran spricht der Gestalt, dem Leib,
gleichfalls ein Dasein zu, das vor dem Einhauchen des
Geistes durch Gott bzw. das Hinabsteigen des Brahmans
durch Namen und Gestalt existiert. Die Gestalt (Leib) ist
somit - wie bereits gesagt - das Frühere und die Bedingung
des Nachfolgenden. Dass niedere Lebewesen über ein dem
Menschen vergleichbares Leben verfügen, zumindest in
seinen Grundfunktionen, muss das 'Ich bin' zu der Erkenntnis führen, dass der Leib vor dem Auftreten seiner
selbst bereits existiert hat. Es ist deshalb nicht verwunderlich, dass in den meisten Schöpfungsmythen die Gestalt
das Ursprüngliche ist. Unabhängig von den Glaubensvor-
stellungen geht der Leib des Menschen stets dem Geist,
dem Brahman oder in heutiger Begrifflichkeit, dem
(Selbst-)Bewusstsein voraus.

Im Gegensatz zum Koran, der vom Einhauchen des Geistes in das Fleischwesen spricht, wird der Bewußtwerdungs-
prozess des Menschen in den Upanischaden detaillierter ge-
schildert; hier bedarf es eines Namens und einer Gestalt.
Wird - wie oben gezeigt - das Brahman durch den Begriff
des 'Ich bin', die Gestalt durch den Leib - dessen aktualen
Zustand - und der Name durch die Bezeichnung Sym-
bol/Begriff ersetzt, dann entspricht die bewusste Wahrnehmung dem Geist, dem Brahman, das in die Welten, in den
Menschen hinabsteigt, um durch ihn zur Erkenntnis seiner
selbst zu gelangen. Erhält das Seiende Namen und Gestalt,
dann tritt es in der Realität des Menschen nicht nur in der
bewussten Wahrnehmung des 'Ich bin' als Ereignis in Erscheinung, sondern wird gleichzeitig eine individuelle Entität; es wird, vor jeder weiteren Bestimmung, von dieser
Einheit umgrenzt und erzeugt auf diese Weise sowohl Individualität als auch das 'Andere', das von ihm Abgegrenzte.
Dem Anderen begegnet das 'Ich bin' im Leib selbst, mit

dem es sich identifiziert, und in der durch diese Erkenntnis ausgegrenzten Außenwelt. Dazu unten mehr.

Der Leib ist somit die Basis der bewussten Wahrnehmung des 'Ich bin'. Es ist die bewusste Wahrnehmung von Entitäten, die dem 'Ich bin' als Ereignis zur Erscheinung und infolgedessen zur Erkenntnis gelangt. Die Erkenntnis über ein Ereignis des Leibes transformiert ein *aktuales* raumzeitliches Muster mit einem Symbol/Begriff zu der umfassenden Einheit des 'Ich bin'. Als Ereignis können dem 'Ich bin' nur solche Erscheinungen zur Erkenntnis werden, die innerhalb seines Informationsgehaltes liegen. Das vollkommen Fremde existiert für das 'Ich bin' nicht und kann folglich auch nicht als Ereignis bzw. Erkenntnis generiert werden; es ist undenkbar.

Die Sprache bzw. das abstrakte Denken in Begriffen (Symbolen) hat sich aus Lautäußerungen von Zuständen des Leibes entwickelt. Ein Schmerz in Verbindung mit der Berührung der betroffenen Körperstelle und dem Wehklagen darüber hat mit der Zeit die Verknüpfung von Lautäußerung mit dem verwundeten Körperteil und der eigenen Erfahrung bei Verletzungen zu einem umfassenden Ereignis verbunden. Ebenso hat das Deuten auf Dinge (Objekte) Verknüpfungen mit den entsprechenden Lautäußerungen erzeugt, welche dann über mehrere Zwischenschritte unabhängig vom Ding, allein über die Lautäußerung, als Ereignis (Bild der Vorstellung) reproduziert werden kann.

Der Sprachaufbau vollzieht sich beim Kind noch heute in derselben Weise. Ein Wort, z. B. Mutter wird von einer bestimmten Person wiederholt dem Kind vorgesprochen, wobei diese auf sich selbst deutet. Die Interaktion von Kind, dem Tun der Person und die Lautäußerung werden miteinander verknüpft und dadurch erhält dieses bestimmte Tun bzw. Ereignis, einen Namen. Dieser wird zur symbolischen Interaktionsform, dem Grundbaustein des sprachlichen Gefüges und der bewussten Wahrnehmung.

Die kleinste Einheit, analog dem strukturellen Aufbau komplexer Entitäten, ist das Wort; es umfasst als Ereignis, in der Vorstellung des 'Ich bin', leibliche Zustände von früheren bewussten Wahrnehmungen. Diese werden beim Sprechen-lernen mit der sprachlichen Wortäußerung zu einem Assoziationskomplex zusammengefasst, der wiederum mit dem Ereignis in der Vorstellung des 'Ich bin' verknüpft wird, der aus denselben Elementen besteht. Das Wort bzw. der Begriff (Symbol) ist damit das Basiselement der bewussten Wahrnehmung.

Begriffe (Symbole) haben somit einen Informationsgehalt: Die Verknüpfung von leiblichen Zuständen mit eben diesem Begriff zur Einheit des 'Ich bin', das diesen in der bewussten Wahrnehmung als Ereignis in der Vorstellung zur Erscheinung und damit zur Erkenntnis gelangen lassen kann. Mit anderen Worten: Begriffe sind beim Menschen Repräsentationen von bewusst wahrgenommenen leiblichen Zuständen, die jene Welt aus Wünschen, Hoffnungen etc. generieren.

Ich will die bewusste Wahrnehmung des 'Ich bin' an einem etwas ausführlicheren Beispiel aufzeigen, das zugleich den strukturellen Aufbau der komplexen Entitäten beschreibt. Das Beispiel vereinfacht zwangsläufig die tatsächlichen hochkomplexen Abläufe; es konzentriert sich explizit auf ein Ereignis der bewussten Wahrnehmung des 'Ich bin'.

Was geschieht, wenn ein in seine Tätigkeit vertiefter Schneider sich mit der Nadel in den Finger sticht? Ein Nozizeptor[126] wechselwirkt mit der Nadel und transformiert sich zu der umfassenden Einheit, welche die Verletzung der Haut beinhaltet, und sendet ein Aktionspotenzial aus. Die Information über den Nadelstich bleibt in dem Nozizeptor als Ereignis in seinem Informationsgehalt bestehen und bedingt dessen künftiges Transformationsverhalten mit.

Der Nozizeptor signalisiert Schmerz und - entsprechend der Schwere der Verletzung - die Wunde aktiviert benachbarte Nozizeptoren, die daraufhin ebenfalls ihr Aktionspotenzial freisetzen. Diese Aktionspotenziale erzeugen im Gehirn ein *raumzeitliches Muster* (Erregungsmuster), das erst in die bewusste Wahrnehmung des Schneiders gelangt, wenn der Stich sehr schmerzhaft ist oder er Blutflecken auf dem Stoff bemerkt.

Die Haut ist nur eines von mehreren Sinnesorganen des Menschen und somit treffen zu jedem Zeitpunkt des Jetzt vielfältige Informationen über die Außenwelt ein, die verarbeitet und beantwortet werden müssen. Anders ausgedrückt: Die Informationen transformieren den Menschen und bedingen entsprechend den Erfordernissen, ein Tun in der Außenwelt. Gleichzeitig erhält er durch die Innenwelt, die Homöostase[127] etc., Informationen, die kontinuierlich mit ihm (ZNS) in Wechselwirkung stehen und sein Dasein zu gewährleisten suchen.

Der Prozess der Transformation besteht aus zwei Entitäten; der Entität Schneider und die Entität Nadel, die miteinander in Wechselwirkung treten. Sie sind aus Sicht der Chemie zwei Elemente, die eine Verbindung eingehen und gemeinsam ein Neues bzw. eine transformierte Entität hervorbringen. Bildlich gesprochen bildet die Synthese die Spitze (Ecke) eines hypothetischen Dreiecks (Pyramide), deren untere, auf einer Linie liegenden Ecken die in Wechselwirkung tretenden Entitäten darstellen. Analog zu diesen Vergleichen lässt sich der Nadelstich veranschaulichen.

Der durch den Nadelstich erregte Nozizeptor wird - sehr vereinfachend ausgedrückt - transformiert, wobei die Information über den Nadelstich, durch die Nadel (Träger von Information) übermittelt, mit der Entität Nozizeptor in Wechselwirkung tritt und zu der umfassenden Entität transformiert wird, die sämtliche Information sowohl der Vergangenheit der beteiligten Entitäten als auch des Prozesses der Transformation selbst beinhaltet bzw. als Informationsgehalt der Entität im Dasein erhält.

Übersteigt der Reiz den Schwellenwert (Reizschwelle), signalisiert er Schmerz, sonst ändert sich nur sein Informationsgehalt und infolge dessen sein Pool an Möglichkeiten

103

in Bezug auf den Schwellenwert. Bei anhaltendem Schmerz werden benachbarte Nozizeptoren sensibilisiert und senden ihrerseits die Information Schmerz. Mit anderen Worten: Die Schmerz signalisierenden Nozizeptoren bilden eine Gruppe von Punkten auf einer Geraden, deren Informationen auf der ihnen übergeordneten Ebene oder hierarchischen Stufe (z. B. Neuronen im Hinterhorn des Rückenmarks) eine Transformation bedingen. Wird die Information Schmerz von den Nozizeptoren kontinuierlich wiederholt, so erfolgt die Weitergabe - von den Neuronen im Rückenmark - zur nächsthöheren Ebene oder - weil die Intensität des Schmerzes allmählich abebbt und damit die Information der Nozizeptoren bzw. deren raumzeitliches Muster verändert oder überhaupt nicht mehr auftritt - die Information Schmerz bleibt somit auf die drei unteren Ebenen der Informationsverarbeitung des ZNS beschränkt.

Die Gruppe der Nozizeptoren und die ihnen übergeordnete *Entität* (Ebene), die infolge der Information Schmerz transformiert wird, konstituieren - bildlich gesprochen - ebenfalls ein Dreieck (Pyramide), welche lediglich zum einzelnen Nozizeptor in ihrer Struktur eine größere Komplexität aufweist. Diese umfassenden Strukturen bezeichne ich als Kerne, die in ihrem Transformationsverhalten den Nozizeptoren gleichen. Zudem sind sie wie diese in Gruppen organisiert und bilden mit zunehmender Differenziertheit der Entität umfassendere Module, die ihrerseits eine Vielzahl von Kernen und Nozizeptoren umgrenzen. Anders ausgedrückt: Der strukturelle Aufbau komplexer Entitäten lässt sich mit dem Bild der Pyramide sehr gut veranschaulichen. Die unterste Reihe, gleichsam das Fundament, besteht aus einfachen Bausteinen - Nozizeptoren, die einen Reiz wahrnehmen, sich transformieren und in Abhängigkeit von ihrem jeweiligen Schwellenwert ihr Aktionspotenzial freisetzen, wobei ihr Informationsgehalt die Transformation bedingt. Die zweite Reihe besteht aus weniger, dafür komplexer strukturierten Bausteinen, den Kernen. Mit jeder Ebene nimmt die Zahl der Bausteine ab, während ihre Komplexität zunimmt.

Das Modell der Pyramide gleicht einem Baum, dessen verzweigtes Geäst zum Stamm hin stets dickere Äste ausbildet, die im Stamm selbst - der bewussten Wahrnehmung des 'Ich bin' - kulminiert. Dieser strukturelle Aufbau des Seienden wiederholt sich vom Grundelement des Kosmos bis zu der hochkomplexen Struktur des ZNS des Menschen, insbesondere dessen Gehirn, mit seinen Milliarden von Neuronen und der weit größeren Anzahl von Verknüpfungen. Anders gewendet: Je komplexer und damit differenzierter die Entität ist, desto umfangreicher gestaltet sich - erneut bildlich gesprochen - die Pyramide bzw. die Landschaft der individuellen Pyramiden, welche die sie umfassende Einheit konstituieren. Sie sind duale Information und in ihrer Gesamtheit bilden sie den Informationsgehalt der Entität. Anders ausgedrückt: Jeder Nozizeptor, jeder Kern und jedes Modul etc. ist strukturierte Information, der Informationsgehalt der Entität, und sie bedingen, wie sie sich infolge von Wechselwirkungen transformiert bzw., in Bezug auf das 'Ich bin', welche Information von Bedeutung ist und deshalb in den Fokus der bewussten Wahrnehmung und damit für das 'Ich bin' als Ereignis zur Erscheinung gelangt.

Übersetzt in das Bild des pyramidalen Aufbaues der Entität, entspricht der Begriff (Symbol), der selbst bereits eine komplexe Struktur besitzt, einer Pyramide innerhalb einer ausgedehnten Landschaft gleicher Bauwerke. Jede Pyramide symbolisiert eine einfache Struktur, einen Kern oder ein umfassenderes Modul, die über das Bestreben der Erhaltung des eigenen Daseins der Erhaltung der sie umfassenden Entität (Einheit) dienen, indem sie - der Bedeutung ihrer Information angemessen - diese kontinuierlich aussenden bzw. als Aktionspotenzial freisetzen.

Die Pyramidenlandschaft erzeugt auf diese Weise ein sich mit jedem Jetzt kontinuierlich veränderndes Signal- oder Erregungsmuster, welches in letzter Instanz das Tun

(Denken, Handlung) der Entität ('Ich bin') bedingt. Analog zu diesem Bild kann sich der Leser auch einen Gebäudekomplex vorstellen, der seinen gesamten Gesichtskreis einnimmt. Die ihm zugewandte Vorderfront besteht aus einer Vielzahl von Fenstern, die - unmittelbar vor Einbruch der Dunkelheit - sämtlich unbeleuchtet sind. Jetzt kommen die ersten Bewohner nach Hause, schalten im Flur, dem Wohnzimmer oder in der Küche das Licht ein und erzeugen auf diese Weise ein Lichtmuster, welches sich kontinuierlich im Verlauf des Abends verändert und zudem von unterschiedlich hell leuchtenden Lichtquellen bzw. Fenstern aufgebaut wird. So löscht ein Bewohner nach dem Essen das Licht in der Küche, während der Fernseher in einem anderen Raum nur einen schwachen Lichtschein erzeugt oder die Einschlaflampe im Kinderzimmer lediglich einen diffusen Lichtschimmer hervorbringt. Jedes Fenster steht synonym für eine Transformation innerhalb der Entität und wird - mit zunehmender Leuchtkraft - selbst zu einer stets komplexer werdenden Entität, welche ich als Kern oder Modul bezeichnet habe. Diese, von unterschiedlich hell erleuchteten Fenstern aufgebauten Lichtmuster sind in codierter Form das Tun des Leibes, welches dem 'Ich bin', sofern es mit einem Begriff (Symbol) zu dessen Einheit transformiert wird, als bewusste Wahrnehmung zur Verfügung steht.

Der Leib ist vor der Sprache und somit vor der bewussten Wahrnehmung des Menschen. Er ist mit zunehmender Komplexität einer Vielzahl an Transformationen sowohl durch die Außen- als auch Innenwelt ausgesetzt, die ihn konstituieren, transformieren und erhalten. Wird der Nozizeptor durch einen kaum wahrnehmbaren Lichtpunkt ersetzt, dann leuchtet der Kern bereits unmerklich heller und eine Anzahl von Kernen, die ein Modul konstituieren, leuchten wiederum ein wenig heller etc. Zusammen erzeugen sie ein hochkomplexes Lichtmuster bzw. raumzeitliches Muster, das sämtliche Ebenen oder hierarchischen Ebenen umfasst und letztlich in das 'Tun' der Entität mündet, wobei Tun nicht mit bewusster Wahrnehmung eines Ereignisses, dessen Erkenntnis durch das 'Ich bin', gleichgesetzt werden darf.

Kriterien für die Transformation des Seienden

„Der Weg ist ewig ohne Tun;Aber nichts, das ungetan bliebe"[128]. Und: „Niemals machen und doch bleibt nichts ungetan."[129]

Oder auch:

„Jenes (Der Ursprung auf den sich das Denken hinwendet) nun ist das Gute; der Geist aber ist gut, weil er in der Schau sein Leben hat; es sind aber die Gegenstände seiner Anschauung auch ihrerseits gutgestalt und er erwarb sie in dem Augenblick, als er das Wesen des Guten anschaute. Sie gelangten aber zu ihm nicht so, wie sie dort droben waren, sondern so, wie er sie selber empfing. Denn ihr Urgrund ist Jener, aus Jenem kommen sie in ihn, und er ist es, der sie aus Jenem hervorbringt. Denn es wäre nicht füglich, daß er im Blicken auf Jenen garnichts dächte, noch auch, daß die Gegenstände seines Denkens schon in Jenem vorhanden gewesen wären, denn dann konnte er sie selbst nicht mehr erzeugen. So erhielt er denn von Jenem das Vermögen, sie hervorzubringen und sich so zu ersättigen an seinen eignen Erzeugungen, indem Jener ihm dargab,

was Er selber garnicht besaß. Sondern
aus dem Einen das Jenes ist, wurde für
ihn Vieles."[130]

Wird die Aussage von Plotin umformuliert, dann lautet sie:
'Das 'Ich bin', als sich selbst bewusste Entität, wird indirekt vom ursprünglichen Pool an Freiheitsgraden erschaffen', erschafft sich aber als Entität im Kosmos selbst, indem die duale Information es bedingt und seine Entwicklung bestimmt. Der Informationsgehalt selbst entzieht sich
dem 'Ich bin' zum größten Teil. Nur im *Denkakt*, der Ausdruck der bewussten Wahrnehmung ist, gelangt ihm die Information über den Prozess der Transformation zur Erscheinung und erzeugt auf diese Weise die Inhalte, die ihm
in der Erkenntnis zugängliche Realität. Somit ist diese Information nicht nur verantwortlich, wie das Seiende zum
Ereignis in der Realität wird, sondern es ist als Ereignis
selbst die *Weise seines Daseins*, Teil eben dieser Realität.
Anders ausgedrückt: Das Seiende ist stets Ausdruck der
beiden Aspekte, wie es vom Prozess der Transformation
hervorgebracht wird; nur als Einheit erzeugen sie die Realität, die Welt der zur Erscheinung gelangenden Ereignisse.
Die Information über die Transformation ist dadurch unwi-
derruflich mit dem Seienden verknüpft; es ist dessen Informationsgehalt. Zugleich ist dieser Aspekt des Prozesses
das (Ur-)Kriterium in Bezug auf das 'Wie' der Transformation (Entwicklung der Entität). Anders formuliert: Es bedingt, welche der im Pool an Möglichkeiten zur Verfügung
stehenden Handlungsmöglichkeiten transformiert bzw. als
Tun in der Realität verwirklicht (umgesetzt) werden.

Der Nozizeptor in der Haut besitzt einen begrenzten
Pool an Möglichkeiten; entweder setzt er ein Aktions-
potenzial frei oder nicht; er signalisiert die Information
Schmerz, sofern der Reiz (Schwere der Verletzung) den
Schwellenwert erreicht. Zudem kann der Schwellenwert,
der zur Aktivierung notwendig ist, herabgesetzt werden,

sodass er - nach einer Ruhephase - sensibler auf den Reiz reagiert. Anders formuliert: Je stärker der Reiz (Nadelstich), die Verletzung, desto schneller erfolgt die Weitergabe der Information, um sowohl das eigene Dasein als auch das des Kerns zu sichern, den es mit anderen Nozizeptoren konstituiert. Im sogenannten Ruhepotenzial, wenn der Nozizeptor keinen Reiz empfängt, ist sein Transformationsverhalten ausschließlich auf die Erhaltung der eigenen Existenz gerichtet, indem er den für sein Dasein notwendigen Stoffwechsel aufrechterhält.

Die unterschiedlichen Schwellenwerte des Nozizeptors bilden dessen Pool an Möglichkeiten und je nach Intensität und Dauer des Reizes bedingt der Informationsgehalt die optimale Transformation. Eine zu große Sensibilität, d. h. eine Freisetzung des Aktionspotenzials bei einem schwachen Reiz, könnte zu einer Kettenreaktion führen und damit z. B. bei dem Schneider den Fokus auf ein Ereignis richten, das im Grunde keiner Beachtung bedarf, während von ihm unter Umständen, infolge der Fehlinformation, ein tatsächliches Gefahrenpotenzial zu spät wahrgenommen wird. Im entgegengesetzten Fall, wenn der Nozizeptor die Information nicht oder aufgrund eines zu hohen Schwellenwertes zu spät weiterleitet, dann kann die Verletzung bereits so schwerwiegend sein, dass die Erhaltung der Entität, des Menschen, selbst gefährdet ist. Oder: Der vom Informationsgehalt des Nozizeptors aufgespannte Pool an Möglichkeiten, der die ihm zur Verfügung stehenden, unterschiedlich sensibilisierten Schwellenwerte umfasst, bedingt, auf welchen Wert der möglichen Schwellenwerte er gesetzt, bzw. wie er aufgrund der Wechselwirkung transformiert wird.

Mit zunehmender Komplexität der Entität vergrößert sich nicht nur der Informationsgehalt, sondern im gleichen Maße ihr Pool an Möglichkeiten. Das Beispiel mit der von Pyramiden bevölkerten Landschaft veranschaulicht die Evolution sehr gut. Die einfache Pyramide, bestehend aus zwei Elementen (Entitäten, Träger von Information), und ihre

Synthese (transformierte Einheit), verfügt in Bezug auf ihr Tun in der Außenwelt auf zwei Möglichkeiten: das Aktionspotenzial freisetzen oder im Ruhezustand bleiben. Ihr Tun in der Innenwelt ist vielfältiger und umfasst zum einen den für ihr Dasein notwendigen Stoffwechsel und zum anderen unterschiedliche Sensibilisierungen in Bezug auf den Schwellenwert. Signalisiert sie Schmerz, leuchtet an ihrer Spitze eine Lampe auf. Das Intervall des Lichtblitzes (Aktionspotenzial) steht synonym für die Intensität des Reizes und bedingt, in welchem Umkreis die Information von den benachbarten Pyramiden aufgegriffen - ihre Aufmerksamkeit auf die Verletzung fokussiert - und weitergeleitet wird. Aus der Perspektive des Kerns, der übergeordneten Ebene (Hierarchie) erscheint die Weiterleitung der Information des Reizes Schmerz als sich kontinuierlich veränderndes Lichtmuster (raumzeitliches Muster), dessen Lichtblitze - entsprechend der unterschiedlichen Werten des Schwellenwertes - sensibilisiert werden, somit entspricht deren Rhythmus dem aktualen Zustand. Anders gewendet: Der Pool an Möglichkeiten der Pyramiden umfasst ein Spektrum an alternativen Handlungsweisen, das von einem langen Intervall zwischen den Lichtblitzen bis zu einem nahezu gleichmäßigen Leuchten reicht.

Der Zeitpunkt des Jetzt umfasst ein winziges Intervall (Planck-Zeit) und entsprechend begrenzt ist der Spielraum in Bezug auf die Entscheidung, welches Tun aus dem Pool an Möglichkeiten transformiert wird. Zudem variiert der Pool an Möglichkeiten mit jedem Jetzt aufgrund der sich verändernden Lichtmuster und wird damit für die übergeordnete Ebene, den Kern, zum Problem, das zuerst an einem weiteren Beispiel verdeutlich werden soll.

> Ein 'Ich bin' verfügt bei einer bestimmten Baureihe von Porsche über sämtliche, also tatsächlich existierende Informationen. Es kennt jede Variante

der einzelnen Modelle, von der Farbe über die Motorstärke bis zu den Details der Innenausstattung. Weil der Hersteller jede mögliche Variante mit einer Kennziffer bezeichnet, lässt sich über diese Nummer das entsprechende Modell herstellen. Betrachtet das 'Ich bin' einen stehenden Porsche, dann ist es ihm - bei ausreichender Zeit - möglich, anhand der verwendeten Bauteile die richtige Kennziffer des Modells in Erfahrung zu bringen. Schwieriger gestaltet sich die Ermittlung der Kennziffer, wenn der Porsche langsam an dem beobachtenden 'Ich bin' vorbeirollt. Entgehen ihm bis zu dem Zeitpunkt, an dem er seine Entscheidung bekannt geben muss, nur wenige Details, so ist die Wahrscheinlichkeit, dass es die auf das Modell zutreffende Kennziffer richtig ermittelt hat, sehr hoch, also nahe bei 'Eins'. Bei z. B. drei nicht erkannten Details der Innenausstattung besteht der Pool an Möglichkeiten - sofern nur eine Variante zugrunde gelegt und die Permutationen sich dadurch erheblich reduzieren - bereits aus neun Alternativen bzw. möglichen Kennziffern. Anhand seines Informationsgehaltes über die Verkaufszahlen der jeweiligen Varianten, die Anzahl der infrage kommenden Modelle in seiner näheren Umgebung etc. kann es den Pool an Möglichkeiten nicht verringern, nur die Wahrscheinlichkeit für die eine oder andere Kennziffer erhöhen. Für welche Kennziffer sich das 'Ich bin' entscheidet, wird durch dessen Informationsgehalt bestimmt, der die Kennziffer mit der größten Wahrscheinlichkeit transformiert, die als Ereignis in der

Realität aufscheint und somit die Wahrscheinlichkeit von Eins annimmt.

Mit zunehmender Geschwindigkeit des vorbeifahrenden Porsche gelingt es dem 'Ich bin' immer schlechter, die zahlreichen Details in Erfahrung zu bringen, und damit wächst, trotz seines umfassenden Informationsgehaltes bezüglich der Modellvielfalt des Porsche, sein Pool an Möglichkeiten, während in gleichem Maße die Wahrscheinlichkeit zur Ermittlung der richtigen Kennziffer abnimmt. Es ist unbestreitbar, dass der Informationsgehalt des 'Ich bin' mit jeder Entscheidung (Transformation) an Umfang zunimmt, sodass es ihm - selbst bei hoher Geschwindigkeit der an ihm vorbei rasenden Modelle - gelingt, Details wie Farbe, Radkappen, Motorstärke etc. richtig zu erkennen und damit die Wahrscheinlichkeiten innerhalb des Pools an Möglichkeiten für die einzelnen Varianten genauer zu ermitteln. Anders formuliert: Je schneller der Porsche an dem beobachtenden 'Ich bin' vorbeifährt, desto weniger Details sind ermittelbar und dementsprechend geringer ist die Wahrscheinlichkeit, die für das Modell richtige Kennziffer in Erfahrung zu bringen. Oder auch: Das Intervall des Jetzt vergrößert, mit zunehmender Beschleunigung, die Unwissenheit des komplexen Seienden bei dessen Transformation und infolgedessen die Wahrscheinlichkeit, dass das in der Realität zur Erscheinung gelangte Ereignis die für das Seiende optimale Transformation ist.

Das Lichtmuster der Pyramiden variiert mit jedem Jetzt entsprechend der es konstituierenden Informationen über den Schmerz. Die übergeordnete Ebene, der die Pyramide als Einheit umfassende Kern, tritt zum Zeitpunkt des Jetzt in Wechselwirkung mit dem aktualen Lichtmuster und transformiert das Tun, welches anhand des Informationsgehaltes seine Erhaltung mit der größten Wahrscheinlichkeit gewährleistet.

Ein Lichtmuster ist stets Träger von Information, unabhängig von dessen Komplexität. Jede Entität ist ein Träger von Information, und wenn sie in Wechselwirkung mit einem Anderen tritt, bedingt es ihrer beider Transformation. Das Jetzt, das Intervall der Transformation, ist unveränderlich. Im Gegensatz dazu ist das Intervall des Jetzt der Entität von dessen Komplexitätsgrad abhängig. Mit anderen Worten: Das Intervall, welches die individuelle Entität als Jetzt besitzt, gewinnt mit dessen zunehmender Komplexität ein größeres bzw. umfassenderes zeitliches Fenster; der Informationsgehalt selbst ist damit im Jetzt komplexer.

Oder auch: Die explizite Information des von den Pyramiden erzeugten Lichtmusters bedingt anhand bestehender Kriterien und des Informationsgehalts des Kerns (Moduls etc.) die Transformation aus dem Pool an Möglichkeiten, der im aktualen Jetzt die größte Wahrscheinlichkeit auf das Tun in Bezug auf die Situation besitzt; dieses kommt als Ereignis in der Realität zur Erscheinung.

Die Information des Lichtmusters ist, im Gegensatz zu den einzelnen Pyramiden, in seiner Struktur komplexer und vermittelt somit eine differenziertere Information als die es konstituierenden Pyramiden (Nozizeptoren), die entweder einen Lichtblitz aussenden oder im Ruhezustand sind. Das Jetzt des Kerns besitzt, weil er selbst komplexer strukturiert ist, ein größeres zeitliches Fenster. Anders ausgedrückt: Der Kern kann differenziertere Information bzw. einen größeren Informationsgehalt innerhalb seines Jetzt wahrnehmen. Oder auch! Der Nozizeptor nimmt von dem vorbeifahrenden Porsche zum Zeitpunkt seines Jetzt nur ein Detail wahr, während der Kern im gleichen Intervall

Informationen über dessen Farbe, Radgröße, Sitze und Heckspoiler in Erfahrung bringen kann.

Zusammenfassend lässt sich sagen: Das (Ur-)Kriterium resultiert aus dem Aspekt des Prozesses der Transformation, der diesen Prozess dokumentiert und auf diese Weise die Erhaltung der Entitäten gewährleistet. Mit dem Fortgang der Evolution werden nicht nur die Entitäten komplexer bzw. differenzierter - betrachtet man nur die Entwicklung der Menschheit aus der Ursuppe, welche die Bausteine des Lebens, z. B. die Aminosäuren enthalten hat und weiter über den Ein- und Mehrzeller bis zu den hoch spezialisierten Lebewesen (Tiere etc.) und letztlich das 'Ich bin' und dessen bewusste Wahrnehmung der Realität -, sondern in gleichem Maße die Kriterien, welche die Existenz der Entitäten sichern sollen. Die zunehmende Komplexität der Lebewesen, die mit dem ZNS und dem Gehirn des Menschen ihren vorläufigen Höhepunkt erreicht hat, ermöglicht dadurch eine Differenzierung des Tuns, das wie jedes Licht seine Schattenseiten besitzt.

Die Komplexität vervielfacht auch den Informationsgehalt und infolgedessen den Pool an Kriterien, der die Erhaltung der Entität sicherstellen soll. Dazu gleich mehr. In der Physik konstituieren sich die Kriterien in den Naturgesetzen, welche das Verhalten der Elementarteilchen bewirken oder analog z. B. bei dem Pantoffeltierchen, das bei der Berührung eines Gegenstandes mit einer seiner Wimpern die Richtung ändert, um dadurch möglichen Gefahren zu entgehen. Hierher gehört das instinktive Verhalten der Tiere, das ihr Überleben sichern soll und die heutigen Moralvorstellungen der Menschheit (Dazu das Kapitel 'Über Moral').

Das 'Ich bin'

Der Leib ist die Basis des 'Ich bin', seines Daseins.

> „Denn wenn wir das Eine als die Ursache bezeichnen, so bedeutet das auch nicht ein Akzidentielles von ihm aussagen, sondern von uns, daß wir nämlich etwas von ihm her haben, während es selbst in sich verharrt."[131]

Plotin bringt damit zum Ausdruck, dass der Mensch, folglich das 'Ich bin', nichts über den Ursprung selbst aussagen kann, sondern nur über das aus ihm als Ereignis Hervorgegangene. Der Informationsgehalt des Leibes ist dem 'Ich bin' nur insoweit zugänglich, als er ihm in bewusster Wahrnehmung zur Erkenntnis gelangt. Oder: Der Informationsgehalt des Leibes beinhaltet eine wesentlich umfangreichere Datenmenge als die, welche dem 'Ich bin' durch die bewusste Wahrnehmung zuteilgeworden ist. Der Leib umfasst somit Informationen, die dem 'Ich bin' unbewusst, aber dennoch - zumindest teilweise - nicht grundsätzlich seiner Erkenntnis entzogen sind. Wie das Seiende generell, verfügt der Leib über eine Weltlinie bzw. einen Vergangenheitskegel, dessen Informationsgehalt sein gesamtes Dasein beinhaltet.

Jede Transformation erzeugt ein Ereignis, welches dem 'Ich bin' grundsätzlich zur Erkenntnis gelangen kann. Ereignisse sind für das 'Ich bin' physische Erscheinungen oder, in der Begrifflichkeit der Physik, die physikalisch zugängliche und damit erforschbare Realität. Der Aspekt der Information über den Prozess der Transformation ist, entgegen seinem maßgeblichen Anteil an der Evolution des Kosmos, nur inhärent als Sosein des Daseins der Entität existent. Er tritt in der Realität zum einen als materielles Ereignis und zum anderen als dessen Informationsgehalt in

Erscheinung. Mit anderen Worten: Auf der einen Seite existiert der Porsche als Ereignis (materiell), als erkenntnisfähige Erscheinung, und auf der anderen Seite befinden sich die für seine Existenz notwendigen Konstruktionspläne (Informationsgehalt) nicht nur über die benötigten Einzelteile, sondern darüber hinaus über ihre Anordnung, ihr Zusammenspiel, die Materialbeschaffenheit etc. und über die innerhalb seines Weltkegels liegenden Informationen (Fahrten, Inspektionen etc.). Dieser Informationsgehalt der Entität, des Seienden überhaupt, bedingt sein Sosein im Dasein; er ist untrennbar mit ihm verknüpft und es sind keine grundsätzlich verborgenen Informationen, sondern ebenso frei verfügbare wie in den Büchern in einer Bibliothek. Die Akasha-Chronik[132] stellt nur eine der Interpretationen des Informationsgehalts des Kosmos und R. Sheldrakes (1942) morphologische Felder[133] eine andere Sichtweise[134] dar.

Der Leib des Menschen ist eine hochkomplexe und in seiner Struktur (Aufbau) überaus differenzierte Entität. Das ZNS, insbesondere das Gehirn mit seinem neuronalen Netzwerk, ist dabei - trotz seiner Bedeutung - nur ein Bestandteil des Leibes. Dass das 'Ich bin' sich explizit mit dieser Entität als identisch betrachtet, wird durch den Akt der bewussten Wahrnehmung begründet, der evolutionsbedingt in dem Komplex Gehirn verortet ist. Der Nadelstich des Schneiders z. B. wird an der Stelle verortet, wo er aufgetreten ist und nicht im Gehirn, wo er als bewusste Wahrnehmung dem 'Ich bin' als Schmerz zum Ereignis und damit zur Erkenntnis gelangt. Ebenso ist es mit der bewussten Wahrnehmung des 'Ich bin' sie wird an ihrem Ursprung verortet.

Die bewusste Wahrnehmung des 'Ich bin' basiert auf dem Prozessgeschehen der Transformation, oder: Es ist das *Tun des Leibes*, welches ihm in Form bewusster Wahrnehmung als Ereignis zuteilwird. Es ist die Fokussierung des Leibes auf ein Tun eben dieses Leibes; es ist intentional.[135] Anders gewendet: Die bewusste Wahrnehmung ist stets Wahrnehmung von etwas und folglich niemals leer; es ist Information, die sich als solche erkennt. Die Fokussierung auf ein Tun des 'Ich bin' unterscheidet sich insofern von anderen Wechselwirkungen, dass durch die bewusste Wahrnehmung eines Ereignisses, diesem Priorität gegenüber anderen Transformationen eingeräumt wird. Die auf ein Tun fokussierte Aufmerksamkeit des Leibes verändert den Pool an Möglichkeiten und infolge dessen den Informationsgehalt bzw. die Wahrscheinlichkeit für sein zukünftiges Tun.

„Bewusstsein ist ein unbewusster Akt."[136]

Welche Kriterien die bewusste Wahrnehmung auf ein Tun fokussieren, bleibt dem 'Ich bin' zumeist verborgen. Wird z. B. Rauch wahrgenommen, deutet das auf Feuer hin, welches für das 'Ich bin' zur Gefahr werden kann. Im Nachhinein sind in diesem einfach gelagerten Fall die Kriterien für die Fokussierung, der Erkenntnis des 'Ich bin' ohne Weiteres eruierbar, während bei einem plötzlich auftretenden Gedanken, der überhaupt nicht dem aktuellen Tun entspricht, die ihn auslösenden Kriterien zumeist im Dunkeln bleiben. Das besagt: Die bewusste Wahrnehmung erfasst nur einen kleinen Bereich des Prozessgeschehens des Leibes; sie ist mit der Spitze eines Eisberges. Über diese Einschränkung besitzt das 'Ich bin' Kenntnis; so verfügt es im Allgemeinen nicht über die bewusste Wahrnehmung die Homöostase des Leibes und auch der Großteil seines Informationsgehaltes gelangt dem 'Ich bin' nie als Ereignis zur Erscheinung oder ist seiner Erkenntnis nur indirekt zugänglich. Damit erhebt sich die Frage, welchen Vorteil die bewusste Wahrnehmung in Bezug auf die Erhaltung des Menschen besitzt und wie der Leib das 'Ich bin' erzeugt?

Jede Entität ist bestrebt, sein Dasein zu erhalten. Der Nozizeptor in der Haut signalisiert aufgrund eines Reizes durch den Nadelstich Schmerz und leitet, entsprechend der Schwere der Verletzung, die Information mit unterschiedlichem

Rhythmus weiter. Er selbst besitzt weder über den Grund noch über das tatsächliche Ausmaß der Verwundung Kenntnis; sein Tun wird ausschließlich vom Reiz der Verletzung bedingt. Veranschaulichen lässt sich sein Tun mit der bewussten Wahrnehmung von Rauch durch ein 'Ich bin', dem Gedanken *Feuer* und der Weiterleitung der Information durch lautes Rufen des Wortes. Brennt z. B. nur der Vorhang in der Küche, weil der Wind ihn auf die noch heiße Herdplatte geweht hat, so wird die Information nicht weitergeleitet und bleibt somit auf den Inhaber der Wohnung beschränkt, der den brennenden Vorhang mit einem Eimer Wasser löscht. Steht bereits die gesamte Küche in Flammen, so verstärkt das 'Ich bin' die Intensität der Weiterleitung der Information Feuer zum einen, um die übrigen Bewohner des Hauses auf die drohende Gefahr aufmerksam zu machen, und zum anderen erhöht die gemeinschaftliche Flucht aus dem brennenden Haus die Wahrscheinlichkeit des eigenen Überlebens, wenn z. B. die Ausgänge unpassierbar sind und erst freigeräumt werden müssen. Analog dazu initiiert das Intervall des Lichtblitzes Schmerz die Art und Weise der Transformation, indem von der Gruppe der Nozizeptoren erzeugte Lichtmuster den Kern über das wahre Ausmaß der Verwundung informiert wird. Ist die Verletzung gering, verbleibt die Information innerhalb des Kerns bzw. auf die unteren, der bewussten Wahrnehmung des 'Ich bin' unzugänglichen Ebenen beschränkt bzw. bei einer schwereren Verletzung wird sie weitergeleitet und der Fokus des Leibes darauf gerichtet. Mit anderen Worten: Wechselwirkungen transformieren die Entität und dieser Prozess der Innenwelt bedingt nicht grundsätzlich ein Tun in der Außenwelt. So kann ein 'Ich bin' beim Pokerspiel vier Asse auf der Hand haben, ohne dies in der Außenwelt den Mitspielern gegenüber zu kommunizieren. Der Kern steht sozusagen ebenso im Konkurrenzkampf mit anderen Kernen wie das sie als Einheit umfassende Modul mit anderen Modulen, die sämtlich ihre Informationen aussenden und somit ein sich kontinuierlich veränderndes Lichtmuster erzeugen wie die Nozizeptoren der untersten Ebene. Es ist innerhalb der Entitäten stets derselbe Prozess.

Das Bild des Lichtmusters der Pyramiden bzw. der erleuchteten Fensterfront steht synonym für den Begriff *raumzeitliches Muster*. Ein raumzeitliches Muster ist z. B. in Bezug auf das Gehirn des Menschen ein von Neuronen erzeugtes Erregungsmuster, welches dessen Tun anzeigt oder als Engramm[137], Gedächtnisinhalt, dauerhaft erhalten bleibt. Die Transformation der Entität erzeugt - um es noch einmal zu verdeutlichen - explizit eine duale Information, das kleinstmögliche raumzeitliche Muster. Die Komplexität eines raumzeitlichen Musters bedingt dessen Informationsgehalt. So erfährt das 'Ich bin' bei nur einem erleuchteten Fenster des Gebäudekomplexes nur wenig Information über die Bewohner, deren Einrichtung, Vorlieben etc. Mit jedem Zimmer, in dem das Licht eingeschaltet wird, erhöht sich der Informationsgehalt, bis er bei komplett erleuchteter Fensterfront sein Maximum erreicht; den umfassenden Informationsgehalt.

Raumzeitliche Muster sind zum einen ein Ereignis der materiellen (physikalischen) Realität und zum anderen dokumentieren sie dieses Ereignis; sie verkörpern die Information über das Tun der Entität, des Leibes des Menschen. Das ZNS mit seiner Schaltzentrale, dem Gehirn, spiegelt die Evolution des Kosmos in den individuellen Entitäten wider, jedoch in hochkomplexer Weise.

> „Und Gott sprach: Wir wollen den Menschen machen nach unserem Bild *und* nach (der) Ähnlichkeit und sie sollen herrschen über die Fische des Meeres und die Flugtiere des Himmels und die Haustiere und über die ganze Erde und über alle Kriechtiere, die auf der Erde kriechen. Und Gott *machte* des Menschen. Nach dem Bild Gottes *machte* er ihn, männlich und weiblich *machte* er sie."[138]

So hat Gott am sechsten Schöpfungstag gesprochen. Strukturen des Seienden, die sich in der Evolution bewähren bzw. sich im Dasein erhalten (erfolgreich überleben), begegnen dem 'Ich bin' in differenzierterer Form überall in der Realität, von deren einfachen Anfängen bis zu ihren aktualen komplexen Strukturen. Somit kann nur bedingt von einem Vorteil in Bezug auf die bewusste Wahrnehmung des 'Ich bin' gesprochen werden; sie stellt lediglich einen weiteren Schritt in der Evolution des Kosmos dar. Die Fokussierung auf das aktuale Tun einer Entität ist nicht neu, jedes Tier reagiert auf Gefahren, Beute etc., bewahrt die individuelle Information und greift auf diesen Informationsgehalt in entsprechenden Situationen zurück. Der Unterschied zum Menschen liegt in der besonderen Verknüpfung von aktualem Tun, raumzeitlichem Muster und der Erhaltung dieser Information innerhalb des Leibes, der Entität, selbst.

Durch die Komplexität der Entität wird das individuelle Intervall des Jetzt umfassender, es verfügt über ein größeres zeitliches Fenster und dadurch über einen umfangreicheren Informationsgehalt. Damit besteht für den Menschen die Möglichkeit, dass ein raumzeitliches Muster mit einem Symbol (Begriff) zu der Einheit des 'Ich bin' transformiert werden kann. In Analogie zum Prozess der Transformation ist die bewusste Wahrnehmung des 'Ich bin' Information über ein raumzeitliches Muster. Anders ausgedrückt: Ein Tun des Leibes wird mit einem Symbol/Begriff - der Information über dieses Tun - zur Einheit des 'Ich bin' verknüpft.

Im Gegensatz zu weniger komplexen Entitäten, wie z. B. den Tieren, wird die Wahrnehmung sowohl der Innen- als auch der Außenwelt nicht mit einem Symbol, das explizit für eine aktuale Wahrnehmung im Jetzt steht, sondern zur Einheit des Leibes transformiert und bleibt dadurch auch für das 'Ich bin' unbewusst. Erst das umfangreichere zeitliche Fenster des Jetzt ermöglicht einen höheren Informationsgehalt

120

und infolge dessen die Transformation des Prozessgeschehens des Leibes und einem synonymen Symbol zur Einheit des 'Ich bin'.

Ein gutes Beispiel zum besseren Verständnis der bewussten Wahrnehmung des 'Ich bin', bilden die sogenannten
Kippbilder.[139] Ein Kippbild beinhaltet in einer Zeichnung
sowohl das Bild einer jungen als auch einer alten Frau. Wird
das Bild eine Zeit lang betrachtet, wechselt die Sichtweise
von junger auf alte Frau oder umgekehrt; die Wahrnehmung
kippt um. Gleichsam ist die bewusste Wahrnehmung des
'Ich bin' ein Umkippen der Wahrnehmung des Leibes auf
eine Position, von der aus es sein Tun beobachten kann.

Die bewusste Wahrnehmung des 'Ich bin' bildet die Spitze einer Pyramide bzw. der Mannigfaltigkeit der parallel
ablaufenden raumzeitlichen Muster (Transformationen),
deren Erkenntnis ihm weitgehend unbewusst bleibt. Jede
Wechselwirkung des Leibes wird nur dann vom 'Ich bin'
als Ereignis bewusst wahrgenommen, wenn innere oder
äußere Umstände die Fokussierung des Leibes auf ein Prozessgeschehen bewirken.

Die Komplexität der aufgrund der Wechselwirkungen
bedingten Transformationen zu jedem Zeitpunkt des Jetzt
erschwert das Verständnis, wie ein raumzeitliches Muster
mit einem Symbol zu der Einheit des 'Ich bin' transformiert wird. Grundsätzlich erzeugt jede Transformation
eine duale Information. Die Weiterleitung der Information
erfolgt durch eine Entität, die als Träger von Information
(Vgl.: z. B. Neurotransmitter, Eichbosonen etc.) fungiert
und gründet wiederum auf einer Information. Der bildhaf-
te Vergleich mit den Pyramiden bzw. der erleuchteten
Fensterfront wird der Realität nicht einmal annähernd gerecht; er verdeutlicht nur, dass jedes raumzeitliche Muster
ein Träger von Information ist. Infolgedessen gründet die
bewusste Wahrnehmung eines Porsches nicht auf der Information eines einzigen raumzeitlichen Musters, sondern

auf dessen kontinuierlichem Fluss in der zeitlichen Entwicklung der Realität.

Raumzeitliche Muster und bewusste Wahrnehmung

Empfängt der Nozizeptor einen Reiz, tritt er in Wechselwirkung mit einer Entität, einem Träger von Information und transformiert sich zu einer neuen, umfassenden Entität (Einheit). Dieser Prozess erzeugt, zusammen mit einer Vielzahl an parallel ablaufenden Transformationen der Innenwelt des Menschen, raumzeitliche Muster unterschiedlicher Art. So werden z. B. in den Mitochondrien wichtige Substanzen wie das energiereiche Molekül Adenosintriphosphat gebildet, während gleichzeitig einlaufende Reize Aktionspotenziale freisetzen. Sämtliche Wechselwirkungen und die dadurch bewirkten Transformationen erzeugen raumzeitliche Muster, die innerhalb des Nozizeptors, in den Kernen, Modulen etc. Transformationen bedingen und damit das Funktionieren sowohl des Nozizeptors selbst als auch der sie umfassenden Kerne etc. gewährleisten. Anders formuliert: Der Nozizeptor ist ein Kosmos für sich, der sich lediglich durch den Grad seiner Komplexität von einem Elektron oder dem Menschen unterscheidet. Die Funktionsweise, der strukturelle Aufbau der Entitäten, des Seienden, ist stets der gleiche und damit unabhängig vom Grad der Komplexität oder der Differenziertheit. Der Nozizeptor ist in erster Linie darauf bedacht, seine Existenz zu sichern und erst an zweiter Stelle folgt die Weiterleitung von empfangenen Reizen. Reduziert der Leib, dessen Bestandteil er ist, die für seine Erhaltung notwendigen Rohstoffe oder stellt er die Versorgung aufgrund eines Unfalls vollständig ein, so verringert der Nozizeptor seinen Energiehaushalt, indem er seine Funktionsbereiche Schritt für Schritt abschaltet und sie letztlich auf die für sein Überleben notwendigen Funktionen beschränkt. In derselben Weise versucht der Leib des Menschen, im Notfall sein Dasein zu erhalten.

„Wie oben, so unten; wie unten, so oben."[140] Dieses Prinzip entspricht der Struktur des Kosmos, die auf dem ursprünglichen Einen gründet, von ihm aus seine Entwicklung genommen hat und als komplexe Struktur die Mannigfaltigkeit des Seienden umgrenzt.

> „Die Menschheit und alle Lebewesen sind fragmentarische Manifestationen des Ganzen. In der Welt der Erscheinungen scheinen sie zu getrennter Existenz zu führen, aber das ist eine Illusion. In Wirklichkeit sind sie die Glieder oder Organe eines Körpers, so wie jeder scheinbar getrennte Körper seinerseits aus verschiedenen Teilen besteht. Im vollkommenen, ursprünglichen Zustand gab es eine Bruderschaft zwischen allen Dingen."[141]

Analog der einfachen Struktur des Nozizeptors verfügt das Gehirn des Menschen, des 'Ich bin', über 100 Milliarden Nervenzellen, die jeweils bis zu 1000 Verknüpfungen mit anderen Nervenzellen bilden können. Dieses neuronale Netzwerk sorgt für die Erhaltung des Leibes und darüber hinaus hat es im Verlauf seiner Evolution etwas Neues hervorgebracht, das Phänomen der bewussten Wahrnehmung eines 'Ich bin', das synonym für dessen Leib steht. Und nicht nur das! Der Leib codiert sich selbst - die Sprache der Transformation und damit des Kosmos -, indem er die Wahrnehmungen der Sinne mit einem Symbol/Begriff zur Einheit des 'Ich bin' transformiert. Das umfangreichere zeitliche Fenster des Jetzt des Menschen hat seinen Vorfahren ermöglicht, mehrere Informationen - Transformationen des Leibes - zu einer umfassenderen Informationseinheit zu verknüpfen, die z. B. den Schmerz im Finger mit einer Lautäußerung verbunden und seinem Vorfahren dadurch die Möglichkeit eröffnet hat, aufgrund der spezifischen Lautäußerung von einem Stammesmitglied auf die Wahrnehmung Schmerz im Finger zu schließen. Ist ihm derselbe Unfall widerfahren, so wird in ihm das Empfinden des Schmerzes sowohl mit der Lautäußerung als auch dem verletzten Finger in Beziehung gesetzt. Entsprechend dem strukturellen Aufbau des Kosmos, des Menschen und dessen Gehirn, verläuft die Evolution. Dies beweist nur einmal mehr, dass der Kosmos stets auf bewährte Strukturen zurückgreift.

Die raumzeitlichen Muster, die kontinuierlich im Leib des Menschen erzeugt und über das ZNS an das Gehirn weitergeleitet werden, informieren den Leib unablässig über seinen aktualen Zustand. Steht das Bild der Pyramiden für eine Gruppe von Nozizeptoren, versinnbildlicht der Gebäudekomplex mit seinen Zimmern ein aus Modulen aufgebautes, einfaches raumzeitliches Muster. Um eine genauere Vorstellung des Gehirns zu bekommen, müssten sämtliche Städte der Erde zusammengelegt und ihr nächtliches Lichtermeer aus dem Weltraum betrachtet werden. Jede Lichtquelle, selbst der diffuse Schein einer Kerze, das Aufflammen eines Streichholzes etc. tragen zu dem sich beständig verändernden Lichtmuster bei und übermitteln dem Beobachter die entsprechenden Informationen über den Zustand der Stadt und das Tun seiner Bewohner. Die bloße Wahrnehmung der Stadt geschieht unbewusst oder dringt nur insoweit in die bewusste Wahrnehmung des Leibes vor, dass die variierenden Lichtmuster beobachtet werden. Erst die Fokussierung auf ein Lichtmuster bzw. erleuchtetes Fenster rückt dessen Informationsgehalt in die bewusste Wahrnehmung. Die Fokussierung auf explizit ein Lichtmuster - raumzeitliches Muster - und dessen Transformation mit einem Symbol (Begriff) zur Einheit des 'Ich bin' wandelt die Wahrnehmung des Leibes in die bewusste Wahrnehmung des 'Ich bin' um und bringt ihm diese als ein Ereignis zur Erscheinung und damit zur Erkenntnis.

Die Wahrnehmung durch die Sinne vollzieht sich kontinuierlich, und selbst wenn das 'Ich bin' schläft, sind sie nicht völlig abgeschaltet, sodass auf Anzeichen von drohender Gefahr jederzeit reagiert werden kann. Die gesamte Wahrnehmung des Leibes ist vergleichbar mit dem Bild der Stadt, wobei die bewusste Wahrnehmung des 'Ich bin' auf ein raumzeitliches Muster beschränkt ist. Die Erkenntnis eines raumzeitlichen Musters umfasst rudimentär das Bild eines Unfalls mit dem Symbol/Begriff Unfall oder Autounfall und erst die nachfolgenden Fokussierungen bringen die Details explizit als Ereignis zur Erscheinung bzw. setzen das 'Ich bin' vom genauen Sachverhalt des Unfalls in Kenntnis. Welche Details das 'Ich bin' bewusst wahrnimmt, wird von seinem Informationsgehalt und den einlaufenden Informationen (Träger von Informationen) bestimmt. Ist es z. B. in der Vergangenheit selbst Opfer eines Unfalls gewesen, so rücken zuerst die Verletzten in den Fokus seiner Aufmerksamkeit, während ein anderes 'Ich bin' nur den Blechschaden des Porsches beklagt. Unabhängig von den im Einzelnen wahrgenommenen Informationen werden diese zu Ereignisketten verknüpft, die nicht nur das aktuale Geschehen umfassen, sondern zusätzlich mit Ereignissen (Gedächtnisinhalten) aus dem Informationsgehalt des 'Ich bin' in Beziehung gesetzt werden und so den umfassenden Ereigniskomplex konstituieren. Welche Ereignisse (Erinnerungen) aufgrund der Beobachtung des Unfalls erneut in den Fokus des 'Ich bin' gehoben und/oder unbewusst als Empfindung der bewussten Wahrnehmung untergelegt werden, darüber erhält es nur bedingt Kenntnis. Anders ausgedrückt: Die bewusste Wahrnehmung ist ein unbewusst hervorgerufener Akt, dessen ihn auslösende Kriterien dem 'Ich bin' zumeist verborgen bleiben. Infolgedessen tritt dem 'Ich bin' in der bewussten Wahrnehmung nicht das raumzeitliche Muster 'an sich' in Erscheinung, sondern der leibliche Zustand, dessen Repräsentant es ist, der mit dem Symbol über die Information eben dieses speziellen Zustandes des Leibes zur Einheit des 'Ich bin' transformiert wird.[142]

Das Zeitproblem des 'Ich bin'

Jede Wahrnehmung des Leibes durch die Sinne, das ZNS, wird erst dann zu einer bewussten Wahrnehmung, wenn der Leib sich explizit auf das raumzeitliche Muster fokussiert und es mit dem entsprechenden Symbol/Begriff zur Einheit des 'Ich bin' transformiert. Die Sprache des Menschen ist sozusagen die decodierte Sprache des Kosmos; der raumzeitlichen Muster des Leibes. Ermöglicht wird die bewusste Wahrnehmung durch das umfangreichere zeitliche Fenster des Jetzt, das einen höheren Informationsgehalt umfasst. Zugleich erzeugt es einen separaten Informationsgehalt, der für die Erhaltung des Menschen wichtige Informationen enthält. Ein Vorteil ist der schnelle Zugriff auf eben diese Informationen, die aufgrund des reduzierten Informationsgehaltes und den dadurch verminderten Pool an Möglichkeiten die Reaktionszeit des Menschen in Bezug auf sein Tun in der Außenwelt deutlich herabgesetzt und so die Chancen für sein Überleben erhöht hat. Diesen reduzierten Pool, der die bewussten Wahrnehmungen des 'Ich bin' umfasst, bezeichne ich als 'Ich-bin-Kategorie'. Er soll - zumindest teilweise - den Aspekt der Beschleunigung kompensieren, der durch die Komplexität des Leibes und der damit exponentiell anwachsenden Anzahl von Transformationen bedingt ist und das Tun des Leibes in drastischer Weise verzögern und die Menschheit in ihrer Existenz gefährden würde.

Die Vielzahl der im Leib parallel ablaufenden Prozesse an Wechselwirkungen bzw. Transformationen bedingt, aufgrund der hochgradigen Differenziertheit des Leibes und damit beständig schneller sich verändernder und komplexer werdender raumzeitlicher Muster, dass diese in ihrer Gesamtheit als Pool an Möglichkeiten für dessen Tun, derart umfassend sind, dass dieser bzw. der ihm zugrunde liegende Informationsgehalt den Leib förmlich bis zu dessen Tun gefrieren lassen würde, weil die Bestimmung der optimalen Transformation zu viel Zeit in Anspruch nehmen würde. Ein erster Schritt aus diesem Dilemma ergibt sich aus der Struktur des Leibes selbst. Entsprechend der Informationsverarbeitung und Weiterleitung von Information z. B. der Nozizeptoren an die ihnen übergeordneten bzw. sie umfassenden Kerne und von diesen zu den Modulen etc. übernimmt die Evolution dieses Erfolgsmodell und splittet den komplexen Prozess der Transformation auf. Die parallele Verarbeitung verringert für die jeweiligen Kerne, Module etc. den Umfang sowohl der einlaufenden Information, und damit deren Informationsgehalt als auch den damit korrelierten Pool an Möglichkeiten. Die Reaktionszeit auf Wechselwirkungen wird deutlich verringert und mündet auf höherer Ebene in separat ablaufende Transformationsprozesse; differenzierte Programme. Dadurch wird es für die Entität möglich, auf drohende Gefahren nahezu ohne Zeitverlust zu reagieren, weil selbst bei hochkomplexen und schnell wechselnden raumzeitlichen Mustern des Leibes der Pool an Möglichkeiten auf wenige alternative Handlungsweisen beschränkt bleibt. So muss z. B. eine Maus, die einen Schatten über sich wahrnimmt, nur zwischen wenigen Fluchtmöglichkeiten wählen, die infolge weiterer Wahrnehmungen und ihres aktualen Informationsgehaltes entsprechend beständig modifiziert werden, weil sich der Standort des Schattens (Verfolgers) ändert oder auftauchende Hindernisse den kürzesten Weg zum Eingang der Höhle versperren etc. Ihr Tun in der Außenwelt, ihr Zickzack-Kurs, wird von parallel ablaufenden Prozessketten (Kerne, Module etc.) bedingt, die ihrerseits einen Pool an Möglichkeiten aufspannen, aus dem in letzter Instanz das Tun in der Außenwelt hervorgeht.

Das instinktive Verhalten der Maus in Bezug auf den Schatten wird so lange aufrecht erhalten, bis der Schatten und damit die drohende Gefahr nicht mehr besteht und das Programm 'Flucht' abgebrochen und an seiner Stelle ein anderes initiiert wird. Der Vorteil von Programmen (instinktiv ablaufenden Sequenzen), die schnelle Reaktion bei drohender Gefahr, kann unter Umständen in sein Gegenteil umschlagen, weil die parallel ablaufenden Prozessketten, die das Fluchtverhalten der Maus beständig anhand der einlaufenden Informationen modifizieren, die effektive Flucht der Maus eher behindern als befördern. Deshalb ihr Zickzack-Kurs, das plötzliche Verharren auf der Stelle etc. Programme und deren Ablauf modifizierende Prozessketten ermöglichen somit schnelle Reaktionen auf Wechselwirkungen, weil ihr Pool an Möglichkeiten jeweils nur wenige alternative Handlungsweisen enthält, die im Zusammenspiel mit anderen, parallel ablaufenden Prozessketten ein Tun bewirken, das unverzüglich im Fluchtverhalten der Maus zum Ausdruck gelangt. Mit anderen Worten: Je komplexer Prozessketten strukturiert sind, desto größer ist sowohl die Anzahl der sie konstituierenden Elemente als auch deren Informationsgehalt und infolge dessen der von ihnen aufgespannte Pool an Möglichkeiten, dessen alternative Handlungsweisen. Bei einfachen Lebewesen wie dem Pantoffeltierchen ist das Tun beschränkt und deshalb auch die optimale Transformation nahezu identisch mit ihrem Pool an Möglichkeiten. Die Maus verfügt bereits über einen Pool an Möglichkeiten, der ihr mehrere Optionen zur Flucht eröffnet, die beständig modifiziert werden und so unter Umständen die effektive Flucht behindern und dadurch ihr Überleben gefährden.

Beim Menschen, dessen differenzierter Struktur, verstärken sich die durch eben diesen strukturellen Aufbau bedingten Probleme. Zum einen fordern die Wechselwirkungen mit der

Außenwelt ein beständiges Tun und zum anderen erfordert die hohe Komplexität in zunehmendem Maße Zeit, um das optimale Tun, welches mit der größtmöglichen Wahrscheinlichkeit seine Erhaltung sichert, zu transformieren. Anders formuliert: Der durch die Komplexität des Leibes bedingten Trägheit steht die sich stets beschleunigende Außenwelt gegenüber, d. h., der Leib muss die Vielzahl an Wechselwirkungen z. B. mit der Außenwelt, mit einem zudem beständig größer werdenden Informationsgehalt in immer kürzeren Zeitabständen verarbeiten und mit einem Tun darauf reagieren. So bedingt die Fahrt mit dem Porsche bei 200 km/h auf der Autobahn zum einen ein beträchtliches Prozessgeschehen und zum anderen Reaktionszeiten in Sekundenbruchteilen. Müsste der Leib zu jedem Zeitpunkt des Jetzt das optimale Tun für die erforderliche Reaktion aus seinem gesamten ihm zur Verfügung stehenden Pool an Möglichkeiten ermitteln, er würde für unbestimmte Zeit in seinem Tun gefrieren und die Vermeidung eines Unfalls wäre auf diese Weise nicht zu bewerkstelligen. Die Evolution des Kosmos hat deshalb einen anderen Weg zwischen der modularen Programmsteuerung (Instinkt) und dem für die Erhaltung der Entität optimalem Tun gewählt, den mit der Wahrscheinlichkeit von Eins, bei dem trotzdem indirekt der gesamte Informationsgehalt für das Tun verantwortlich zeichnet.

Das bewusst wahrnehmende 'Ich bin' umfasst in Bezug auf den Informationsgehalt des Leibes nur einen Bruchteil dessen; es ist der Schlussstein der Pyramide, eine unbedeutende Lichtquelle inmitten des Lichtmusters der Großstadt. So gesehen unterscheidet es sich nur wenig von dem instinktiven Verhalten der Tiere, ihrem durch Programme gesteuerten Tun, das - sofern möglich - modifiziert und einer veränderten Situation angepasst werden kann. Der Fluchtweg der Maus wird fortlaufend korrigiert; nur abbrechen kann sie ihre Flucht nicht, solange der Schatten Gefahr signalisiert.

Bei den einfachen Lebewesen erscheint das Tun oft sinnlos, wenn sie als Gefangene ihrer Programme längst überflüssig gewordene Handlungen vollziehen. Aber, und hier zeigt sich die Nähe des Menschen zu seinen Vorfahren, was ist z. B. eine Zwangshandlung anderes als die stete Wiederholung eines Tuns, das, trotz der Erkenntnis seiner Sinnlosigkeit, nicht unterbunden werden kann? Oder ist es überhaupt nicht sinnlos und dient unbewusst seiner Erhaltung im Dasein?

Die bewusste Wahrnehmung des Menschen isoliert ein aktuales Ereignis aus dem allgemeinen Prozessgeschehen des Leibes. Diese Fokussierung auf ein bestimmtes raumzeitliches Muster besagt zum einen, dass der Leib dieses aufgrund bestehender Kriterien in den Vordergrund gestellt hat und zum anderen, dass er dieses spezielle raumzeitliche Muster als Informationsgehalt des 'Ich bin' innerhalb des Informationsgehaltes des Leibes separat in der 'Ich-bin-Kategorie' speichert. Gleichzeitig können diese speziellen Informationen zu Prozessketten und/oder autonom ablaufenden Programmen - analog dem instinktiven Verhalten der Tiere - verwoben werden, die bei Bedarf abgerufen, ausgeführt werden und als Tun des 'Ich bin' zum Ausdruck kommen. Die Fahrt mit dem Porsche entspricht damit dem Fluchtinstinkt der Maus, die fortlaufend - entsprechend der Verkehrslage - modifiziert und mit dem Erreichen des Zielortes beendet wird. Und ebenso wie die Maus ihr instinktives, programmatisches Verhalten im Verlauf ihrer Entwicklung ändern bzw. an neue Umweltbedingungen anpassen kann, so gelingt dem Menschen, dem 'Ich bin', diese Anpassung durch die bewusste Wahrnehmung nicht nur schneller, sondern zu jedem Zeitpunkt seines Daseins. In ihm verknüpft der Kosmos die Effektivität von Prozessketten und Programmen mit dem Aspekt der bewussten Wahrnehmung eben dieser Prozessketten und Programme, mit Bezug auf die Anforderungen der Außenwelt, und bewirkt dadurch ein verändertes, die Erhaltung des Leibes mit höherer Wahrscheinlichkeit sicherndes Transformationsverhalten. Anders ausgedrückt: Die Flucht der Maus wird bis zur totalen Erschöpfung ihres Leibes fortgesetzt, sodass sie - obwohl der Gefahr des Raubvogels glücklich entronnen - den Strapazen der Flucht zum Opfer fallen kann. Dem Menschen hingegen gelingt der Abbruch von autonom ablaufenden Prozessketten und Programmen; so unterbricht er seine Fahrt, wenn die Müdigkeit seine Fahrtauglichkeit zu beeinträchtigen droht und er damit sein Leben in Gefahr bringt. Im Gegensatz zu dem Verhalten der Maus, die ihre Flucht unbeirrt fortsetzt, solange der Schatten ihr Dasein bedroht, legt der Mensch, das 'Ich bin', eine Pause ein und/oder modifiziert nicht bloß sein Fahrverhalten, indem er die Geschwindigkeit verringert oder ausschließlich auf der rechten Fahrbahn fährt, sondern seine Fahrt jedoch ungeachtet der Gefahrensignale fortsetzt, bis er entweder seinen Zielort erreicht oder durch einen Unfall zwangsläufig gestoppt wird. Noch einmal anders gewendet: Die Möglichkeit der Fokussierung des Menschen auf aktuale Ereignisse bzw. deren raumzeitliche Muster bewirkt eine Modifizierung seines Transformationsverhaltens und bedingt dadurch mit höherer Wahrscheinlichkeit die Erhaltung seines Leibes. Zudem wird der Pool an Möglichkeiten des Leibes durch die spezielle Verknüpfung von Ereignissen mit dem 'Ich bin' zur 'Ich-bin-Kategorie' verkleinert bzw. in speziellen Unterkategorien gespeichert, sodass schneller auf die Anforderungen der Außenwelt reagiert werden kann.

Der Pool an Möglichkeiten und das Tun des Menschen

Was bedingt explizit das Tun des Menschen und infolgedessen des 'Ich bin'? Wie bewirkt der Leib anhand bestehender Kriterien sowohl der Innen- als auch Außenwelt, dass die Transformation als Ereignis zur Erscheinung gelangt, die seine Erhaltung mit der größtmöglichen Wahrscheinlichkeit gewährleistet? Oder: Wie ermittelt der Leib aus seinem Informationsgehalt die optimale Handlungsweise, um die Gefährdung seines Daseins auszuschließen bzw. zu minimieren?

> „[...] der Gedanke, daß die Vergangenheit der gesamten Menschheit als Ganzes auf irgendeine Weise bewahrt geblieben sei. [...] Alles, was einmal existiert hat [...] existiert immer noch und dauert fort an einem Ort, den wir nicht begreifen, an den wir uns nicht begeben können."[143]

Grundsätzlich gilt: Der Informationsgehalt des Menschen bedingt jede seiner Transformationen. Angefangen bei dem einfach aufgebauten Nozizeptor, der einen Reiz wahrnimmt und die Information in Form eines Aktionspotenzials weiterleitet, über das Transformationsverhalten des Kerns, dessen Pool an Möglichkeiten bereits über mehrere alternative Handlungsweisen verfügt, bis zu den hochkomplexen raumzeitlichen Mustern des Gehirns, bestimmt stets derselbe Prozess die Art und Weise der Transformation bzw. die Entscheidung, welches Tun in der Realität als Ereignis aufscheint.

Der Informationsgehalt z. B. des Kerns umfasst sämtliche Transformationen seines Daseins, und würde die Information Schmerz nicht eine sofortige Reaktion erfordern, könnte der Kern innerhalb eines beliebigen Zeitraumes diesen mit der aktualen Information abgleichen und so das bisher erfolgreichste Tun erneut transformieren. In der Realität würde ihn eine solche Vorgehensweise früher oder später zerstören und deshalb reduziert sich sein Pool an Möglichkeiten bzw. sein Tun nicht auf die optimale Transformation, die mit der Wahrscheinlichkeit von Eins seine Erhaltung, zumindest in der Vergangenheit, gesichert hat, sondern er übermittelt die Information aus dem Pool an Möglichkeiten, die aus dem sich kontinuierlich verändernden raumzeitlichen Muster im aktualen Jetzt, als Information Schmerz, aufscheint. Sein zeitlich umfassenderes Fenster des Jetzt bewirkt, dass das Tun des Kerns, die Übermittlung der schmerzenden Hautstelle, auf mehreren Informationen - raumzeitlichen Mustern - beruht. Mit anderen Worten: Die Zusammenfassung mehrerer raumzeitlicher Muster innerhalb des Jetzt des Kerns zu einem Ereignis - das über einen umfangreicheren Informationsgehalt verfügt - reduziert den Pool an Möglichkeiten und erhöht dadurch die Wahrscheinlichkeit, dass sein Tun die verletzte Hautstelle explizit bezeichnet.

Dazu zwei Beispiele: Umfasst der Kern fünf Nozizeptoren, so erhält er eventuell folgende Informationen: A, B und E setzen ihr Aktionspotenzial frei, während C und D im Ruhezustand sind. Jede der einlaufenden Informationen tritt in Wechselwirkung mit dem Kern in parallel ablaufenden Transformationen und erzeugt auf diese Weise, analog dem Lichtmuster des Gebäudekomplexes, ein raumzeitliches Muster, das beständig mit jedem Intervall des Jetzt modifiziert wird. Im folgenden Intervall sind B und D in Ruhe, während A, C und E die Information Schmerz übermitteln und damit das raumzeitliche Muster und im Kern modifizieren. Die Zusammenfassung der beiden raumzeitlichen Muster ergibt dann - um das Bild der Pyramide erneut zu bemühen, die Information, dass A und E beständig Lichtblitze aussenden, C und B in einem langsameren Intervall sind und D nicht involviert ist. Die an das Modul weitergeleitete Information des Kerns besagt dann, dass der Hauptschmerz in A und E auftritt, C und auch D von der Verwundung betroffen sind, allerdings nicht so schwer wie A und E und dass D keine Verletzung aufweist. Somit enthält das diesen und andere Kerne umfassende Modul bereits eine gute Information über den Sachverhalt und kann nun seinerseits das entsprechende Tun initiieren.

Wird von einem vorbeifahrenden Porsche nur die Farbe der Lackierung erkannt, dann ist die Wahrscheinlichkeit sehr gering, dass mit dieser, der einzigen zur Verfügung stehenden Information, die tatsächliche Kennziffer des Fahrzeugs ermittelt werden kann. Anders ausgedrückt: Je mehr Informationen bekannt sind, desto größer die Wahrscheinlichkeit für die exakte Bestimmung der Kennziffer. Oder: Steht der gesamte Informationsgehalt einer Entität zur Ermittlung ihres Tuns zur Verfügung, dann besitzt die Transformation die Wahrscheinlichkeit von Eins und tritt damit als Ereignis in der Realität in Erscheinung. Sind im aktualen Jetzt mehrere Informationen bekannt, so erhöht das zeitlich umfangreichere Fenster des Menschen und der dadurch größere Informationsgehalt die Wahrscheinlichkeit, die tatsächliche Kennziffer in Erfahrung zu bringen, und dies besagt, auch in Bezug auf die Struktur des Kerns: Der umfangreichere Informationsgehalt des aktualen Jetzt von komplexen Entitäten reduziert den Pool an Möglichkeiten, indem mehrere Informationen zusammengefasst werden und erhöht zugleich die Wahrscheinlichkeit dafür, dass das optimale Tun transformiert wird.

Zudem ist der Kern mit anderen Kernen vernetzt, die bei einer schweren Verletzung, mit derselben Intensität ihre Information übermitteln und so Einfluss auf die benachbarten bzw. mit ihnen vernetzten Kernen ausüben bzw. Kriterien vermitteln, welche die Informationen der Kerne in Bezug auf das Modul mit unterschiedlichen Prioritäten markiert. Die Kerne selbst sind (Sub-)Entitäten von Modulen, deren Funktionsweise der der Kerne gleicht, nur mit dem Unterschied, dass sie über eine größere Komplexität bzw. Differenziertheit verfügen und ihr Intervall des Jetzt dadurch einen umfangreicheren Informationsgehalt aufweist. So ermittelt das Modul bei jeder Vorbeifahrt des Porsches zehn Informationen und soll jetzt nicht dessen Kennziffer, sondern einen Defekt ermitteln. Wenn das Intervall des Jetzt vom Modul den Informationsgehalt von fünf Fahrten des Porsches zu einer Prozesskette bzw. einem raumzeitlichen Muster verknüpfen kann, so wird es die zehn Informationen pro Durchgang stets in unterschiedlicher Anordnung und Intensität wahrnehmen. Das besagt: Werden die jeweiligen raumzeitlichen Muster jeder Fahrt des Porsches übereinandergelegt, dann kristallisiert sich ein raumzeitliches Muster heraus, das den tatsächlichen Defekt präziser definiert als es auf der Grundlage nur eines raumzeitlichen Musters möglich ist. Das Tun des Moduls äußert sich in der Information: Schlaggeräusch, Rad und Blechschaden. Benachbarte Module senden ihrerseits Informationen an die mit ihnen vernetzten Module etc. und transformieren als Gruppe von Modulen die sie umfassende Entität (Einheit), indem sie in dieser gemeinsam ein sich kontinuierlich aktualisierendes raumzeitliches Muster erzeugen und auf diese Weise die Information über den tatsächlichen Defekt an dem Porsche bzw. die Schwere der Verletzung durch den Nadelstich sowohl modifizieren als auch spezifizieren.

Der Informationsgehalt der Entität transformiert stets das Tun, welches, basierend auf dem (Ur-)Kriterium, die Erhaltung des Daseins sichert. Im Verlauf der Evolution sind - analog der Differenzierung der Entität selbst - neue Kriterien entstanden, die direkt oder indirekt die Entität bewahren helfen sollen. Die Frage, weshalb der Mensch Suizid verüben kann, werde ich im Anhang D: 'Über Suizid' beantworten.

Das Tun des 'Ich bin'

Der Pool an Möglichkeiten beinhaltet die Transformationen, welche die Entität zum Zeitpunkt des Jetzt als Tun in der Realität zum Ereignis werden lassen kann. Die Entität verfügt stets über einen Pool an Möglichkeiten, der kontinuierlich mit jeder Transformation modifiziert wird. Die

Frage ist: Weshalb wird der Pool an Möglichkeiten nicht auf eine Möglichkeit reduziert? Oder anders gefragt: Welches Tun der alternativen Handlungsweisen aus dem Pool an Möglichkeiten transformiert die Entität?[144]

Grundsätzlich gilt: Unabhängig von der Anzahl parallel ablaufender Transformationen und der von ihrem jeweiligem Pool an Möglichkeiten aufgespannten alternativen Handlungsweisen wird in der Außenwelt der Entität stets das Tun als Ereignis transformiert, das zum Zeitpunkt des Jetzt als aktuales raumzeitliches Muster existent ist. Das Intervall des Jetzt des Kosmos umfasst stets eine Transformation, die explizit von einem raumzeitlichen Muster bedingt wird. Das umfangreichere zeitliche Fenster des Jetzt bei komplexen Entitäten ist individuell verschieden, und dementsprechend umfassend ist der in diesem Intervall enthaltene Informationsgehalt.

So kann der Mensch mehrere Aktivitäten wie gehen, sprechen etc. gleichzeitig ausführen, dennoch zeichnet, sowohl bei seinem vielfältigen Tun als auch in der bewussten Wahrnehmung des 'Ich bin', stets nur eine Transformation dafür verantwortlich. Das umfangreichere zeitliche Fenster ist lediglich eine Überlagerung von mehreren raumzeitlichen Mustern, die den Informationsgehalt im Intervall des Jetzt der individuellen Entität erhöhen, dadurch spezifizieren und das auf diese Weise optimierte raumzeitliche Muster transformieren und das Tun bewirken. Um in Erfahrung zu bringen, wer in dem Gebäudekomplex den gesamten Abend zu Hause zugebracht hat, reicht eine Momentaufnahme, die zu einem beliebigen Zeitpunkt erstellt worden ist, nicht aus. Werden jedoch mehrere Aufnahmen, welche über den festgelegten Zeitraum verteilt aufgenommen, übereinandergelegt, ergibt der umfangreichere Informationsgehalt ein wesentlich genaueres Bild über das Verhalten seiner Bewohner. Die über den gesamten Abend erleuchteten Fenster erscheinen, wenn die Fotografien übereinandergelegt werden heller als diejenigen, welche nur auf einer, zwei etc. Aufnahmen die Anwesenheit ihrer Bewohner signalisieren. Ein Verkäufer, der in den Abendstunden von Haus zu Haus geht, um sein Produkt vorzustellen, plant seinen Weg (Tun) anhand der modifizierten, durch Überlagerung der einzelnen Fotografien hergestellten Anwesenheitsliste (Informationsgehalt), weil er auf diese Weise in der kürzesten Zeit den meisten Anwohnern einen Besuch abstatten kann und somit die optimale Handlungsweise (Tun) von einer Vielzahl an möglichen Alternativen (Pool an Möglichkeiten) verwirklicht (transformiert).

Dazu ein weiteres Beispiel: Der Pool an Möglichkeiten ist mit einer Geldbörse vergleichbar, die zahlreiche unterschiedliche Münzen enthält. Jede Münze steht synonym für eine Transformation, ein Tun der Entität ('Ich bin'). Der Familienvater öffnet sie auf dem Volksfest, während seine Frau und die drei Kinder ihn umringen. Zwei der Kinder, Rolf und Jutta, greifen sofort hinein und entnehmen jeweils 50 Cent für ein Stück Zuckerwatte. Danach nimmt Lisa, das dritte Kind, 1 Euro für das Karussell. Seine Frau benötigt für fünf Lose zwei Euro und kann sich nicht entscheiden, in welcher Stückelung sie die Münzen heraussuchen soll. Schließlich, weil der Losverkäufer unmittelbar vor ihr steht, greift sich schnell nach der 2-Euro-Münze. Jetzt bleibt nur noch der Familienvater und weil die Zeit drängt, schüttelt er die restlichen Münzen in seine Hand und eilt zum Wurststand.

Der Pool an Möglichkeiten umfasst in diesem Beispiel eine Vielzahl an alternativen Handlungsweisen für die Entität *Familie*. Lisa hätte ebenso wie Rolf und Jutta sofort zugreifen können, doch weil sie drei Jahre älter ist als die Zwillinge, die nur an ihre Zuckerwatte denken, erfolgt ihr Tun, aufgrund ihrer größeren Komplexität (Entwicklungsstand), um einen Bruchteil später als das ihrer Geschwister, die im Grunde über keine alternativen Handlungsweisen verfügen und somit - analog dem Nozizeptor - ihr Aktionspotenzial sofort freisetzen können. Lisa ist zudem ein wenig unentschlossen - Karussell oder Geisterbahn, für deren Fahrten unterschiedliche Preise gelten -, und entscheidet sich spontan für das Karussell; vielleicht, weil es unbewusst in ihrem Blickwinkel liegt.

Die Mutter verfügt gleichfalls über mehrere Optionen, obwohl der Pool an Möglichkeiten durch die Entnahme von einigen Münzen bereits reduziert worden ist, sowohl in Bezug auf die verbleibenden Münzen, ihre Stückelung, als auch auf ihr Tun bezogen; sie versucht stets, die Anzahl der Münzen in ihrer Börse klein zu halten und bezahlt deshalb - sofern es ihr möglich ist - mit Münzgeld. Als der Losverkäufer unmittelbar vor ihr steht und sie damit indirekt zum Tun zwingt, greift sie - entgegen ihrer sonstigen Gewohnheit - nach der 2-Euro-Münze, die zum Zeitpunkt des Jetzt, der Entscheidung für ein Tun, in den Fokus ihrer bewussten Wahrnehmung tritt, und kauft damit schnell die Lose, bevor der Losverkäufer an ihr vorüber und in der Menge verschwunden ist. Anhand von Kriterien, die ihr nur bedingt zugänglich sind, ist der Griff nach der 2-Euro-Münze das Tun, das die größte Wahrscheinlichkeit für einen einfachen Kauf der Lose besitzt. Würde sie die 2 Euro in 10 und 20-Cent-Münzen zusammensuchen, wäre der Losverkäufer bereits an ihr vorbei und in der Menge verschwunden; sie müsste ihm entweder hinterlaufen oder auf den nächsten Losverkäufer warten; beides erfordert mehr Aufwand (Energie) und wird deshalb als Tun verworfen bzw. nicht als Ereignis in der Realität transformiert.

Der Familienvater will endlich seinen Hunger stillen und sein Pool an Möglichkeiten wird vom Angebot des Wurststandes, seinen Vorlieben für die eine oder andere Wurst und dem Restgeld in seiner Hand aufgespannt, weil er einen Geldschein nicht mehr wechseln will. Auf dem Weg zum Wurststand schiebt er die Münzen in seiner Hand mit dem Finger hin und her, um ihren Gesamtwert zu schätzen und modifiziert auf diese Weise zu jedem Zeitpunkt des Jetzt seinen Informationsgehalt und infolge dessen seinen Pool an

Möglichkeiten. Am Wurststand bestellt er - nach einem flüchtigen Blick auf das Angebot - die Wurst, welche von seinen Lieblingswürsten sowohl im Angebot als auch mit dem restlichen Münzgeld bezahlbar ist. Mit anderen Worten: Mehrere raumzeitliche Muster - Informationen über den geschätzten Wert der Münzen, das vorhandene Angebot und der Geschmack der jeweiligen Wurst - werden im Jetzt des Familienvaters zu einem raumzeitlichen Muster verknüpft und anhand dieses Informationsgehaltes wird - weil auch bei ihm die Zeit drängt - das Tun transformiert, welches in diesem aktualen Jetzt die höchste Wahrscheinlichkeit dafür besitzt, die optimale Wurst zu bekommen.

Der Vorgang ist derselbe wie bei dem Porsche-Beispiel. Jede Fahrt am Beobachter vorbei erzeugt ein raumzeitliches Muster, das eine bestimmte Anzahl Informationen bzw. einen Informationsgehalt enthält. Werden fünf raumzeitliche Muster zu einem Jetzt verknüpft, dann umfasst der Pool an Möglichkeiten bei insgesamt zehn wahrgenommenen Details (zwei pro Durchgang) und unter dem Kriterium, dass drei Details das Tun - Nennung der Kennziffer - bedingen, maximal 30 alternative Handlungsweisen. Jetzt werden markante Details öfter wahrgenommen, sodass z. B. die Farbe oder das offene Verdeck vier- bzw. dreimal innerhalb der einzelnen raumzeitlichen Muster erscheinen und deshalb im aktualen Jetzt mit der Wahrscheinlichkeit von Eins, verknüpft mit einem weiteren Detail, das Tun konstituieren. Anders ausgedrückt: Sie sind infolge ihrer Häufigkeit energiereicher bzw. leuchtkräftiger als die anderen Details und bedingen somit maßgeblich das Tun der Entität. Oder: Weil die Wechselwirkung mit der Außenwelt ein Tun erfordert - Frage des Wurstverkäufers nach den Wünschen des Familienvaters - ruft er sich die unterschiedlichen Münzanordnungen ins Gedächtnis, wobei die größeren Münzen sofort bei mehreren unterschiedlichen Anordnungen im Fokus der bewussten Wahrnehmung sind, anders als die Anzahl von Cent-Münzen, die zudem übereinanderliegen und sich gegenseitig verdecken. Weil er weder einen Geldschein wechseln noch die Schlange der Wartenden hinter sich vergrößern will, verknüpft er die verschiedenen Anordnungen der Münzen und bestellt die Wurst, welche er sich anhand der größeren Münzen auf jeden Fall leisten kann. Eine exakte Zählung des Restgeldes hätte vielleicht zur Folge, dass die Wahrscheinlichkeit den Wert Eins angenommen hätte, er somit die optimale Wurst bestellt und nicht im Nachhinein anhand des verbliebenen Restgeldes feststellt, dass er durchaus die größere Wurst hätte bestellen können.

Dies besagt: Der zeitliche Faktor spielt eine wesentliche Rolle in Bezug auf das Tun der Entität. Anders formuliert: Die Beschleunigung infolge der explosiv zunehmenden Anzahl an Wechselwirkungen erzwingt, dass der das Tun bedingende Informationsgehalt mit zunehmender Komplexität kontinuierlich reduziert wird und die optimalen Transformationen von einem beständig sich verringernden Informationsgehalt bedingt werden.

Müsste der Mensch bei jedem Tun in der Außenwelt seinen gesamten Informationsgehalt nach der optimalen Transformation durchsuchen, so würde der flüssige Ablauf seiner Handlungen ins Stocken geraten oder für kurze Zeit gefrieren[145] und die Menschheit wäre mit Sicherheit bereits in ihrer Frühzeit ausgestorben. Das Problem erfordert folglich eine schnelle Lösung und deshalb greift die Evolution auf bereits bewährte Prozesse zurück; sie verknüpft raumzeitliche Muster - nicht zu einem aktualen Jetzt, sondern, wie bereits dargelegt, zu Prozessketten bzw. komplexen Handlungsabläufen (Programmen). Mit anderen Worten: Die Evolution begegnet dem durch die zunehmende Komplexität bzw. Differenziertheit der Entität hervorgerufenen Problem der Beschleunigung der Wechselwirkungen in Bezug auf ihr Tun, analog den bestehenden Strukturen, mit dem parallelen Ablauf von Prozessketten bzw. Programmen.

Der Mensch, insbesondere das ZNS mit der Schaltzentrale des Gehirns, basiert auf derselben Funktionsweise wie der einfache Nozizeptor, der Kern, das Modul und/oder die komplexeren Strukturen, nur mit dem Unterschied, dass das Gehirn ein hochkomplexes Netzwerk verkörpert, dessen interne Verknüpfungen in die Milliarden gehen und somit eine parallele Verarbeitung von Informationen ermöglichen, die für das 'Ich bin' kaum verständlich ist. Das 'Ich bin' als die Spitze der Pyramide des Leibes, als oberster Punktstrahler, dem das ihn konstituierende Terrain des Leibes nur spärlich ausgeleuchtet in der bewussten Wahrnehmung aufscheint und dadurch der 'Ich-bin-Kategorie' hinzugefügt werden kann, bleibt deshalb nur *Beobachter* des Tuns des Leibes.

Das 'Ich bin' ist die Einheit eines raumzeitlichen Musters und der Information über dieses Muster; in ihm wird ein Zustand des Leibes, ein Ereignis, mit einem Symbol (Begriff), das explizit für dieses raumzeitliche Muster steht, verknüpft. So erzeugen die über die Sinne einlaufenden Informationen das Bild eines Baumes, dessen Äste sich raschelnd im Wind bewegen. Wird der Fokus des Leibes explizit auf das raumzeitliche Muster des Baumes gerichtet, das nichts anderes ist als das Äquivalent zu dem Ding in der Außenwelt, dann bewirkt diese spezielle Fokussierung, dass das raumzeitliche Muster mit dem entsprechenden Symbol zu der Einheit des 'Ich bin' transformiert wird und dadurch ein Ereignis der 'Ich-bin-Kategorie' des 'Ich bin' wird. Im aktualen Jetzt der bewussten Wahrnehmung des 'Ich bin' tritt der Baum als Ereignis in Erscheinung, weil er mit dem Symbol zu der Einheit des 'Ich bin' transformiert worden ist. Ohne diese spezielle Verknüpfung bliebe er für das 'Ich bin' im Dunkel des Unbewussten verborgen. Das Rascheln der Blätter, die Vögel im Geäst und ihr Gesang erst die Fokussierung des Leibes auf die Details der von der Außenwelt einlaufenden Informationen erzeugt im Jetzt das bewusst wahrnehmende 'Ich bin' und das von ihm in der

Erkenntnis aufscheinende Ereignis. Diese Kategorie, die 'Ich-bin-Kategorie', konstituiert das 'Ich bin', und so wie der einfache Nozizeptor seinen Informationsgehalt besitzt, so erzeugen die im Fokus des Leibes aufscheinenden raumzeitlichen Muster den Informationsgehalt des 'Ich bin', dessen 'Ich-bin-Kategorie', sein Wissen um seine Vergangenheit und damit auch um seine Identität als individuelles 'Ich bin'.

Das Neue im dritten Grenzbereich ist die bewusste Wahrnehmung des Menschen; er bringt sich selbst als Ereignis zur Erscheinung, mit anderen Worten: Der Leib wird zum Beobachter eben dieses 'seines' Leibes. Beobachtet der Leib sein Tun, dann tritt ein raumzeitliches Muster in dessen Fokus, es taucht gleichsam aus dem allgemeinen Prozessgeschehen auf und wird mit einem Symbol zu der Einheit des 'Ich bin' transformiert. Die Erkenntnis der Entität infolge der bewussten Wahrnehmung ist, aus der Sichtweise der Evolution des Kosmos, nur die erforderliche nächste Stufe der Entwicklung, um nicht ein Opfer der zunehmenden Komplexität bzw. Differenzierung und der dadurch hervorgerufenen Beschleunigung des Prozessgeschehens zu werden.

Die nachfolgenden Erörterungen zum Menschen, des 'Ich bin', bringen einige der Aspekte seiner Beschaffenheit zur Sprache, die in der allgemeinen Diskussion stehen und deshalb in dieser Schrift nicht übergangen werden können bzw. dürfen. Zudem erscheinen sie als Abrundung des Gesagten, der Struktur des 'Ich bin', als sinnvoll.

Freier Wille

> „Die Anschauung ist nicht nur die Quelle
> aller Erkenntnis, sondern sie selbst ist die
> Erkenntnis [...]."[146]
> Schopenhauer

Freiheit

Der Begriff der Freiheit erscheint in vielen Facetten; als
'Frei-Sein' in Bezug darauf, dass das 'Ich bin' nicht unter
der Herrschaft eines anderen steht, Frei-Sein aufgrund seines Tuns, der Wahl, unter welcher Staatsform oder Regie-
rung das 'Ich bin' leben will oder Frei-Sein als Ausdruck
der Autonomie des Leibes, als Autarkie des Individuums,
das 'Für sich', also selbstgenügsam, existiert.

Im Gegensatz dazu bezeichnet das 'Ich bin' ein Tun,
welches ihm als Ereignis in der bewussten Wahrnehmung
zur Erscheinung gelangt und das es, aufgrund der Erhaltung seiner Entität im Dasein, nicht in der Außenwelt zum
Ausdruck bringen kann, als Unfreiheit. Mit anderen Worten: Das Tun des 'Ich bin', das grundsätzlich der Erhaltung
seiner Entität, entweder seiner selbst als Ganzheit oder der
ihn konstituierenden Elemente (Organe), dient, wird dann
als Unfreiheit wahrgenommen, wenn die vermeintliche
größere Bedrohung der Existenz des Leibes und damit des
Daseins selbst in der Außenwelt, es zu einem bestimmten
Tun zwingt. Ein diesbezügliches Beispiel der Wahrnehmung von Freiheit hat J. Locke (1632-1704) entwickelt.

> „Wenn jemand mit Freunden eingesperrt
> ist, dann mag dieser Zustand gewollt

> sein, der Akteur mag willentlich im Zimmer bleiben, freiwillig nicht zur Tür gehen. Dennoch ist er nicht frei; denn wenn er aus dem Zimmer gehen wollte (was er nicht will), dann könnte er das nicht tun."[147]

Das 'Ich bin' lebt, obwohl es den Raum nicht verlassen will, in Unfreiheit, weil es, sollte sein Tun sich wandeln, den Raum nicht verlassen könnte. Um genau zu sagen, worin die Freiheit besteht, muss angegeben werden, was frei ist, wovon es frei ist und inwiefern es in seinem Tun selbst frei ist. Freiheit bezieht sich in dieser Formulierung stets direkt oder indirekt auf ein Tun. Daraus folgt, dass ein 'Ich bin', um frei zu sein, darin frei sein muss, dass es sich zwischen zwei Optionen in Bezug auf ein Tun entscheiden kann, was einen freien Willen impliziert. Diese Aussage wirft die Frage auf, ob dieser freie Wille beweisbar ist. Trifft z. B. ein Wimperntier auf ein Hindernis, dann rudert es durch Umkehrung seines Wimpernschlages ein Stück zurück, ändert seine Richtung und schwimmt weiter. Ein ähnliches Verhalten zeigt das 'Ich bin', wenn es mit dem Kopf an einen Balken stößt; es zuckt zurück und umgeht die Gefahrenstelle. Würde ein außerirdischer Beobachter zufällig die beiden Szenen miterleben, so würde ihm die Reaktion der Betroffenen als sinnvoll oder vernünftig und somit von einem *freien Willen* begleitet erscheinen und somit von einem freien Willen geleitet, obwohl es sich in Wahrheit um einen angeborenen Reflex handelt. Ein Kollege neben ihm am Kontrollpult des Forschungsschiffes könnte hingegen argumentieren, dass sämtliches Tun der Lebewesen auf diesem Planeten, insbesondere das der felllosen Zweibeiner, auf Prozessketten beruht, die je nach Erfordernis abgerufen und/oder ausgelöst werden. Anhand der Bedürfnisse des Leibes, so erklärt er weiter, wird ihr Verhalten von erlernten Abläufen gesteuert, welche der Zweibeiner sich über Versuch und Irrtum angeeignet hat. So nimmt z. B. ein Fisch seine Nahrung (Beute) nur als solche wahr, wenn sein Leib Nährstoffe benötigt. Die zielgerichtete Nahrungssuche, die effiziente Jagd und die anschließende Aufnahme der erbeuteten Nahrung; nichts weiter als ein evolutionär erworbenes Programm, das - weil bisher nicht verworfen - erfolgreich ist. Aber, so könnte sein Kollege einwenden, selbst wenn das Tun dieser Lebewesen vollständig von Prozessketten (Programmen) determiniert ist, dann unterscheidet sich das Tun des Einzelnen, mehr oder weniger, von dem seiner Artgenossen. Insofern ist er als Lebewesen frei in seiner individuellen Entwicklung und ein freier Wille, so fügt er entsprechend der Auffassung seines Heimatplaneten hinzu, ist an den Leib gebunden, nur er ist frei.

Verlassen wir an dieser Stelle die Diskussion der Forschungsreisenden und kehren zu der Ausgangsfrage zurück: Besitzt das 'Ich bin' einen freien Willen? Hat es tatsächlich die Wahl zwischen verschiedenen Optionen, die ihm in der Vorstellung gegeben sind, oder entscheiden - ihm unbewusste - Prozessketten, Komplexe, Programme (Kerne, Module etc.) über sein Tun? Ein anderer Aspekt innerhalb dieser Thematik betrifft die Klassifikation des Bewusstseins selbst z. B. in Bewusstsein als *Belebt-sein* der Entität, als phänomenologisches Bewusstsein oder Individualitätsbewusstsein. Ab welchem Grad ist ein Tun vorhanden, aufgrund dessen ein Beobachter es als freien Willen konstatiert? Sind Begriffe wie Freiheit, freier Wille etc. überhaupt definierbar und dementsprechend einem abschließenden Urteil zuzuführen oder sind sie generell nur individuell beantwortbar, somit interpretierbar und an keine allgemeingültige Wahrheit gebunden? Ist, wie zu Beginn des 20. Jahrhunderts gesagt worden ist, alles relativ oder individuell? Hat K. Gödel (1906-1978) recht und lässt sich nachstehende Aussage verallgemeinern, also auf das 'Ich bin' und dessen Individualitätsbewusstsein übertragen?

> „Man kann – unter Voraussetzung der
> Widerspruchsfreiheit der klassischen
> Mathematik – sogar Beispiele für Sätze
> [...] angeben, die zwar inhaltlich richtig,
> aber im formalen System der klassischen
> Mathematik unbeweisbar sind."[148]

Ist folglich die Willensfreiheit des 'Ich bin' erst in einem
umfassenderen System beweisbar, dessen Element (Entität) es ist? Die Pfade der Freiheit sind mannigfaltig und
aus diesem Grund werde ich den eingeschlagenen Pfad
weitergehen, explizit meine Sichtweise darlegen und sie
mittels geschichtlicher Materialien zu beweisen versuchen.

Freiheit des Willens

Aristoteles (384-322 v. Chr.) spricht nicht implizit von
Willensfreiheit, sondern von freiem und unfreiem Tun:

> „Ähnlich liegt der Fall, wo im Sturm Güter über Bord geworfen werden. Denn
> ohne weiteres wirft niemand sein Hab
> und Gut ins Meer; zur eigenen Rettung
> dagegen wie zu der der anderen tut es jeder Verständige. Solche Handlungen tragen somit gemischten Charakter, sie stehen aber den frei gewählten näher. Denn,
> wo man dergleichen tut, da geschieht es
> mit Vorsatz; die Absicht dabei aber ist allerdings durch den äußeren Anlaß auferlegt. Die Bezeichnung als frei gewollt
> oder nicht frei gewollt kommt der Handlung also zu je nach der Situation, in der
> sie geschieht. Man handelt dabei frei;
> denn der Antrieb für die Bewegung der
> Glieder, die als Werkzeuge dienen, liegt

bei derartigen Handlungen im handelnden Subjekt. Wo aber der Antrieb im
Handelnden liegt, da steht es auch bei
ihm, die Tat zu vollziehen oder nicht zu
vollziehen, und so ist denn dergleichen
gewollt, allerdings schlechthin und
eigentlich nicht gewollt."[149]

Wichtig an diesem Textauszug, und dies sollte im Gedächtnis behalten werden, ist das Tun der Seeleute, die, um ihr
Leben zu erhalten, ihr Hab und Gut über Bord werfen. Das
Tun, so Aristoteles, ist frei, weil es mit Vorsatz geschieht,
also gewollt, denn der Antrieb liegt im Handelnden selbst.
Andererseits ist das Tun nicht gewollt, denn es wird von
Zwängen begleitet, nämlich denen der Erhaltung der Entität im Dasein, sprich das Überleben der Handelnden selbst,
und ist deshalb unfrei.

Für Augustinus (354-430) schließt die sich aus Gottes
Vorherwissen des Zukünftigen ergebende Notwendigkeit
in Bezug auf das Tun des 'Ich bin' dessen freien Willen
nicht aus.

„Wenn es nicht sein kann, daß wir nicht
wollen, solange wir wollen, dann ist ge-
wiß der Wille den Wollenden verfügbar,
und nur das steht in ihrer Macht, was den
Wollenden verfügbar ist. Also wäre unser
Wille nicht Wille, wenn er nicht in unserer Macht stünde. Ferner, da er in unserer
Macht steht, ist er für uns frei. Denn unfrei ist für uns das, worüber wir keine
Macht haben und was in unserer Macht
steht, kann nicht unfrei sein.
So leugnen wir nicht, daß Gott alles Zukünftige kennt und wir dennoch wollen,
was wir wollen. Den da er unseren Willensentschluß vorausweiß, wird es das,
was er vorausweiß, auch geben. Es wird
also den Willensentschluß geben, weil er

ihn vorausweiß. Es wird keinen Willensentschluß geben können, wenn er nicht in
unserer Macht stehen wird. Also weiß er
auch die Macht vorher. Folglich wird mir
die Macht durch sein Vorherwissen nicht
genommen; vielmehr wird sie mir um so
sicherer zur Verfügung stehen, weil er,
dessen Vorherwissen unfehlbar ist, vor-
herweiß, daß ich sie besitzen werde."[150]

Der Mensch ist frei in seinem Tun, trotz des Determinismus, der mit Notwendigkeit aus dem Vorwissen Gottes -
der für ihn umfassenden Einheit der Menschheit - folgt,
weil dieser die Macht des freien Willens vorhergesehen
hat. Das 'Ich bin' ist dieses, freie, individuelle Tun! Aber
wie kann ein Individuum wie das 'Ich bin' frei und zugleich unfrei in seinem Tun (Wollen) sein? Aus diesen beiden Textpassagen spricht die gesamte, über Jahrhunderte
andauernde Diskussion über die Freiheit oder Unfreiheit
des Menschen und im Speziellen des individuellen 'Ich
bin'. Ein weiteres Zitat von Schopenhauer (1788-1860)
verdeutlicht das Grundlegende der Auseinandersetzung:

„[...] wollen wir uns einen Menschen
denken, der, etwa auf der Gasse stehend,
zu sich sagte: ‚Es ist 6 Uhr Abends, die
Tagesarbeit ist beendigt. Ich kann jetzt
einen Spaziergang machen; oder ich
kann in den Klub gehen; ich kann auch
auf den Thurm steigen, die Sonne unter-
gehn zu sehn; ich kann auch ins Theater
gehn; ich kann auch diesen, oder aber jenen Freund besuchen; ja, ich kann auch
zum Thor hinauslaufen, in die weite
Welt, und nie wiederkommen. Das Alles
steht allein bei mir, ich habe völlige Freiheit dazu; thue jedoch davon jetzt nichts,
sondern gehe ebenso freiwillig nach Hause, zu meiner Frau.' Das ist gerade so, als

wenn das Wasser spräche: ‚Ich kann hohe Wellen schlagen (ja! nämlich im Meer und Sturm), ich kann reißend hinabeilen (ja! nämlich im Bette des Stroms), ich kann schäumend und sprudelnd hinunterstürzen (ja! nämlich im Wasserfall), ich kann frei als Strahl in die Luft steigen (ja! nämlich im Springbrunnen), ich kann endlich gar verkochen und verschwinden (ja! bei 80 Grad Wärme); thue jedoch von dem Allen jetzt nichts, sondern bleibe freiwillig, ruhig und klar im spiegelnden Teiche.‘ Wie das Wasser jenes Alles nur dann kann, wann die bestimmenden Ursachen zum Einen oder zum Andern eintreten; ebenso kann jener Mensch was er zu können wähnt, nicht anders, als unter der selben Bedingung. Bis die Ursachen eintreten, ist es ihm unmöglich: dann aber muß er es, so gut wie das Wasser, sobald es in die entsprechenden Umstände versetzt ist. Sein Irrthum und überhaupt die Täuschung, welche aus dem falsch ausgelegten Selbstbewußtseyn hier entsteht, daß er jenes Alles jetzt gleich könne, beruht, genau betrachtet, darauf, daß seiner Phantasie nur ein Bild zur Zeit gegenwärtig seyn kann und für den Augenblick Alles Andere ausschließt. Stellt er nun das Motiv zu einer jener als möglich proponirten Handlungen sich vor; so fühlt er sogleich dessen Wirkung auf seinen Willen, der dadurch sollicitirt wird: dies heißt, in der Kunstsprache, eine Velleitas. Nun meint er aber, er könne diese auch zu einer Voluntas erheben, d. h. die proponirte Handlung ausführen: allein dies ist Täuschung.“[151]

149

Schopenhauer begründet seine These mit der Vorstellungskraft - der bewussten Wahrnehmung - des 'Ich bin', in der jeweils nur ein Bild, ein Tun aufscheinen kann, dessen Ursache(n) ihm in diesem aktualen Jetzt unbekannt sind. Er fasst dies in der griffigen Formel zusammen, dass man zwar tun könne, was man wolle, aber nicht wollen könne, was man wolle. Anders formuliert: Für das 'Ich bin' ist sein Tun stets ein Tun, das seinem freien Willen entspringt, sofern es nicht von äußeren Notwendigkeiten bedingt wird, die seinem Wollen entgegenstehen. Es kann tun, was es will; aber, so Schopenhauer, ist ihm dies nicht möglich, weil jedem Tun, das es zu wollen glaubt, unbekannte Ursachen zugrunde liegen, die sein Wollen bedingen. Somit kann das 'Ich bin' nicht tun, was es will, obwohl es glaubt, gerade dies zu tun. Wenn es z. B. sagt: „Ich besuche jetzt den Freund", dann entspringt dieses Tun (Entscheidung) nicht dem Wollen - freien Willen - des 'Ich bin', sondern ihm unbekannten Ursachen, Bedürfnissen, Notwendigkeiten etc. Daraus lässt sich schließen, dass das 'Ich bin' als leibliches Individuum frei ist in seinem Tun/Wollen, als 'Ich bin', wie es sich selbst in der bewussten Wahrnehmung erscheint, ist es hingegen unfrei in Bezug auf sein Tun/Wollen; es ist dem Tun des Leibes untergeordnet, besser gesagt nachgeordnet. Dazu noch zwei Aussagen von Merleau-Ponty:

> „Wollte ich infolgedessen die Wahrnehmungserfahrung in aller Strenge zum Ausdruck bringen, so müßte ich sagen, daß man in mir wahrnimmt, nicht, daß ich wahrnehme."[152]

Und:

> „Es ist der Leib, der schweigend hinter meinen Worten und Handlungen steht."[153]

Es lassen sich an dieser Stelle und zu dieser Thematik weitere Denker anführen, deren Schriften sich mit denselben Grundgedanken auseinandergesetzt haben, nur mit dem Unterschied, dass sie diese in stets differenzierterer und im Licht neu hinzugewonnener Erkenntnisse der Wissenschaft betrachtet haben. Die zu klärenden Fragen betreffen nicht nur den Begriff der Freiheit selbst, sondern werden auf den Menschen angewendet, inwieweit er als Individuum, als 'Ich bin' frei ist in seinem Tun. Daraus erhebt sich sofort die nächste Frage: Lässt sich das 'Ich bin' überhaupt als unabhängige, als vom Leib isolierte Entität definieren oder handelt es sich bei ihm nur um eine andere Wahrnehmungsform des leiblichen Tuns? Muss die Antwort in der umfassenden Einheit von Leib und 'Ich bin' gesehen werden, die gegenseitig ihr Dasein bedingen; zum einen aus den Notwendigkeiten des Leibes und zum anderen aus dem Wollen des 'Ich bin' heraus? Liegt die Wahrheit irgendwo dazwischen oder ist der Mensch, wie K. Lorenz (1903-1989) es bezeichnet: [...] weder ein Engel noch ein Tier [...].[154]

Freiheit des Leibes

Der Prozess der Transformation läuft kontinuierlich ab und er beruht auf dem Prinzip von Ursache und Wirkung; er transformiert die Evolution des Kosmos von einem 'Jetzt' zum nächsten. Sein Pool an Möglichkeiten bedingt diese Evolution und - wie im Reduktionismus zu Unrecht angenommen - der fortschreitende Entwicklungsprozess kann nicht auf die Grundgesetze der Physik reduziert werden. Damit wird die Information über den Prozess der Transformation ausgeschlossen; sie findet in dieser Sichtweise der Realität keinen Platz. Es ist an dieser Stelle nicht möglich, die unterschiedlichen Konzepte der Evolution ausführlicher zu behandeln, und ich kann den interessierten Leser nur auf die im Literaturverzeichnis aufgeführten Schriften verweisen.

Zweifelsohne hat diese Sichtweise auch ihre erfolgreichen Seiten: Die Molekularbiologie, Zellvorgänge (chemische wie physikalische), sind heute Gegenstand des Forschungsinteresses, und so ist die Molekularbiologie Forschungsgelder betreffend mittlerweile hinter der Teilchenphysik und der Astronomie auf den dritten Platz vorgerückt. Ob eine Klonung menschlicher Embryonen oder die Suche nach den Ursachen genetisch bedingter Krankheiten, die Forschungsfelder beweisen, dass gerade in diesem Gebiet die mechanistische Weltsicht überwältigende Triumphe feiert. Trotzdem oder gerade deshalb ist die Information über den Prozess der Transformation, den Informationsgehalt sowohl der individuellen Entität als auch des Kosmos, von Bedeutung, indem diese dem 'Ich bin' neue Erkenntnisse ermöglicht.

Für H. von Druskowitz (1856-1918) gründet das Tun des Menschen auf dem Leib; es ist Ausdruck von Prozessen, die ihn im Dasein erhalten bzw. Wirkung eben dieses Daseins sind.

> „Es ist ohne Zweifel wichtig, zur Einsicht zu gelangen, daß das Souveränetätsgefühl des Ich, vermöge dessen es sich in den Willensakten ohne kausale Bedingtheit zu offenbaren glaubt, gänzlich illusorisch und das gesammte Fühlen, Denken und Thun des Menschen vielmehr als ein durch unendliche Reihe vorhergegangener Ursachen nothwendig bestimmtes, also als Wirkung aufzufassen sei."[155]

Mit dieser Feststellung spricht sie dem 'Ich bin' jeglichen freien Willen ab und präzisiert ihre Aussage, indem sie das

’Ich bin‘ als Ausdruck einer durch es aufscheinenden Naturkraft interpretiert.

> „Das Individuum ist nämlich mehr als ein bloßes Mittelglied in der unendlichen Kausalkette des Weltprozesses, es ist zugleich auch eine für sich seiende, ein abgeschlossenes Ganze bildende Offenbarung bestimmter Seiten der realen Natur (als des Inbegriffs aller Kräfte), und zwar eine mit Selbstbewußtsein begabte Äußerung, eine mit Selbstbewußtsein ausgestattete Darstellung gewisser Qualitäten und Potenzen der Natur. Die Naturkraft aber, als deren Theilausdruck das Individuum erscheint, muß als etwas Selbstständiges betrachtet werden.“[156]

Des Weiteren spricht sie im Verlauf ihrer Abhandlung dem ’Ich bin‘ das bloße *Automat* Sein ab und bezeichnet es fortan als sittlich zurechnungsfähigen Urheber seiner Handlungen. Allerdings so von Druskowitz weiter:

> „Verantwortung und Zurechnung hören also mit der Zerstörung der Annahme einer souveränen Aktivität des Ich im Willensakte nicht zu besteh auf, sondern liegen in der Bedeutung des Individuums als selbstbewußten Repräsentanten bestimmter Potenzen in der Natur begründet.“[157]

Anders formuliert: Das ’Ich bin‘ ist Teil des Leibes, das Produkt der Fokussierung des Leibes auf einen Zustand eben dieses Leibes, der als bewusste Wahrnehmung zum Ereignis in der Realität und damit zur Erkenntnis des ’Ich bin‘ wird, seine ’Ich-bin-Kategorie‘ konstituiert, die dessen individuellen Informationsgehalt umfasst. Das ’Ich bin‘ ist, wie bereits mehrfach erklärt, die umfassende Einheit (Entität) eines Zustandes des Leibes (raumzeitlichen

Musters) und eines Symbols (Begriffs). Die hochkomplexe Struktur des Leibes, insbesondere des ZNS mit seinem Gehirn, hat im Verlauf seiner Entwicklung zu einer parallelen Verarbeitung der vielfältigen Informationen geführt, die sowohl in der Innen- als auch der Außenwelt, in jedem Jetzt das Prozessgeschehen bilden. Der daraus entstandene strukturelle Aufbau des Leibes zeichnet dafür verantwortlich, dass das 'Ich bin' dem Trugschluss unterliegt, über einen freien Willen zu verfügen, der sein Wollen durch das Tun des Leibes bestimmt. Die Frage ist: Woher bezieht das 'Ich bin' seine Überzeugung, dass es der Urheber des Tuns ist, welches durch den Leib zum Ausdruck kommt bzw. als Tun realisiert wird?

Der Trugschluss resultiert aus den unterschiedlichen Prozessen der Transformation[158], analog der Transformation zur Einheit des 'Ich bin', die - bildlich gesprochen - die Mittelstellung zwischen der ihm nicht zugänglichen Wahrnehmung des Leibes und der ihm zur Verfügung stehenden bewussten Wahrnehmung der 'Ich-bin-Kategorie' bildet. Ich betrachte dazu - in aller Kürze - die beteiligten Prozesse im Einzelnen.

Eine *reine*, dem 'Ich bin' nicht zugängliche und somit ihm unbewusste Wahrnehmung, transformiert einen, aus welchen Gründen auch immer, in den Fokus seiner Wahrnehmung getretenen Zustand (raumzeitliches Muster) des Leibes mit einem Code zur Einheit des Leibes. Dieser ursprüngliche Prozess bildet den ersten Schritt des An-sich zum Für-sich, um es mit Sartres[159] Worten auszudrücken. Die im Prozess der Transformation begründete Dualität der Information erfährt hier ihre Ausdifferenzierung, indem zunächst ein An-sich mit einem ihm entsprechenden Code zur Einheit des An-sich des Leibes, dessen Informationsgehalt, transformiert, es gleichsam spiegelt und im weiteren Verlauf der Entwicklung des Menschen das An-sich mit einem Begriff zur Einheit des 'Ich bin' und damit zum Für-sich transformiert. Von Bedeutung ist einmal mehr der Aspekt der Transformation[160], der die Information über denselben in die neue Einheit (Entität) integriert und dadurch seine Erhaltung, seine Vergangenheit, bedingt. Somit ist jede Entität, jedes An-sich, im übertrageden Sinn ein Individuum, das über eine eigene Vergangenheit, seinen individuellen Informationsgehalt[161] verfügt. Die Entwicklung des An-sich, welches das 'Ich bin' als Ding bezeichnet, bis zu der komplexen Struktur seiner selbst ist das Ergebnis eines Transformationsprozesses, der vom Informationsgehalt sowohl der Menschheit als auch der individuellen Entität (Individuum) bedingt wird.

Ein aktualer, im Fokus des Leibes aufscheinender Zustand seiner selbst wird - je nach Betrachtungsweise - codiert und zur Einheit des 'Ich bin' transformiert. Wenn in diesem Zusammenhang von Spiegelung gesprochen wird oder einem Beobachter, der andere Beobachter beobachtet, so ist diese Wortwahl weder völlig falsch noch richtig. Der fokussierte Zustand ist - zumindest in Bezug auf das 'Ich bin' - ein raumzeitliches Muster des Gehirns (ZNS) und somit ein individuelles Element des Leibes. Der Begriff oder das Symbol sind Entsprechungen, Synonyme, für das spezielle, individuelle Element bzw. das raumzeitliche Muster und wie dieses selbst ein Element des Leibes. Dazu ein Beispiel:

> Wenn ich einem Freund mitteilen will, wie groß der von mir gefangene Fisch ist, dann stehen mir verschiedene Möglichkeiten offen. Ich kann ihm den Fisch präsentieren oder in Entsprechung dazu von einem Meter Länge sprechen, ihm die Strecke anhand eines Zollstockes oder durch den Abstand meiner Hände zueinander verdeutlichen. Die jeweiligen Formen der Mitteilung entsprechen einander, sie bezeichnen, mit unterschiedlichen Mitteln, denselben Sachverhalt, nämlich die Größe bzw. Länge des von mir gefangenen Fisches.

155

Analog dazu ist Symbol/Begriff ebenso ein Zustand des Leibes wie der, dem er entspricht oder den er repräsentiert. Oder: Im aktualen Jetzt des Leibes werden zwei sich entsprechende Elemente (wechselwirkende Entitäten oder auch Träger von Informationen) zu der sie umfassenden Einheit des 'Ich bin' transformiert. Ihre Synthese ist das 'Ich bin' und dessen Informationsgehalt bezeichne ich als 'Ich-bin-Kategorie'.

Im Gegensatz zu der Wahrnehmung des Leibes sind dem 'Ich bin' die Informationen der 'Ich-bin-Kategorie' zumindest teilweise[162] zugänglich; dabei werden zwei Elemente der 'Ich-bin-Kategorie' zur Einheit des 'Ich bin' transformiert. M. Planck sieht gerade in der Tatsache, dass dem 'Ich bin' nicht sämtliche Fakten für sein Tun zur Verfügung stehen, die Willensfreiheit begründet.

> „Eine vollkommene Einsicht in die eigenen Willensmotive würde daher meiner Meinung die Freiheit des Willens gerade aufheben. Wer alle seine Willensmotive nach Stärke und Richtung wirklich vollständig kennte, wäre der Mühe jeder weiteren Überlegung enthoben und würde die schließliche Entscheidung als notwendig empfinden."[163]

Er spricht in diesem Zusammenhang sogar von Determinismus und fährt fort:

> „Nein, die Freiheit des Willens beruht ebensowenig auf einer Unvollkommenheit des Erkenntnisvermögens wie auf einer vollkommenen Einsicht in die eigenen Willensmotive. Sie beruht auch nicht [...] auf einer Lücke im Kausalzusammenhang, sondern sie beruht auf dem Umstand, daß der Wille eines Menschen seinem Verstande vorgeht, oder, wie man auch sagen

156

kann, daß sein Charakter mehr wiegt als
sein Intellekt. Der Wille läßt sich vom
Verstand wohl beeinflussen, aber niemals
vollständig beherrschen."[164]

Im Fortgang seiner Betrachtung über die Freiheit des Willens konstatiert Planck dessen Kausalität, indem er einen
Beobachter installiert, der sowohl die gesamten leiblichen
und seelischen als auch bewussten und unbewussten Zustände des Leibes vollständig zu durchschauen in der Lage
ist und er zieht daraus die Schlussfolgerung:

> „Denn die Antwort auf die Frage, ob der
> Wille kausal gebunden ist oder nicht, lau-
> tet verschieden, je nach dem Standort, der
> für die Betrachtung gewählt wird. Von
> außen, objektiv betrachtet, ist der Wille
> kausal gebunden, von innen, subjektiv be-
> trachtet, ist der Wille frei."[165]

Die Freiheit des Willens entspringt für Planck dem Charakter, der ihm mehr wiegt als der Intellekt, und er ver-
gleicht ihn mit einem Beobachter, der über sämtliche Aktivitäten des Leibes Kenntnis besitzt. In diesem Sinn sind
nur der fremde Wille - der des Anderen - und die eigenen
vergangenen Willensakte kausal gebunden bzw. verständlich, weil sie gegeben und nicht mehr beeinflussbar sind.
Dem Verstand spricht er einen freien Willen ab, versieht
ihn aber mit so viel Macht, dass er den Charakter 'wohl beeinflussen' kann. Anders ausgedrückt: Der Leib (Charakter) ist für das Tun des 'Ich bin' verantwortlich, obwohl
das 'Ich bin' (Denken) auf dessen Tun Einfluss nehmen
kann. Verständlich (kausal gebunden) sind nur das Tun der
Anderen und das Vergangene, weil sie nachvollziehbar
sind, ihr Tun als Äußerung einer oder mehrerer Ursache(n)
eruierbar ist. Im Jetzt und auf Zukünftiges gerichtet ist der
eigene Wille frei, obwohl er, durch den Beobachter, streng
kausal bedingt ist. Hier berührt Planck ein tief greifendes

Problem innerhalb der Diskussion um den freien Willen, das bis heute die Gemüter erhitzt, und er löst diesen offensichtlichen Widerspruch auf, indem er den freien Willen - entsprechend seiner Zeit - als vom gewählten Standort abhängig sieht; er ist, analog zu Einsteins Relativitätstheorie, subjektiv. Natürlich muss berücksichtigt werden, dass Planck als Physiker und anhand der wissenschaftlichen Fakten, wie sie zu Beginn des 20. Jahrhunderts vorgelegen haben, argumentiert hat. Trotzdem oder gerade deshalb geht er von den physikalisch vorgegebenen Bedingungen, den Grundgesetzen des Kosmos, aus und formuliert seine Sichtweise des freien Willens im Einklang damit.

Die Evolution des Menschen ist für ihn kosmische Entwicklung, resultierend aus einem einfachen Anfangszustand, der mit zunehmender Komplexität und aufgrund des Kausalprinzips zu der aktualen Mannigfaltigkeit führt. Deshalb muss der Mensch, zum einen den Gesetzen der Physik unterworfen und zum anderen - der sich zu dieser Zeit entwickelnden Quantentheorie geschuldet - in Bezug auf ein zukünftiges Tun, trotz der unerbittlichen Kausalität, frei sein. Ob Planck von Charakter oder Beobachter spricht, gemeint ist stets der Leib des Menschen, explizit dessen Informationsgehalt, und infolgedessen ist der Leib - der schwerer wiegt - Ursache des Tuns, obwohl wie Planck selbst einschränkt, das 'Ich bin' ihn zu beeinflussen imstande ist.

> „Von diesen beiden ist das Wichtigere,
> die Gestalt. Denn auch was Name ist, ist
> Gestalt"[166],

heißt es in den Upanischaden, und diese Tatsache erfasst Planck richtig, wenn er von der Beeinflussung des Leibes durch den Verstand spricht. Das 'Ich bin' bzw. die 'Ich-bin-Kategorie' ist der Verstand, und wenn er das Tun des Leibes mitbedingt, dann aus dem einzig möglichen Grund, dass beide, Charakter und Verstand, Leib und 'Ich bin', Zustände des Leibes sind und somit zu einer umfassenden Einheit transformiert werden können, die als Tun des Leibes in der Realität als Ereignis zur Erscheinung gelangt. Die 'Ich-bin-Kategorie' ist im Grunde ein Organ des Leibes, die dessen Erhaltung, das Dasein der Entität gewährleisten soll.

Das tiefgreifende Problem wird demnach auf die Frage reduziert, wie Freiheit bzw. der freie Willensakt des Menschen definiert werden kann. Dazu sollte sich der Leser kurz das Kapitel 'Der Prozess der Transformation' in Erinnerung rufen, indem das Tun des Menschen ausführlich behandelt worden ist.

Freiheit des 'Ich bin'

Das 'Ich bin' verfügt nicht in dem Sinne über einen freien Willen, dass es unabhängig von den Erfordernissen des Leibes *wollen* kann. Es ist dessen Tun nachgeordnet und wird - trotz der befremdlich erscheinenden Aussage - lediglich vom Tun, dem aktualen Zustand des Leibes, in Kenntnis gesetzt. Im Grunde ist auch die geläufige Bezeichnung des Beobachters fraglich, da weder der Leib noch ein 'Ich bin' das Tun des Leibes beobachten. Stattdessen wird die separate 'Ich-bin-Kategorie', analog den spezialisierten Organen des Leibes, angelegt, die über für die Erhaltung der Entität im Dasein wichtige Informationen verfügt. In derselben Weise, weil die Evolution stets auf das Bewährte zurückgreift bzw. es in neue Strukturen (Prozessketten) integriert, benutzt das 'Ich bin' unterschiedlich gekennzeichnete Ordner mit alphabetischen Registern (Marker), um die jeweiligen Unterlagen schnell zur Hand zu haben. Der Schrank mit den Ordnern entspricht dem Informationsgehalt des Leibes. So wird das 'Ich bin' den Bescheid mit den Müllgebühren im Ordner *Rechnungen*, und dort unter dem Buchstaben 'M' oder dem Namen der Gemeinde ablegen, weil diese Prozesskette mit der größten

Wahrscheinlichkeit nicht nur zum Erfolg führt, sondern zudem, aufgrund des Zeitfaktors, effizient und somit optimal ist.

Die Homöostase des Leibes tritt dem 'Ich bin' nur deshalb nicht als Ereignis in die bewusste Wahrnehmung, weil sie zum einen explizit mit dem Leib selbst verknüpft ist und zum anderen keine Notwendigkeit für das 'Ich bin' in Bezug auf diese Informationen besteht; es würde die 'Ich-bin-Kategorie' mit nutzlosem Ballast unnötig aufblähen und eben dadurch ihre Effektivität herabsetzen. Deshalb werden von den *sinnlichen* Wahrnehmungen des Leibes, sowohl denen der Innen- als auch der Außenwelt, nur diejenigen fokussiert und dem 'Ich bin' zur Kenntnis gebracht, die für die Erhaltung des Leibes von Bedeutung bzw. dessen Dasein förderlich sind. So kann die Erfüllung eines Wunsches und die damit einhergehende Freude durchaus für die Erhaltung des 'Ich bin' von Bedeutung sein, analog einer Unfallversicherung, welche das Dasein, im Falle einer schweren Beeinträchtigung des Leibes, weiterhin gewährleistet und es, im Gegensatz zu früheren Jahrhunderten, mit dieser Maßnahme vor dem sicheren Tod bewahrt. Die 'Ich-bin-Kategorie', als dessen Einheit das 'Ich bin' fungiert, ist - trotz der Illusion, welche das Denken bzw. die Vorstellungskraft erzeugt - nur ein evolutionärer Schritt, der Zustände des Leibes auf besondere Weise mit ihm selbst verknüpft, diese, indem er sie mit einem Begriff (Symbol) zur umfassenden Einheit transformiert, spiegelt oder sich selbst entgegensetzt, um es erneut - unabhängig von der ursprünglichen Wahrnehmung - bewusst in der Wahrnehmung als Ereignis aufscheinen zu lassen. Dieser Prozess bedingt, vereinfacht ausgedrückt, einen sich kontinuierlich wandelnden Pool an Möglichkeiten, der, wenn er der bewussten Wahrnehmung unterliegt, als Denken, Bewusstseinsstrom etc. bezeichnet wird, obwohl er bloß, in Form und Sprache, Zustände des Leibes reproduziert und von welchen Erfordernissen auch immer bedingt, das optimale Tun, das mit der größten Wahrscheinlichkeit, zu eruieren versucht, um seine Entität im Dasein, im zukünftigen Jetzt zu gewährleisten.

Von Freiheit kann folglich nur in Bezug auf die Individualität des Leibes gesprochen werden. Nur er ist, im Gegensatz, zu den anderen Individuen seiner Spezies, insofern frei, dass er zwar nicht unabhängig von ihnen, jedoch in seinem Transformationsgeschehen, dem Prozess seiner Entwicklung, individuell fortschreitet. Der Begriff steht somit synonym für die Individualität des Leibes. Er ist als Individuum, als separierte Entität frei, weil er sich von den Anderen unterscheidet, er in derselben Situation ein von den anderen 'Ich bin' abweichendes, individuelles Tun als Ereignis der Realität transformiert. Welche Sichtweise das jeweilige 'Ich bin' vertritt, ob es den Leib, sich selbst oder das 'Ich bin' mit dem Leib zur Ganzheit verknüpft, als frei setzt und daraus einen freien Willen generiert, ist nur für das 'Ich bin' selbst von Bedeutung; es ist Ausdruck seiner Individualität.

Das Brahman ist als Name und Gestalt in die Welten herabgestiegen; es ist 'Ich bin' und Leib oder Für-sich und An-sich. Der Leib ist das Wichtigste, er ist die Voraussetzung des 'Ich bin', das Für-sich, das selbst bloß Organ des Leibes ist. Beide, Leib und 'Ich bin', sind Geist oder duale Information. Das Seiende, die Mannigfaltigkeit der Entitäten, so steht es in den Upanischaden, wird anhand von Namen und Gestalt erkannt; es ist Erkenntnis des Kosmos. Der Leib ist dabei das Frühe, das sich selbst nicht bewusste An-sich, eine individuelle Entität, eine namenlose Gestalt oder, um es in der Sprache der Mythen auszudrücken, in Dunkelheit gehüllt, unwissend, ein Werkzeug der Götter, eine Marionette im Wechselspiel der Evolution. Mit der Götterdämmerung des 'Ich bin' wandelt sich das Wesen des Kosmos. Bis zu diesem Zeitpunkt hat das 'Ich bin' in der Obhut des Leibes geschlafen; das Dasein ist paradiesisch, ursprünglich, ein Teich des Ungeborenen gewesen, es ist die Phase der Vollkommenheit, des Dao[167], ein Dasein ohne bewusste Wahrnehmung, ein Jetzt der ewigen Dauer ohne Werden und Vergehen, ohne Geburt und Tod. Zur Evolution des 'Ich bin' ein kurzer Exkurs.

In der ersten Phase der Evolution der bewussten Wahrnehmung erfährt sich das 'Ich bin' in flüchtigen Augenblicken als individuelle Entität; es lebt die in der Erkenntnis aufscheinenden Bilder nach. Inselhaft taucht es aus dem Dunkel, dem Unbewussten auf und sinkt nach wenigen Eindrücken in das Reich der verborgenen Bilder zurück. Der Frühmensch (Hominide) ist klein, verletzlich, nur selten bewusst wahrnehmend, wie ein Tier schwimmt er schlafend im Instinkthaften, geborgen in der Unendlichkeit des Kosmos, der großen Mutter. Sie nährt das kindliche 'Ich bin', das träumend im Unbewussten existiert, der unerschöpflichen Dämmerwelt der Bilder ausgeliefert, die ihm mühelos durch die Wahrnehmung des Leibes zuströmen. Es sind Grenzbilder des 'Ich bin', in dem die Anfänge der bewussten Wahrnehmung von zur Erscheinung gelangenden Ereignissen gerade noch erfahrbar werden.

Noch ist es nicht in den 'Gegensatz' zum Leib getreten; es lebt in Bildern, Symbolen und deren geheimnisvollen Verknüpfungen und hat dadurch Anteil an dem Informationsgehalt des Gestaltlosen, dem Urmeer des kosmischen Informationsgehaltes. Auch: Das 'Ich bin' ist eingebettet in den Ursprung der Evolution, der zugleich Quelle der Information ist. Dem heutigen 'Ich bin' offenbart sich diese vor der bewussten Wahrnehmung existierende Bilderwelt in den Mythologien und Schöpfungsmythen. Sie sind die großen Bilder des Ursprungs, das platonische *Reich der Ideen*, die *Archetypen des kollektiven Unbewussten* und somit die lebendige Realität des 'Ich bin'.

Der Bereich der Elementarteilchen, ihr seltsames Verhalten und die bewusste Wahrnehmung des 'Ich bin' spiegeln auf höherer Ebene und damit in differenzierterer Weise das Wirkprinzip des Kosmos, den Prozess der Transformation wider. Nur die 'begrenzte' bewusste Wahrnehmung des 'Ich bin' ist dafür verantwortlich, dass ihm die duale Information nicht als Einheit, sondern in seine beiden Aspekte aufgespalten zur Erscheinung und damit zur Erkenntnis gelangt. Andererseits weiß das 'Ich bin' um sein Defizit, seine rudimentäre Erkenntnisfähigkeit in Bezug auf die umfassende 'Einheit des Kosmos'. Die bewusste Wahrnehmung ist Ausdruck einer hochkomplexen Struktur, die das 'Ich bin' erzeugt und dadurch den Informationsgehalt des Leibes teilweise zur Erscheinung bringt. Dazu noch einmal zur Erinnerung T. de Chardin:

> „Ein Bewusstsein ist umso vollendeter, als es einem reicheren und besser organisierten stofflichen Aufbau entspricht. Geistige Vollkommenheit (oder bewußte 'Zentriertheit') und stoffliche Synthese sind nur die beiden Seiten oder die zusammenhängenden Teile ein und derselben Erscheinung."[168]

Das einzelne Individuum der Menschheit ist - wie der gesamte Kosmos - duale Information, die sich als Ereignis in der Realität manifestiert. Das 'Ich bin' ist das Brahman, der Geist, die Einheit aus Namen und Gestalt; es ist die Einheit des Transformationsgeschehens des Leibes, das Wahrnehmung in bewusste Wahrnehmung, das Unbestimmte zum Bestimmten oder das An-sich zum Für-sich transformiert. Der Leib bringt sich selbst unter dem Pseudonym des 'Ich bin' zur Erscheinung, er widerfährt dem 'Ich bin' als Erkenntnis von Ereignissen in der Realität, sowohl seiner selbst als auch derer der oder des Anderen in der Außenwelt. Als umfassende Einheit (Entität) von An-sich und Für-sich,

163

als Individuum ist er - innerhalb der bestehenden Gesetzmäßigkeiten des Kosmos - frei, während er im Zustand des bloßen An-sich oder Für-sich, als Ausdruck oder Organ des Leibes, im aktualen Jetzt des 'Ich bin' die Einheit eines vergangenen und zu diesem Zeitpunkt unbewussten Zustand des Leibes symbolisiert, weshalb dessen Tun nachgeordnet und somit unfrei ist. Es hinkt wie ein krankes oder verwundetes Tier der Herde hinterher.

Freiheit existiert folglich nur für das einzelne Individuum der Menschheit. Enthält diese Aussage nicht einen Widerspruch? Verfängt sich das 'Ich bin' nicht in demselben Irrtum, dem es gerade entronnen ist? Ist es nicht Organ oder Ausdruck des Leibes und infolgedessen in Bezug auf die Menschheit wiederum nur Organ, Marionette eines umfassenderen Systems (Entität)?

Das Sosein des 'Ich bin'

„Eine Idee muss Wirklichkeit werden können,
oder sie ist nur eine eitle Seifenblase."[169]
B. Auerbach

Über Moral:
Erhaltung des Daseins

Anthropologisch betrachtet besteht die Moral aus drei
Kategorien: dem Sollen, dem Bedürfnis und dem Dasein.
Der Leib des Menschen unterliegt Bedürfnissen, er muss z.
B. Nahrung zu sich nehmen, dazu ist er früher durch die
Wälder gestreift, hat Beeren und Wurzeln gesammelt oder
Tiere gejagt und nicht nur deswegen war und ist er ein ge-
fährdetes Lebewesen. Die Bedrohung vonseiten der Natur
oder ihm feindlich gesinnter Artgenossen lässt sich verringern, indem der Einzelne sich außer in Familienverbänden
zu Gruppen oder größeren Gemeinschaften organisiert.
Diese haben seine Existenz nicht nur in höherem Maße gewährleistet, sondern sein Dasein zudem erheblich verbessert. Das Positive der Gemeinschaft äußert sich in einem
'Gutsein' innerhalb derselben, einem So-sein-Wollen
gegenüber dem Anderen.

„Handle nur nach derjenigen Maxime,
durch die du zugleich wollen kannst, dass
sie ein allgemeines Gesetz werde."[170]

Die Moral tritt dem Menschen nicht nur als von der Vernunft begründetes Sollen, als Imperativ, entgegen es liegt
ihr ein sie bedingender Imperativ zugrunde, die (Ur-)Prä-
misse, wie sie im Prozess der Transformation angelegt ist,

165

als *Information über den Prozess der Transformation.* Oder: Die Erhaltung der Entität im Dasein. Darauf fußt, wie ich zeigen werde, jede Vorstellung von Moral. Zugleich fordert sie, dass der Mensch von einem zu moralischem Tun fähigen Lebewesen zu einem aktualen Moralwesen evoliert bzw. sein von der Natur bedingtes moralisches Sollen, in Bezug auf sein Tun, in ein Wollen überführt. Letzteres bedarf jedoch eines Willens des Menschen, denn nur ein Wille kann *Wollen.* Die Aussage: 'Ich will' eines 'Ich bin' impliziert noch keinen freien Willen[171] des wollenden Individuums. Folglich sagt das Tun des Menschen nichts über die sein Tun konstituierenden Strukturen aus. Welche Aspekte (Beweggründe, Motivationen, Gesetzmäßigkeiten etc.) dafür verantwortlich zeichnen, wird von seiner Vergangenheit geprägt. Der Mensch wird, das beweist die moderne Anthropologie, von seiner biologischen Natur angetrieben und entwickelt sich sowohl zu einem Individuum, 'Ich bin', als auch einem Lebewesen, das unterschiedliche Kulturen hervorbringt. Die natürliche Existenz des Menschen ist zwar kulturell geprägt, jedoch ist er in Bezug auf seine organischen, sprich leiblichen Anlagen nie frei.

Der Leib ist das Ursprüngliche und seine Strukturen bedingen das Späte, die bewusste Wahrnehmung, das 'Ich bin'. Dieses 'Ich bin' ist nicht nur Struktur-Element des Leibes, welchen es als den seinen bezeichnet, es ist zudem eine Entität, oder, besser gesagt, eingebunden in umfassendere Strukturen wie Familie, Freunde, Vereine, Stadt, Staat und zuletzt in die der Menschheit. Analog der Zelle oder des Leibes des 'Ich bin' unterliegen die Familie, der Staat etc. der (Ur-)Prämisse des Kosmos und damit des Seienden. Sie bedingt zum einen die Ereignisse, welche in der Realität zur Erscheinung gelangen und zum anderen das 'Wie' ihres Soseins und entsprechend der kontinuierlichen Evolution des Kosmos (der Entitäten), dessen zunehmender Komplexität und Differenziertheit, unterliegt die

(Ur-)Prämisse demselben Entwicklungsprozess. Sie evolviert zu dem Aspekt des 'Ich bin', der unter dem Begriff 'Moral' firmiert. Die Entität will sich im Dasein erhalten und die Moral ist Ausdruck eben dieses Unterfangens.

> „Der Kampf ums Dasein ist in Sicht, und keine anderen als die Gesetze vom Kampfe ums Dasein werden die Gesetze der Ethik [Moral] sein."[172]

Und:

> „Erkennen wir die Vorgänge zwischen den Einzel-Ich im Innern des Menschen genau als dieselben, wie sie der Kampf ums Dasein zwischen den Menschen aufzuweisen hat, zeigt es sich überdies, daß dieser Kampf die Kreise, durch welche die einzelnen Menschen voneinander geschieden sind, durchbricht und die Einzel-Ich von Mensch zu Mensch geradeso aufeinander wirken, als sie im Innern des einzelnen Menschen aufeinander wirken, dann ist damit der äußere Kreis gegeben, welcher alle Einzel-Ich aller einzelnen Menschen in ihrer Wechselwirkung als höchste Gesamtperson der gesamten Menschheit umfaßt."[173]

Moral ist Kampf ums Dasein mit anderen Mitteln. Das Ringen ums Überleben ist mit der fortschreitenden Entwicklung des Menschen, des 'Ich bin', selbst zunehmend differenzierter geworden und hat dementsprechend eine Vielzahl an Möglichkeiten zu dessen Realisierung hinzugewonnen. Dennoch, trotz der Mannigfaltigkeit des Menschen, der unterschiedlichen Sprachen, Kulturen und Religionsgemeinschaften, herrscht unter den meisten Staaten der Erde ein großer Konsens in Bezug auf die moralische Grundeinstellung ihrer Gebote und Verbote. Überraschend ist dieser

167

Sachverhalt nicht, schöpfen sie doch sämtlich aus dem gleichen, ursprünglichen Pool, der die Basis ihrer moralischen Regeln, Strukturen, ist und darüber hinaus ihres gemeinsamen Diskurses zum moralischen Tun in der heutigen Zeit.

Die Entität will sich im Dasein erhalten und sie unternimmt die vielfältigsten Anstrengungen, um dies zu verwirklichen bzw. seine Erhaltung im Dasein so lange als möglich zu gewährleisten. Nur wenigen Eigenschaften des Kosmos haftet der Nimbus des Unvergänglichen an. Zu ihnen gehört der Aspekt der Transformation, welcher die Information darüber bewahrt, sowie der Prozess selbst, den der Mensch als Evolution bezeichnet. Der Pfad des Kosmos führt - wie bereits gesagt - vom Einfachen, dem Prozess der Transformation, von den Elementarteilchen über die Atome zu stets komplexer werdenden Strukturen bis zum Menschen und er weist ihn auf eine weitere Konstante des Kosmos, insbesondere dessen Evolution, hin, den Wandel, die Veränderung des Bestehenden. Es ist hier nicht der Platz, um die Geschichte der Evolution[174] des Menschen explizit darzustellen, weshalb ich mich auf die für das Verständnis der für die Moral notwendigen Eckpunkte beschränken muss.

Die Anfänge des Menschen reichen zurück in eine Zeit, in der die Bakterien die Erde beherrschten und das Licht, welches die Wissenschaft bisher auf diese fernste Vergangenheit werfen kann, ist punktuell und rückt die damaligen Ereignisse nur sehr lückenhaft ins Licht der Erkenntnis. Es gibt unterschiedliche Theorien, wie die ersten Zellen entstanden ist, trotzdem ist ihnen eines gemeinsam: die Erhaltung ihres Daseins dadurch zu gewährleisten, dass z. B. die für die Aufrechterhaltung des Lebensprozesses notwendigen Nährstoffe in ausreichendem Maße zur Verfügung stehen. Ein Beispiel: Zwei Bakterien; das gelbe Bakterium ernährt sich von Wasserstoff aus seiner Umgebung, während das blaue Bakterium organische Teilchen frisst, die vorbeiströmen, und scheidet Wasserstoff aus. Der ausgeschiedene Wasserstoff ist für das gelbe Bakterium interessant und deshalb verbinden sich beide. Das blaue Bakterium versorgt fortan das Gelbe mit Wasserstoff, es entsteht eine Symbiose. Im weiteren Verlauf der Evolution baut das blaue Bakterium Teile seines Erbgutes in die DNA[175] des gelben Bakteriums ein, was bei Bakterien ein durchaus normaler Vorgang ist. Anschließend nimmt das gelbe Bakterium das blaue vollständig auf und wird von ihm regelmäßig mit Wasserstoff versorgt, ein neuer Organismus ist entstanden. Von Bedeutung sowohl bei der Evolution des Menschen als auch dessen Ausbildung von *moralischen* Grundsätzen ist - wie im Beispiel der Bakterien gezeigt - die Kooperation, das Miteinander, weil das Dasein auf diesem Pfad der gegenseitigen Hilfestellung in höherem Maße gesichert und damit erhalten werden kann. Die Synthese der beiden Bakterien weist, wie bereits aus dem Begriff Synthese ersichtlich, auf das Grundlegende späterer Moralvorstellungen hin, die Vereinigung von zwei oder mehreren Entitäten zur besseren Sicherung des Lebens und damit dessen Erhaltung im Dasein und nicht die Vernichtung der einzelnen Entität zur kurzfristigen Verlängerung der eigenen Existenz. Nur das in der Evolution Bewährte bzw. die erfolgreiche Strategie erhält sich im Dasein und ist folglich von Dauer.

Der folgende Schritt in der Entwicklung beinhaltet weitere Synthesen, bis dieser Pfad an sein Ende gelangt ist und die Evolution - getragen von ihrem Vergangenen (Informationsgehalt) - eine neue Strategie zur Anwendung gebracht hat; die Synthese wird zur Symbiose.[176]

> „Der Weg schuf die Einheit. Einheit schuf Zweiheit. Zweiheit schuf Dreiheit. Dreiheit schuf die zehntausend Wesen.[177]

169

So beschreibt Lao-tzu - wie bereits gesagt - die Evolution des Seienden aus dem Dao, dem Ursprung, während es Nietzsche wie folgt zum Ausdruck bringt:

> „Um Mittag war`s, da wurde Eins zu Zwei [...]."[178]

Aus der Integration, der völligen Verschmelzung zweier Entitäten, entwickelt sich die Kooperation. Welche Gründe für diesen Schritt im Einzelnen verantwortlich sind, ob die zunehmende Komplexität der Zelle ihre weitere effektive Differenzierung verhindert hat oder, wie im Fall des Bakteriums, bereits Zellen vorhanden sind, die besser als jede Weiterentwicklung des eigenen Organismus ihren Fortbestand in einer sich verändernden Umgebung gewährleistet haben, ist bisher im Dunkel der Vergangenheit verborgen.

Weshalb Kooperation? Erstens, weil das Andere etwas besitzt, über das die Zelle nicht selbst verfügt, und zweitens die Gemeinschaft infolgedessen weniger den Unbill (Fressfeinden, Unwettern etc.) der Natur ausgesetzt ist. Indem die Evolution, bei komplexen Entitäten (Organismen), die Symbiose zur Synthese favorisiert hat, erzeugt sie, bedingt durch den strukturellen Aufbau, das Tun, welches in heutiger Zeit die Basis sämtlicher Moralvorstellungen geworden ist.

> „Als Marduk[179] mich beauftrage, die Menschen zu lenken und dem Lande Sitte angedeihen zu lassen, legte ich Recht und Gerechtigkeit in den Mund des Landes und trug Sorge um das Wohlergehen der Menschen."[180]

Von Marduk beauftragt, erließ Hammurabi (1792-1750 v. Chr.) als Erstes Gesetze, um das Miteinander der Gemeinschaft zum Wohle ihrer selbst zu regeln. Analog dazu bilden die ’Zehn Gebote‘, die Mose dem Volk Israel in Gottes Namen verkündet hat, ein entsprechendes Regelwerk für das Verhalten des ’Ich bin‘ innerhalb seines Volkes.

170

„Und der Herr sprach alle diese Worte: Ich bin der Herr, dein Gott, der ich dich herausgeführt habe aus dem Land Ägypten, aus dem Hause der Sklaverei. Du sollst keine anderen Götter haben außer mir. Du sollst dir selbst kein Götzenbild machen noch ein Abbild von allem machen, was im Himmel oben und auf der Erde unten und in den Wassern unterhalb der Erde ist. Du sollst sie nicht anbeten, und du sollst ihnen keinesfalls dienen, denn ich bin der Herr, dein Gott, ein eifernder Gott, der Sünden von Vätern an Kindern bis in die dritte und vierte Generation denen vergilt, die mich hassen, und der Erbarmen übt an Tausenden (von Generationen), die mich lieben und meine Anordnungen einhalten. Du sollst den nicht den Namen des Herrn, deines Gottes, für Nichtiges verwenden, denn keineswegs würde der Herr den für rein erklären, der seinen Namen für Nichtiges verwendet. Gedenke an den Tag des Sabbats, ihn zu heiligen. Sechs Tage sollst du arbeiten und alle deine Werke tun. Am siebten Tag aber sind Sabbate für den Herrn, deinen Gott. Du sollst an ihm keinerlei Arbeit tun: du und dein Sohn und deine Tochter, dein Diener und deine Dienerin, dein Rind und dein Esel und jedes Stück deines Viehs und der Hinzugekommene, der bei dir wohnt. Denn in sechs Tagen machte der Herr den Himmel und die Erde und das Meer und alles, was darinnen ist, und am siebten Tag ruhte er. Darum segnete der Herr den siebten Tag und heiligte ihn.
Ehre deinen Vater und die Mutter, damit es dir gut geht und damit du lange lebst

auf dem guten Land, das der Herr, dein Gott, dir gibt.

Du sollst nicht ehebrechen. Du sollst nicht stehlen. Du sollst nicht morden. Du sollst nicht bezeugen gegen deinen Nächsten ein Falschzeugnis.

Du sollst nicht begehren die Frau deines Nächsten. Du sollst nicht begehren das Haus deines Nächsten noch seinen Acker noch seinen Diener noch seine Dienerin noch sein Rind noch seinen Esel noch irgendetwas von seinem Vieh noch was immer deinem Nächsten gehört."[181]

Die Gebote - Du sollst nicht morden und du sollst nicht begehren die Frau deines Nächsten - [...] - sind die begriffliche Formulierung, der die Struktur der Symbiose überhaupt erst ermöglicht hat, den Anderen nicht zu fressen, wobei das heute zehnte Gebot, die neue Einheit dazu auffordert, die Mitglieder ihrer Gemeinschaft als das anzunehmen, was sie sind, gleichberechtigte Entitäten ('Ich bin'), trotz ihrer Unterschiedlichkeit. Anders formuliert: Die Basis der Moral ist Ausdruck von Strukturen, die evolutionär bedingt und bereits in der (Ur-)Prämisse des Kosmos angelegt sind. Hierher gehört auch die folgende bedeutende Prämisse: „Ich gebe Dir und Du gibst mir."[182]

Ebenso, wie die Symbiose den nächsten Schritt nach der Synthese in der Evolution markiert, bezeichnet sie sowohl in Bezug auf die Größe der Gemeinschaft als auch die dadurch bewirkte Zunahme der Komplexität, deren Differenzierung (Spezialisierung) bzw. ermöglicht sie aufgrund ihrer Sicherheit bietenden Struktur. Verdeutlichen lässt sich das hier Gesagte anhand des strukturellen Aufbaus des Leibes oder des ZNS, insbesondere des Gehirns des Menschen. Doch dazu später mehr.

Symbiose bedeutet auch, das *ganz Andere* annehmen; es nicht seiner Individualität berauben. Natürlich geht die Symbiose weit über ein bloßes 'Miteinander' hinaus, aber sie zeigt, was über Integration möglich ist, eine neue Einheit, die über sämtliche Vorteile der sie konstituierenden Individuen verfügt. Im Akt der Zeugung von Spermium und Eizelle ist der Prozess, um nur ein Beispiel anzuführen, bis auf den heutigen Tag aktuell. Differenzierung, Symbiose oder kollektive Strukturen bilden nicht nur die Urgeschichte des Menschen, sie durchziehen wie ein roter Faden seine Entwicklung; dies ist der Pfad, auf dem seit Anbeginn das Leben fortschreitet. Hier steht seine Wiege, die Basis seines hochkomplexen Prozessgeschehens.

Die Symbiose zweier unterschiedlicher Bakterien bildet nur den Auftakt zu einer Strategie, deren Erfolgsgeschichte ans Wunderbare grenzt, und es ist deshalb nur zu verständlich, wenn sie angezweifelt bzw. ihr Wirken als von Gott gesteuerte Schöpfung interpretiert wird. Die Vielzahl der Schöpfungsgeschichten, der wissenschaftlichen Theorien und auch die zu deren Beschreibung verwendeten Begriffe sind Ausdruck der Mannigfaltigkeit des Menschen und lassen sich im Prinzip auf einige wenige Grundbegriffe reduzieren. So, wie der Ursprung auch das Eine, das Dao, die Gottheit oder das Chaos ist, so stehen z. B. Begriffe wie Sorge, Nützlichkeit und Angst synonym für die Erhaltung der Entität, des Seienden im Dasein.

Komplexität bedeutet ursprünglich umfassen oder zusammenfassen und in der Symbiose vollzieht sich nichts anderes als die Zunahme der Komplexität einer Entität, der frühen Organismen. Das ganz Andere ist das Differenzierte eines gemeinsamen Ursprünglichen, das über einen längeren Zeitraum eine individuelle Entwicklung durchlaufen hat, ehe es als Symbiont in Erscheinung treten kann. Die Entwicklungslinie des Symbionten verläuft parallel zu dem der Anderen und diese Gleichzeitigkeit ist neben der Komplexität und der Differenzierung das dritte Standbein der Evolution.

Das Seiende beschreitet - wie Lao-tzu richtig erkennt - den Pfad vom Einfachen zu einem Zweiten, dessen umfassende Einheit als Dreiheit, und von ihr ausgehend zu der

Mannigfaltigkeit der Entitäten führt. Analog hat sich das Leben entwickelt, indem es komplexere Strukturen hervorgebracht, sich differenziert und auf diese Weise neue Pfade beschritten hat. Das Miteinander der Bakterien setzt sich fort im Zellverband, dem Schwarm oder der Gruppe, über die Gemeinschaft bis zu dem heutigen Staatenverbund (Artenvielfalt) der Menschen. Die Symbiose transformiert das ursprüngliche Miteinander zu einer unauflösbaren Einheit, z. B. dem Leib des Menschen, dessen Miteinander längst ein Ineinander geworden ist, das Übergehen zu einem Umfassenden. Anders formuliert: Das Miteinander intensiviert sich in einem Maße, das die Kooperation zur Symbiose eines Umfassenden führt, wodurch die Erhaltung der Entität im Dasein, ihr Überleben, mit einer höheren Wahrscheinlichkeit gewährleistet wird. Ein Aspekt der Symbiose, der das Überleben der Entität zusätzlich erhöht, ist die gegenseitige Anpassung, bei der die individuellen Eigenschaften der ursprünglichen Entitäten entsprechend den neuen Gegebenheiten (z. B. Umweltbedingungen) verändert oder rückgebildet werden; die Effizienz der Entität in ihrem täglichen Dasein wird verbessert. Ein Prozess, der im industriellen Zeitalter unter dem Begriff Fusion firmiert und nach wie vor dem Zweck dient, die Effizienz zu steigern und die Erhaltung der involvierten Betriebe dadurch zu sichern, dass Strukturen verändert und sowohl Maschinen als auch Personal rückgebildet, sprich reduziert werden.

Anpassung besagt, dass individuelle Eigenschaften verändert, eingeschränkt oder völlig aufgegeben werden müssen. In welcher Art und Weise die Evolution diesen Prozess vollzieht, ist von einer Vielzahl an Faktoren abhängig, von den Symbionten, ihren jeweiligen Eigenschaften, den Bedingungen der Außenwelt etc. Die Erhaltung der Entität im Dasein bedingt, dass jeder Symbiont zuerst die eigene Existenz zu bewahren sucht und seine Individualität nur in eine umfassende Einheit integriert, wenn eben diese Individualität, trotz der möglichen Veränderungen, aufgrund der

174

Verschmelzung mit größerer Sicherheit gewährleistet ist. Die Symbiose transformiert im weiteren Verlauf der Entwicklung die Symbionten in einer Art und Weise, dass sie als Individuum nicht mehr oder nur über einen begrenzten Zeitraum lebensfähig sind. Daraus folgt: Das Umfassende, die von den Symbionten geschaffene Einheit, muss erhalten werden, weil ihr Dasein, ihr Überleben, mittlerweile von dieser neuen Einheit abhängig ist. Sie bilden sozusagen eine Schicksalsgemeinschaft, deren individuelle Entität längst nicht mehr von ihrer ursprünglichen Individualität, ihrem früheren Tun bestimmt wird. Dazu sagt Cicero (106-43 v. Chr.):

> „Jedes Lebewesen liebt sich selbst und strebt nach Selbsterhaltung, sobald es geboren ist, weil dieses Verlangen ihm zum Schutze seines ganzen Lebens als erstes von der Natur gegeben ist, damit es sich erhält und sich in der Verfassung befindet, die am besten der Natur entspricht. [...] So ist für jedes Lebewesen das, was es erstrebt, in dem begründet, was der Natur gemäß ist. Auf diese Weise stellt es sich als höchstes Gut heraus, naturgemäß zu leben und sich in einer möglichst guten und möglichst naturgemäßen Verfassung zu befinden."[183]

Selbsterhaltung als oberstes Gebot - welche Strategie ist dafür besser geeignet, zumindest in der Frühzeit des Lebens und der ersten Hominiden, als das Miteinander, der Zusammenschluss in Gemeinschaften? Die Größe des Individuums, des Schwarms, der Gemeinschaft bietet seit jeher Schutz vor Feinden, so lässt sich z. B. ein Zellverband nicht so leicht fressen wie eine einzelne Zelle und dementsprechend gewährt die Vereinigung von mehreren Individuen zu einer festen Gemeinschaft Schutz und erhöht dadurch die Sicherheit des einzelnen Mitglieds. Selbst heute

175

besteht der beste Schutz eines Unternehmens gegen eine mögliche feindliche Übernahme in seiner Größe und dem damit verbundenen Wert. Aus demselben Grund richten sich z. B. Affen in Gefahrensituationen auf, machen sich sprichwörtlich größer, um ihren Feinden mit dieser Drohgebärde Angst einzujagen. Das Imponiergehabe der Männchen rekrutiert sich gleichfalls aus dieser Strategie, wie die gebräuchliche Bezeichnung 'Größe' im Zusammenhang mit einer guten Tat oder einer edlen Gesinnung. Größe bedeutet Sicherheit und eine hohe Wahrscheinlichkeit in Bezug auf die Erhaltung des Leibes im Dasein.

Das Miteinander in Gruppen durchläuft denselben Prozess, wie im Falle des Bakteriums; aus Kooperation wird Integration bzw. die Bildung übergeordneter Ganzheiten (umfassende Einheiten, Entitäten). Jedes Individuum ist für das Andere von Nutzen, so lässt sich das Tier bei der Jagd von zwei Seiten gleichzeitig angreifen und die täglichen Verrichtungen können, weil auf mehrere Hände verteilt, in kürzerer Zeit erledigt werden - ein Umstand, der freie Zeit geschaffen und damit neue Möglichkeiten eröffnet hat. Andererseits, analog der Symbiose, muss das Individuum Veränderungen akzeptieren, welche die anfänglich lose gebundenen Gruppen zu einer funktionierenden Gemeinschaft transformiert haben. In welcher Weise diese Anpassungs- bzw. Integrationsprozess sich vollzogen hat, ist zum einen von den ihr zugehörigen Individuen, und zum anderen von den Umwelteinflüssen abhängig. Wer z. B. ein Tier entdeckt und es - aus Futterneid - allein verfolgt hat, läuft natürlich Gefahr, verletzt oder im schlimmsten Fall getötet zu werden. Folglich ist es in Bezug auf die Erhaltung des Lebens besser, das mögliche 'Mehr' an Nahrung dem Überleben zu opfern, sprich: Das Tier nicht selbst, sondern gemeinschaftlich zu jagen und zu fressen, trotz des geringeren Anteils an der Beute.

Entsprechend der Natur heißt dies: das Tun in der Realität als Ereignis zur Erscheinung bringen, welches die größte

Wahrscheinlichkeit dafür bietet, das Überleben der eigenen Existenz zu gewährleisten. Der Verzicht auf Nahrung, das Opfer an die Gemeinschaft im Austausch für das Mehr an Schutz, sichert nicht nur die eigene Existenz, gleichzeitig werden bewährte Strukturen bzw. Prozesse differenziert, neue Hierarchien aufgebaut etc. Das Mehr an Nahrung dem Überleben zu opfern, sagt zuerst nichts anderes aus, als dass die Evolution diesen Pfad genommen hat. Nicht, weil er sich als erfolgreicher gegenüber anderen Strategien erwiesen, sondern weil er sich behauptet hat. Andere Möglichkeiten stehen erst dann zur Verfügung, wenn das Individuum über ausreichen Komplexität verfügt, die Differenzierung oder Spezialisierung ermöglicht. Der erfolgreiche Pfad gabelt sich, eröffnet damit Alternativen, die wiederum eine Vielzahl an Möglichkeiten bedingen. Nachdem das Dasein des Menschen und infolgedessen des Individuums gesichert ist (z. B. hohe Reproduktionsrate), kann es sich in Ruhe entwickeln, Symbiosen eingehen und auf diese Weise seine Existenz zum einen in größerem Umfang gegen die Unbill der Umwelt absichern und zum anderen alternative Pfade einschlagen. In der Innenwelt des Individuums führt dies zu weiteren Symbiosen, der Zunahme an Komplexität und kontinuierlich sich fortentwickelnder Differenzierung und in der Außenwelt zu neuen Entwicklungslinien, die denselben Gesetzmäßigkeiten wie das Individuum selbst unterworfen sind.

> „Wie oben, so unten; wie innen, so außen; wie der Geist, so der Körper."[184]

So formuliert das Kybalion - wie bereits gesagt - das Grundprinzip der Evolution. Die Entwicklung des Lebens wird unabhängig von ihrem hierarchischen Aufbau von den gleichen Grundprinzipien geformt. Die sich aufgrund der Differenzierung eröffnenden Alternativen spannen einen Pool an Möglichkeiten auf, der fortan das Tun des Individuums bedingt. Der Pool an Möglichkeiten wird bei jeder Transformation, entsprechend den Erfordernissen, Bedürfnissen, anhand des Informationsgehaltes des Individuums neu generiert. Die (Ur-)Prämisse, abgeleitet aus dem Prozess der Transformation, fordert die Erhaltung der Entität im Dasein und somit wird das Tun transformiert - in der Realität zum Ereignis -, welches für die jeweilige Situation die optimale Lösung, Strategie bzw. Tun darstellt, um das Überleben zu gewährleisten.

Von der Frühzeit des Lebens bis zu der bewussten Wahrnehmung des Menschen, des 'Ich bin', existierten Begriffe wie 'Gut oder Böse', 'Richtig und Falsch' ebenso wenig wie die Bedeutung des Anderen für das Individuum oder die Wertungen, welche ein Urteil begründen. Die Bezeichnung 'Versuch und Irrtum' greift - zumindest bei komplexen Strukturen - zu kurz, weil sie den Informationsgehalt des Individuums, seiner Erfahrungen der Vergangenheit, nicht mit einbezieht. Zum besseren Verständnis greife ich auf die Sendereinstellung bei älteren Radios zurück, bei denen mittels eines Drehknopfs die Sender angewählt und die optimale Qualität durch behutsames Hin- und Herdrehen hat ermittelt werden müssen. Derselbe Mechanismus begründet das Tun des Individuums, indem der Pool an Möglichkeiten von einem kontinuierlich umfassenderen Informationsgehalt aufgespannt wird, der zum einen die alternativen Handlungen erhöht und ihn zum anderen, aufgrund des umfangreicheren Informationsgehaltes, reduziert. Anders ausgedrückt: Je differenzierter ein Individuum ist, über desto mehr Möglichkeiten in seinem Tun verfügt es, wobei sein Wissen um das Vergangene, seine Erfahrung eben diese Möglichkeiten so weit einschränkt, dass das optimale Tun als einzige Möglichkeit erhalten bleibt, welche dann realisiert wird. Dass bei Menschen, dem 'Ich bin', der Prozess, der ein Tun bedingt, um ein Vielfaches differenzierter ist, bedarf keiner besonderen Erwähnung.

Gut ist das Tun, welches das Individuum im Dasein erhält; besser ist es, wenn dies über einen längeren Zeitraum, möglichst den gesamten Lebenszyklus des Individuums sichergestellt ist. Böse ist somit das Andere, welches das Individuum gefährdet und/oder die gewohnte Sicherheit mindert. Richtig hingegen ist ein erfolgreiches Tun gegen die Bedrohung, während der entgegengesetzte Fall, ein nicht erfolgreiches Tun, das Individuum in seinem Dasein beeinträchtigt oder, im schlimmsten Szenario, auf der Stelle tötet. Im Rat des Schuruppag steht:

> „Mein Sohn, du sollst keinen Mord begehen!
> Du sollst nicht dich selbst mit einer Axt
> 'spalten'!"[185]

Bereits in einem der ältesten Texte wird Mord, das Töten des Anderen, verurteilt. Aufschlussreicher ist jedoch der folgende Rat, sich nicht selbst zu spalten, sprich zu töten. Die Erhaltung der Entität, auch die des Anderen, dieses Gebot ist so alt wie die bewusste Wahrnehmung des Menschen selbst und es erscheint den frühen Kulturen von so großer Bedeutung, dass es praktisch mit der Erfindung der Schrift (Keilschrift[186]) erstmals niedergeschrieben wird. Bei den von Hammurabi verfassten Gesetzen wird bereits die falsche Bezichtigung eines Bürgers mit dem Tod bestraft. Weiter heißt es bei Schuruppag:

> „Du sollst nichts stehlen [...]!
> In ein Haus sollst du nicht einbrechen [...]!
> Der Dieb ist ein Löwe, nachdem er ergriffen worden ist, ist er ein Sklave!"[187]

Die Basis der Gebote, die sich mit dem Töten und dem Stehlen von Gütern des Anderen, den Mitgliedern der Gemeinschaft befassen, ist die Symbiose. Würde das blaue Bakterium das gelbe, weil es das ganz Andere ist, aus der

179

gemeinsam genutzten ökonomischen Zone verdrängen, dann wäre unter Umständen sein eigenes Dasein gefährdet, weil für seine Art nicht mehr ausreichend Nahrung zur Verfügung stünde. Die Maxime *'Erhalte deine Entität'* wird zunächst auf das ganz Andere ausgedehnt, sofern es für das eigene Überleben von Nutzen ist. Dieses Miteinander, die Hereinnahme und/oder Akzeptanz des ganz Anderen in den vom blauen Bakterium bewohnten Raumbereich, markiert den Beginn eines neuen Zeitalters; das der Moral. Die Symbiose ist nur ein kleiner Zwischenschritt, bevor mit dem Mehrzeller endgültig der Grundstein für die Gemeinschaft gelegt worden ist. Im Gegensatz zur Symbiose, dem Ineinander, der Verschmelzung zu einer umfassenden, nur in ihrer Ganzheit lebensfähigen Entität, erhält der Mehrzeller das ganz Andere - Kooperation anstatt Integration. Die Art und Weise der Kooperation spannt bereits in der Frühphase des Lebens einen vielfältigen Bogen auf, der erstens die Verbindung von zwei Individuen derselben Art und zweitens deren Wachstum zu umfangreicheren Teilverbänden sowie das Miteinander unterschiedlicher Arten umfasst. Von welcher Bedeutung das 'nicht töten' nicht nur zu Beginn des Lebens ist, zeigt die Erkrankung an Krebs, dessen außer Kontrolle geratene Vermehrung diesen letztlich selbst tötet. Noch einmal Schuruppag:

> „Mit niemandem zusammen sollst du gestohlene Lebensmittel verzehren, (auch wenn) deine Hand offen ist, wird sie sie jeweils nicht zurückerstatten können! [...] Nachher wird es sich wie eine Falle nach dir ausstrecken!"[188]

Anders formuliert: Begehre die Beute, Nahrung, nicht für dich selbst, sondern teile sie mit den Anderen, denn zum einen steht sie, nachdem du sie gegessen hast, dem Überleben der Gemeinschaft nicht mehr zur Verfügung, und zum anderen kann sich dein Verhalten gegen dich wenden, weil durch die Gefährdung der Gemeinschaft auch deine Existenz bedroht wird.

Die (Ur-)Prämisse ist - wie bereits gesagt - die Basis jeder Moral- bzw. Ethikvorstellung. Die Evolution des Lebens vom Einfachen zum Komplexen, dessen Mannigfaltigkeit sowohl in der Vielzahl der Arten als auch deren individueller Differenzierung und Spezialisierung zum Ausdruck kommt, gründet auf wenigen Gesetzmäßigkeiten und entwickelt sich bis heute analog der leiblichen Evolution.

> „Wenn du willst, daß deine Lebensführung gut sei, dann mach dich frei von allem Bösen.
> Hüte dich vor der Verführung zur Habgier, denn sie ist eine schlimme, unheilbare Krankheit.
> [...] Wer seine Schritte richtig setzt, der kann über sein Vermögen verfügen, doch für den Habgierigen gibt es nicht einmal ein Grab.
> [...] Ein Schlag wird mit einem ebensolchen vergolten, das ist die Verschränkung (wörtlich: Verfugung) aller Taten!"[189]

Der hier zitierte Text aus dem alten Ägypten enthält die gleichen Weisungen oder Gebote wie der des Babyloniers Schuruppag. Weitere lassen sich in beliebiger Anzahl hinzufügen. Die moralische Vorstellungswelt des Menschen - so könnte das Fazit dieses Kapitels lauten - gründet im Prozess der Transformation, der Information über eben diesen Prozess, der Erhaltung der Entität im Dasein, und sie durchzieht die gesamte Evolution und infolgedessen die des Lebens und somit die der Menschheit.

Differenzierung des Lebens und der Moral

Kants kategorischer Imperativ ist die Verallgemeinerung der moralischen Maximen und die Naturgesetzformel gilt als Handlungsweise des guten Willens. Analog der (Ur-)Prämisse des Kosmos stellt der kategorische Imperativ einen Grundsatz dar, der, aufgrund seiner Verallgemeinerung, abstrakt und deshalb in seiner reinen Form in der Natur nicht anzutreffen ist. Welche Maxime sollte stattdessen als Grundsatz allgemeine Gültigkeit besitzen? Die Gravitation ist eine der Grundkräfte des Kosmos, ohne die es weder Materie noch Leben in der dem Menschen bekannten Form geben würde, dennoch ist sie ebenso zerstörerisch[190] wie lebenserhaltend. Die kontroverse Diskussion über die Moral beweist, dass das Tun des Menschen, des 'Ich bin', nur in den seltensten Fällen zum Naturgesetz erhoben werden kann. Der Grund hierfür ist leicht verständlich: Die Erhaltung der Entität im Dasein ist individuell geprägt und damit in erster Linie auf das eigene Überleben ausgerichtet. Welches Interesse, so lässt sich fragen, besitzt ein um seine Familie besorgter Vater an der Erhaltung anderer Menschen, wenn er die Felder ohne Schutzkleidung mit hochgiftigen Pflanzenschutzmitteln besprüht, nur um gerade so viel mit dieser lebensbedrohlichen Arbeit zu verdienen, dass seine Frau und die Kinder nicht hungers sterben müssen?

Der Begriff Zukunft bzw. die Erhaltung der Natur und damit der Grundlage der Menschheit besitzen für ihn keine Bedeutung, sie sind für ihn ein leerer Begriff. Der karge Lohn des Tages verlängert den Hunger, die tägliche Not, nur um einen weiteren Tag, bis die Pestizide seinen Leib in einem Maße angegriffen haben, dass er seine tägliche Arbeit nicht mehr verrichten kann, ein Umstand, der seine Familie und ihn selbst in den Hungertod treibt. Ist sein Tun verwerflich? Sollte er, dem kategorischen Imperativ zufolge, die

Arbeit verweigern und mit dieser Entscheidung seine Familie ins Unglück stürzen? Was würde er mit seiner Handlungsweise gewinnen? Die Arbeit würde bereits am kommenden Tag ein anderer, derselben Notlage ausgesetzter Arbeiter ausführen. Das Für und Wider ist - wie die seit Kant anhaltende Diskussion beweist - ebenso vielfältig wie die Menschheit selbst. Tun ist stets individuelles Tun, und moralisches Tun ist der Erhaltung der Entität im Dasein nachgeordnet. Mit anderen Worten: Die Erhaltung der individuellen Entität wird nur dann der sie umfassenden Einheit (Gemeinschaft) untergeordnet, wenn diese selbst in ihrer Existenz und infolgedessen das eigene Überleben bedroht ist und/oder die Erhaltung der Existenz nur mittels der Selbstzerstörung überhaupt - für eine begrenzte Dauer - aufrechterhalten werden kann.

Der kategorische Imperativ spricht von wollen und setzt damit die Freiheit des Willens[191] voraus. Der Gegensatz, das Streben, entspringt der Vorgabe eines Zieles oder Zweckes, welche das Individuum mit den erforderlichen Mitteln zu erreichen versucht. Streben ist Tun ohne äußeren Zwang, erfolgt aus sich heraus als spontanes, zielgerichtetes Tun eines Individuums, sprich eines 'Ich bin'. Ziel des Strebens ist, ungeachtet möglicher Zwischenziele und/oder hierarchischer Strukturen das Glück oder allgemeiner formuliert, das gute, gelungene und somit glückliche Dasein als höchstes, insofern moralisches Gut.

Das Wollen ist im Gegensatz zum Streben, dessen Erfüllung von Absichten innerhalb des Horizontes des Glücks liegt, auf den Horizont der Absichten gerichtet, weil dieser nicht alternativlos ist. Aus dem einfachen Tun wird ein individuelles Wollen, ein erstes Wollen im Sinne von Freiheit bzw. Autonomie und Selbstgesetzgebung des Menschen.

Von Freiheit, so habe ich gezeigt, kann nur in Bezug auf den individuellen Leib des Menschen gesprochen werden; er selbst ist im Sinne von Wollen nicht frei. Selbst die vermeintliche

Freiheit des Leibes wird durch die Außenwelt eingeschränkt und bedingt in erheblichem Maße seine Entwicklung und damit sein individuelles Sein. Das Wollen des
'Ich bin' wird traditionell als ein Tun von ihm selbst bezeichnet. Doch was sagt diese Formulierung im Grunde
aus? Nur, das der individuelle Leib aus - für einen Beobachter nicht erkennbaren - Gründen ein Tun initiiert, dessen Motivation folglich in ihm selbst begründet sein muss.
Ob das Tun einem freien Willen entspringt, also Wollen im
bezeichneten Sinn ist, oder auf Gründen fußt, die das Tun
alternativlos bedingen, es somit dem Sollen zuordnen, liegt
für einen Beobachter außerhalb der ihm zugänglichen Erkenntnis. Selbst ein Nachfragen brächte ihn nicht weiter,
weil er die Rechtfertigungsgründe für das Tun glauben
oder verwerfen kann.

Zur Klärung der Frage ist der Beobachter auf sich selbst,
sein Tun und die es initiierenden Beweggründe angewie-
sen. Oder: Impliziert die Rechtfertigung eines Tuns die
Kenntnis seiner Beweggründe bzw. Ursachen? Die Rechtfertigung eines Tuns kann sowohl aus Gründen als auch
aus Motiven erfolgen. Wer nach den Gründen eines Tuns
fragt, der will erfahren, mit welchem Recht oder aus welcher Ursache heraus derjenige gehandelt hat, wobei die
Frage nach der Motivation das Motiv für die betreffende
Ursache, deren subjektive Triebfeder zu ergründen sucht.
Obwohl beide Antworten zusammenhängen, bezeichnen
sie unterschiedliche Bereiche des Lebens und müssen deshalb streng getrennt behandelt werden.

Die enge Verwandtschaft von Grund und Motiv weist
entweder auf eine innere Verbindung von Gründen und
den damit verknüpften Motiven oder auf ein äußeres Motiv für die Gründe hin. Im ersten Fall liegt das Motiv des
Tuns in den Überzeugungen der zu rechtfertigenden Gründe und infolge divergierender bzw. konkurrierender Moti-
ve wird ein Tun initiiert, das nicht den rechtfertigenden
Gründen entspricht. Der zweite Fall führt die Motivation

für das moralische Tun auf Furcht vor sowohl inneren als auch äußeren Strafen (Gewissensbisse, Schuldgefühle) oder im Gegensatz dazu auf positive Reaktionen wie Anerkennung oder Achtung zurück. Ohne diese interessante Thematik an dieser Stelle weiter zu vertiefen, bleibt die Frage nach der Basis, den Beweggründen oder Motiven des individuellen Tuns des Menschen.

Die Erhaltung der Entität im Dasein ist, darauf ist bereits mehrfach hingewiesen worden, die (Ur-)Prämisse und es würde den Rahmen dieser Schrift bei Weitem sprengen, wenn ich mehr als ein Beispiel dafür aus der Frühzeit des Kosmos anführen wollte. Das Trägheitsmoment[192] setzt der Änderung des Zustandes einer Masse Widerstand entgegen. Bei der Vollbremsung eines Fahrzeuges werden die Gegenstände nach vorne hin beschleunigt, oder physikalisch ausgedrückt: Sie behalten ihre ursprüngliche Bewegungsrichtung bei, bis äußere Umstände eine Änderung bewirken. Derselbe Grund ist dafür verantwortlich, dass ein defektes Fahrzeug nur mit erheblichem Kraftaufwand angeschoben werden kann. Die Erhaltung der Entität, des Seienden, im Dasein kann in Bezug auf die Materie als Erhaltung des aktualen Zustandes definiert werden.

Der im Volksmund bekannte Spruch 'Nichts währt ewig' bringt - wie nahezu sämtliche Sprichwörter und Redensarten - wiederkehrende Gesetzmäßigkeiten auf eine kurze, präzise Formel. Dahinter verbirgt sich die Erfahrung, dass die Entität dem Werden und Vergehen unterworfen ist, und wenn irgend eine Entität die Bezeichnung ewiglich verdient, dann der Wandel, der Prozess der Transformation. Weil eine ewige Entität im Dasein als nicht realisierbar und/oder möglich erscheint, muss z. B. das Streben eines 'Ich bin' auf die größtmögliche Sicherung der eigenen Existenz gerichtet sein. Die Mannigfaltigkeit seines Tuns darf nicht darüber hinwegtäuschen, dass eben dieses Tun ausschließlich der Erhaltung des Leibes, der ihn konstituierenden Entitäten dient. Dazu weiter unten mehr.

Die Entität im Dasein zu erhalten - diesem Streben entspringt das moralische Verhalten des Menschen, das mit wenigen Mechanismen überaus erfolgreich operiert und das Leben entgegen sämtlichen Widrigkeiten, wie sie ihm aus den Unbill der Umwelt oder dem Leben selbst erwachsen, nicht nur gewährleistet, sondern zu hochkomplexen Strukturen weiterentwickelt hat. Zwei Faktoren, die dafür verantwortlich zeichnen, sind Kooperation und Integration. Ihre Wurzeln gründen in der Frühphase des Lebens und sie durchziehen dessen Evolution wie ein roter Faden bis in das Jetzt, die aktualen Staatssysteme. Ein weiterer Aspekt zur Sicherung des Daseins liegt in der Zunahme der Größe des Einzelnen und dem Wachstum der Population. Gleichzeitig fördert die erhöhte Reproduktionsrate die Ausbreitung der Arten in ökologisches Neuland. Komplexität und Differenzierung oder Wachstum und Anpassung stehen synonym für denselben Prozess, dem auch das Denken, die Sprache des 'Ich bin', unterworfen ist. Dass Wachstum allein nicht ausreicht bzw. ab einem bestimmten Stadium kontraproduktiv für die Art ist, wird von der Evolution in ihrer langen Geschichte durch zahllose Beispiele belegt. Die Redensart 'das System frisst seine Kinder' ist nicht aus der Luft gegriffen; es basiert auf Erkenntnissen der modernen Sozialwissenschaften.

Für das Miteinander unterschiedlicher Arten innerhalb eines umgrenzten Gebiets über die Symbiose, die Integration bis zur Phase wechselseitiger Anpassung, die als umfassende Einheit einen neuen Organismus hervorbringt, spielen moralische Gesetzmäßigkeiten die führende Rolle. Das 'Wie' der Anpassung wird vom Informationsgehalt der individuellen Entität, deren Transformationsgeschehen in der Vergangenheit, bedingt. Der Reflex z. B. des Wimperntiers[193], der es bei Berührung seiner Wimpern mit einem Hindernis erst zurück und dann seitlich ausweichen lässt, beruht auf Informationen (Erfahrungen) der Vergangenheit seiner Art, und infolge der Vererbung verfügt das Einzelne nicht nur über das Wissen seiner Art, sondern es trägt innerhalb seiner Entwicklungslinie zu deren Erhaltung bei, indem es ist und Informationen sammelt. Das aktuale Tun einer Art ist, vereinfacht ausgedrückt, die optimale Reaktion auf einen Reiz (Information) des Anderen in der Innen- und Außenwelt. Der Begriff des optimalen Tun ist stets in Bezug auf das ihn Bedingende zu betrachten. Als Frage formuliert: Wem oder was nutzt dieses Tun? Der Entität als Ganzheit oder einer der sie konstituierenden Entitäten (Zellen, Organe, Engramme)? Die Frage lässt sich jeweils nur im konkreten Fall und selbst hier nur eingeschränkt beantworten. Die Komplexität und die Differenziertheit des Menschen verhindern zwangsläufig das umfassende Wissen über die Beweggründe seines Tuns, und die vermeintlichen, zur Erklärung oder Rechtfertigung ins Feld geführten Motivationen und Intentionen stellen kaum mehr als ein dürftiges Fragment des tatsächlichen Auslösers dar.

Transformation ist Evolution und bedingt im Grunde nicht mehr, aber auch nicht weniger, als die beständige Zunahme von Information, des Informationsgehaltes des Kosmos. Dieser bedingt, wie die Entitäten evolvieren. Kooperation, Integration, Zunahme an Komplexität und deren Differenzierung bilden die Strukturen, auf denen sämtliche Moralvorstellungen fußen. Komplexität und Differenzierung sind Synonyme für Gesetzmäßigkeiten und Begriffe, denen der Mensch, das 'Ich bin', in vielfältiger Weise begegnet. Das Wörterbuch der Brüder Grimm[194] belegt die Evolution der Sprache, des Denkens und ihre sich in zunehmendem Maße entwickelnde Vielfalt infolge des Differenzierungsprozesses seines Leibes, der, auf die Moral bezogen, in einer Fülle von Schriften zu dieser Thematik zum Ausdruck gelangt. Von den ersten Zeugnissen des Menschen, den Höhlenmalereien, seinen Begräbnisstätten über die in Keilschrift niedergeschriebenen Gesetze, die

Vorschriften der Sumerer, die Hieroglyphen der Ägypter etc., die Vorsokratiker, Philosophen und Denker späterer Zeiten, die dem angelegten Pfad gefolgt sind, bis in die Neuzeit mit ihren Ethikkommissionen wird die zunehmende Komplexität und deren Differenzierung mehr als ersichtlich. Die Evolution des Leibes selbst beweist, dass die aktualen Moralvorstellungen des Menschen auf uralten Strukturen basieren und lediglich ihre Weiterentwicklungen sind. Es ist weder möglich, noch ist dies die Intention dieser Schrift, jeden Aspekt der Moral auf seine ursprüngliche, ihre sie letztlich bedingende Struktur zurückzuführen. Deshalb will und muss ich mich auf einige wenige Beispiele beschränken, die stellvertretend für die evolutionäre Entwicklung der Moralvorstellungen des Menschen stehen und letztlich Ausdruck der Erhaltung der Entität im Dasein sind.

Du sollst nicht töten

Kooperation und Integration sind zwei Schlüsselbegriffe zur Erhaltung der Existenz der Entität. Ersteres, das friedliche Miteinander derselben Art, lässt sich bereits als Vorstufe einer primitiven Moral deuten, den Verzicht von Nahrung innerhalb der Art. Natürlich bin ich mir der Tatsache bewusst, und die Geschichte des Menschen belegt dies zur Genüge, dass kein Ereignis in der Realität existiert, das nicht auf mindestens zwei unterschiedliche, oft gegensätzliche Erklärungen verweisen kann. Ein weiterer Umstand betrifft die Wahrheit selbst, ihre Beziehung zum Menschen und der Frage, ob er die Wahrheit als solche überhaupt erkennt oder sie anhand seines Informationsgehaltes, sprich seiner kulturellen Prägungen (Erziehung etc.), nicht zugunsten anderer Überzeugungen verwirft. Die Wahrheit ist so individuell wie der Mensch selbst.

Den eigenen Artgenossen nicht als Nahrung zu betrachten ist Kooperation und muss als Vorstufe des fünften Gebots der Bibel gesehen werden. Damit ist nicht gesagt, dass 'Kannibalismus' unter gewissen Umweltbedingungen und/oder Umständen nicht durchaus eine alternative Strategie zur Erhaltung der Existenz darstellen kann. Das Verzehren des Leibes eines besiegten Feindes lässt dessen Kraft, Schnelligkeit, Mut auf den Sieger selbst übergehen - so der Glaube einiger unserer Vorfahren - und trägt auf diese Weise in vielerlei Hinsicht zu dessen Überleben bei. Den Artgenossen als solchen und nicht als potenzielle Beute zu betrachten, erweist sich jedoch als bessere Vorgehensweise, weil sie zum einen das Wachstum der Population beschleunigt, ihre Art, die lebenswichtige DNA mit größerer Sicherheit vor dem Aussterben bewahrt und zum anderen wird sie, bedingt durch ihr Wachstum, gezwungen, neue ökonomische Nischen zu erobern. Um zu überleben muss der Organismus an die veränderten Umweltbedingungen angepasst werden; ein langwieriger Prozess, unterstützt und beschleunigt von zufälligen Mutationen.

Die Integration ist Kooperation auf höchstem Niveau. Das ganz Andere wird - analog dem Verzehr des besiegten Feindes - in sich aufgenommen, um sich dessen Fähigkeiten anzueignen. Das gelbe Bakterium integriert das blaue, es wird somit der Nahrungssuche enthoben, weil es jetzt unmittelbar ohne Zeitverlust versorgt wird. Die Frage, weshalb das blaue Bakterium nicht sein gelbes Pendant vereinnahmt, liegt vermutlich darin begründet, dass organische Teilchen wesentlich häufiger anzutreffen waren als Wasserstoff und so die gemeinsame Nahrungsgrundlage sich nicht nur problemloser gestaltet hat, weil sie in ausreichenden Kapazitäten zur Verfügung stand, sondern zudem die Symbiose das Überleben beider Organismen in weitaus höherem Maße sicherte als es ihnen als eigenständige Individuen möglich gewesen wäre. Analog zur Kooperation, in der das Wachstum der Population die Anpassung an bisher unbekannte ökologische Umweltbedingungen erfordert, zwingt die Integration die Symbionten zu Veränderungen, durch welche die unterschiedlichen Organismen innerhalb einer umfassenden Einheit (Entität), des gemeinsamen Leibes, ihre individuelle Entwicklung fortsetzen.

Die Evolution der Innenwelt unterliegt den gleichen Gesetzmäßigkeiten wie die der Außenwelt. Das fünfte Gebot 'Du sollst nicht morden' ist - wie der kategorische Imperativ von Kant - eine Verallgemeinerung, ein hypothetisches Abstraktum, jenseits von Gut und Böse und aus diesem Grund in der Realität des Lebens kaum mehr als eine Wunschvorstellung der Hoffnung des Menschen auf ein Höchstmaß an existenzieller Sicherheit.

Die Definition 'Erhaltung der Entität im Dasein' oder 'Das Überleben der individuellen Existenz' unterliegen keiner Einschränkung; sie besitzen allgemeine Gültigkeit. Nicht nur z. B. der Leib des Menschen kämpft mit allen ihm zur Verfügung stehenden Mitteln gegen die drohende Vergänglichkeit, ringt in jedem Jetzt erneut und ebenso vergeblich wie in den Augenblicken zuvor um die Erhaltung seiner Existenz, um ein flüchtiges Fortdauern seines Daseins, sondern auch die Zellen, Organe, Engramme, Wünsche, Hoffnungen fürchten nicht weniger um ihr Dasein und führen ihrerseits dieselben Waffen gegen ihre Widersacher ins Feld.

Wer nicht kooperiert, fliegt zwar nicht hinaus, aber er gefährdet die Existenz des Organismus; deshalb folgt der evolutionäre Pfad der Windung einer Schraube[195], den hierarchisch aufgebauten Strukturen.

> „Der Leib des Homo sapiens z. B. verliert durch das Absterben bis zu hundert Millionen Zellen pro Tag, was durch Neubildung (Zellproliferation) kompensiert wird, ohne dass seine Funktionalität davon beeinträchtigt ist. Die einzelne Zelle ist für den Leib nicht irrelevant, je-

doch von untergeordneter Bedeutung in der hierarchischen Struktur und deshalb gefahrlos austauschbar, obwohl sie - ihrem Wesen und damit den für sie maßgeblichen Kriterien entsprechend - ebenso um ihr Dasein kämpft wie die sie umfassende Einheit."[196]

Die Sphäre der individuellen Existenz wird infolge der Integration auf die sie umfassende Einheit (organisierte Zellpopulation, Organ, Engramm, psychischer Komplex etc.) ausgedehnt, wobei die Erhaltung der umfassenden Einheit eine höhere Priorität besitzt. Der moderne Mensch, der längst nicht mehr über die Kenntnisse seiner Frühzeit verfügt, wäre, ohne Hilfsmittel und völlig auf sich selbst gestellt, in der Wildnis nicht mehr überlebensfähig. Analog dazu unterliegt er, seit es Gemeinschaften und innerhalb derer die Aufgabenteilung gibt, einem Spezialisierungsprozess, der nichts anders aussagt als Integration und Anpassung an veränderte Umwelt- und/oder Lebensbedingungen. Die Gemeinschaft bietet mehr Sicherheit gegen Feinde und wilde Tiere, erleichtert die Jagd und vermindert die Stresszeiten; sämtlich Faktoren, die wesentlich zur Erhaltung der Existenz, der individuellen Entität beitragen. Entsprechend der Entwicklung der frühen Gemeinschaften zum Völkerwesen verläuft die Evolution des Leibes, indem entweder nützliche Symbionten integriert und/oder bestehende Funktionen weiterentwickelt werden; ein Verfahren, das bis heute andauert. So entwickeln sich aus einer ursprünglich lichtempfindlichen Zelle die unterschiedlichen Augen der Insekten, Säugetiere etc. oder aus primitiven Wimpern der gleichnamigen Einzeller reizempfindliche Zellen und zuletzt das ZNS der Tiere und beim Menschen die bewusste Wahrnehmung des 'Ich bin'.
Diese ist nur eine weitere Anpassung an die Erfordernisse der Innen- und Außenwelt. Denken und Sprache basieren auf Eigenzuständen des Leibes, deren Synonyme dem

'Ich bin' in Form von Symbolen oder Begriffen aufscheinen. Der Informationsgehalt des Leibes, sein Wissen um das Vergangene, erfährt mit dem 'Ich bin' einen separaten Informationsgehalt, einen speziellen Unterordner, die 'Ich-bin-Kategorie'. Das 'Ich bin' verdankt sein Dasein der zunehmenden Beschleunigung des leiblichen Transformationsgeschehens; es ist das Ergebnis notwendig gewordener Anpassungen an eine stets komplexer werdende Umwelt.

Die Symbole/Begriffe sind Entsprechungen von Eigenzuständen des Körpers, somit Spiegel seiner evolutionären Entwicklung. Den Artgenossen nicht als Nahrung zu betrachten ist zu 'Du sollst nicht morden' geworden. Oder:

> 'Du sollst nicht begehren die Frau deines Nächsten. Du sollst nicht begehren das Haus deines Nächsten noch seinen Acker noch seinen Diener noch seine Dienerin noch sein Rind noch seinen Esel noch irgendetwas von seinem Vieh noch was immer deinem Nächsten gehört'.

Noch einmal: Die Sprache als Ausdruck der bewussten Wahrnehmung des 'Ich bin' ist ein Tun des Leibes und folglich dessen übergeordneter Einheit unterstellt. Moral ist Daseinskampf, nicht mittels neuer Strukturen, sondern lediglich auf fortschrittlichere und/oder auch differenziertere Weise.

Das Allgemeine wird im Verlauf der Evolution, der zunehmenden Mannigfaltigkeit der Arten, ihrer hochkomplexen Strukturen und ihrer bemerkenswerten Leistung in Bezug auf die Differenzierung, die wechselseitige Anpassung, den Erfordernissen entsprechend modifiziert bzw. auf ein Tun hin spezialisiert.

> „Was du nicht willst, das man dir tu', das füg auch keinem andern zu.“[197]

Diese gebräuchliche Redensart findet sich in ähnlicher Formulierung bereits bei Konfuzius (551-479 v. Chr.):

> „Begegne den Menschen mit der glei-
> chen Höflichkeit, mit der du einen teu-
> ren Gast empfängst. Behandle sie mit
> der gleichen Achtung, mit der das große
> Opfer dargebracht wird. Was du selbst
> nicht wünschst, das tue auch anderen
> nicht an. Dann wird es keinen Zorn
> gegen dich geben – weder im Staat noch
> in deiner Familie."[198]

Wenn ich der Zeitlinie tiefer in die Vergangenheit folgen
würde, dann bestünde dieses Gebot vermutlich aus einer
verneinenden Geste, verbunden mit einer Lautäußerung,
der primitiven Vorstufe des Begriffs. Schmerz z. B. ist nur
der Begriff, 'Aua' die Lautäußerung und diese ist wiederum Ausdruck der Erhaltung der Existenz, weil sie die Mitglieder der Gemeinschaft informiert bzw. alarmiert und zu
Hilfe ruft. Die Evolution des Menschen, selbst dessen früheste Vorfahren, kehren in der Entwicklung des Embryo,
des Neugeborenen und seinem Lebenspfad wieder. So wie
der Begriff dem Eigenzustand des Leibes entspricht, spiegelt das Neugeborene das Tun der Mutter, integriert es in
seinen Leib und passt es seiner Entität an. Stets sind dieselben Gesetzmäßigkeiten am Werk und keine Formel bringt
es, meiner Ansicht nach, besser auf den Punkt als das Kybalion in seinem Prinzip der Analogie:

> „Wie oben, so unten; wie innen, so
> außen; wie der Geist, so der Körper."

Sollen und Wollen

Als abschließendes Beispiel will ich mich der Basis von
Sollen und Wollen zuwenden. Ersterer Begriff ist Ausdruck der Pflicht und besagt, dass ein freier Wille einem

unbedingten Sollen unterstellt ist, dem er grundsätzlich von selbst folgt, hingegen das Wollen im strengen Sinn dem freien Willen zugeordnet wird. Anders gewendet: Das Sollen übernimmt dort die Herrschaft bzw. bedingt in Form von Geboten, Gesetzen etc. die Kooperation, das Miteinander von Individuen einer Gemeinschaft, wenn ihre Sicherheit aufgrund von individuellem Tun gemindert und damit in ihrer Erhaltung gefährdet ist. Das Sollen bewirkt, wenn ihm die Gefolgschaft verweigert wird, stets Konsequenzen. Das 'Ich bin' soll Nahrung zu sich nehmen, will es seine Gesundheit und in letzter Instanz seine Existent nicht gefährden. Der Begriff *Sollen* darf nicht mit *Müssen* gleichgesetzt werden, denn das 'Ich bin' muss - aus welchen Gründen auch immer - keine Nahrung zu sich nehmen, aber die daraus resultierenden Folgen notgedrungen tragen. Sind ihm Gesundheit und Fortdauer seiner Existenz von Bedeutung, sollte es sich der Nahrungsaufnahme nicht verweigern. Mit anderen Worten: Wenn es seine Existenz auf längere Sicht erhalten will, dann reduziert sich der Pool an Möglichkeiten auf explizit ein Tun, die Nahrungsaufnahme; es soll dessen Forderung (Hungergefühl) Folge leisten.

Wie bereits weiter oben ausgeführt, wird das Wollen dem freien Willen zugeordnet, und ist infolgedessen ein in der Innenwelt, ohne äußere Ursache, initiiertes Tun. Das Hungergefühl ist ein Tun des Leibes, das den Mangel an Nährstoffen zum Ausdruck bringt, die er zu seiner Erhaltung dringend benötigt. Das 'Du sollst Essen' ist der dem aktualen Eigenzustand des Leibes entsprechende, begriffliche Ausdruck, wie er dem 'Ich bin' in der bewussten Wahrnehmung aufscheint. Im Gegensatz zu seinen primitiven Vorfahren, bei denen die Nahrungsaufnahme nur im Falle von dem Gefühl des Hungers (Nährstoffmangel) in Erscheinung getreten ist und damit ihr Tun ausschließlich auf dessen Beseitigung hin fixiert hat, generiert der Leib in jedem Jetzt eine Vielzahl an parallel ablaufenden Transformationen, die sämtlich in seinen Fokus zu drängen versuchen, um als Tun Ereignis der Realität zu werden. Die Ausschließlichkeit seiner Vorfahren bezüglich ihres Tuns[199] ist dem Leib und folglich dem 'Ich bin' nur selten gegeben, weil zahlreiche Möglichkeiten ihre Verwirklichung anstreben. Der Leib ist in der Lage, mehrere der Möglichkeiten parallel zu realisieren, so kann er z. B. beim Spazierengehen Nahrung aufnehmen, ohne dass es als bewusste Wahrnehmung dem 'Ich bin' als Erkenntnis vermittelt wird, weil dieses gerade in ein Gespräch vertieft ist. Der freie Wille und infolgedessen das Wollen des 'Ich bin' ist untrennbar mit der Fokussierung des Leibes auf aktuale Eigenzustände und deren Transformation mit einem Begriff zur Einheit des 'Ich bin' verknüpft. Dieser besondere Prozess generiert die bewusste Wahrnehmung des 'Ich bin' und den ihm zugeordneten Informationsgehalt, die 'Ich-bin-Kategorie'. Die Illusion des freien Willens, des Wollens vonseiten des 'Ich bin', resultiert im Gegensatz zur Transformation eines Eigenzustandes des Leibes mit einem Begriff zur Einheit des 'Ich bin', auf dessen Transformation mit einer Information der 'Ich-bin-Kategorie' zur Einheit des 'Ich bin', das ein Tun auslöst, welches vom 'Ich bin' als von ihm initiiert betrachtet wird. Die Spiegelung (Doppelung) des 'Ich bin' erzeugt folglich das Tun, welches ihm als Wollen, als Äußerung seines freien Willens zur Erscheinung gelangt. Diese skizzenhafte Zusammenstellung eines komplizierten Vorgangs soll verdeutlichen, dass das Wollen des 'Ich bin' im Grunde ein Sollen ist und in der nutzbringenden Form des 'Wollens' zur Erhaltung einer Vielzahl der den Leib konstituierenden Elemente (Entitäten) beiträgt.

Die Erhaltung der Entität im Dasein gründet bei Menschen auf denselben Prämissen wie bei den anderen Lebewesen. Die wenigen Gesetzmäßigkeiten bilden den Stammbaum des Lebens, der sich auf jeder Entwicklungsstufe entsprechend verzweigt. Im Falle des 'Ich bin' weist der Baum ein ausgeprägtes Geäst auf, wodurch der Stamm selbst nur wenig Sonnenlicht erhält und deshalb größtenteils im Dunkeln bleibt bzw. von außen nicht oder nur rudimentär zu sehen ist. Mit anderen Worten: Im Gegensatz zu den Affen, die sinnbildlich von Ast zu Ast schwingen können, muss das 'Ich bin', wenn es die Gründe für sein Tun oder das der Anderen in Erfahrung bringen will, zuerst den Weg Richtung Stamm nehmen bzw. über eine tieferliegende Gabelung in die Ausläufer der ihm benachbarten Äste gelangen. Oder: Die Gründe für das Tun des 'Ich bin' erscheinen bei oberflächlicher Betrachtung vielfältig und mit jedem Schritt, den es in der hierarchisch aufgebauten Struktur des Leibes hinabsteigt, verringert sich die Anzahl das 'Ich bin' konstituierenden Einheiten, bis zuletzt die (Ur-)Prämisse, der Stamm des Baumes, ins Licht der Erkenntnis tritt. Jetzt wird auch ersichtlich, dass Differenzierung - analog der Frühphase des Lebens - eine Mannigfaltigkeit hervorbringt, sprich zu individuellen Sichtweisen in Bezug auf das Wesen des Kosmos führt. Aus diesem Grund ist dem Menschen, hoch oben im Geäst, der direkte Weg von einem Ast zum nächsten versperrt und er muss zwangsläufig den langwierigen Pfad über die tragfähigen Äste nahe dem Stamm nehmen.

Die Illusion des Wollens erzeugt im Schatten des Tuns ein Gefühl des Glücks und trägt auf diese Weise nicht nur zu Erhaltung des Leibes, der Entität, bei, sie sichert gleichzeitig die das Tun des 'Ich bin' initiierenden raumzeitlichen Muster bzw. die hierfür verantwortlichen Elemente (Entitäten). So bewirkt die Nahrungsaufnahme, die Beseitigung eines Nährstoffmangels, ein gutes Gefühl, wodurch ein anderer, bisher vernachlässigter Eigenzustand des Leibes in dessen Fokus gelangt und so zur Erhaltung eines untergeordneten Organs, Komplexes, Wunsches etc. beiträgt. Das Glücksgefühl, das von moralischem Tun, einer edlen Gesinnung gegenüber den Mitgliedern der Gemeinschaft ausgelöst wird, überträgt sich auf andere Bereiche des 'Ich bin' und, im Hochgefühl der guten Tat, erinnert es sich des im Streit verlassenen Freundes und lässt es zum Telefonhörer greifen, um sich für die verletzenden Worte zu entschuldigen und damit die längst überfällige Versöhnung anzustreben. Gelingt dies dem 'Ich bin', verlängert es nicht nur die Dauer des Glücksgefühls, sondern fügt seiner 'Ich-bin-Kategorie' positive, die Erhaltung des Leibes fördernde Erinnerungen hinzu. Ein weiterer Aspekt ist der ausgesöhnte Freund selbst, der im Notfall zu Hilfe eilt und auf diese Weise das 'Überleben' mitsichern hilft. Der unermesslichen Vielfalt der Verknüpfungen, diesem unauslotbaren Geflecht des Miteinanders der Innenwelt des Leibes, steht eine Außenwelt gegenüber, die kaum weniger komplex gestaltet ist und mit denselben Anforderungen an das 'Ich bin' herantritt. Die Umwertung des Sollen in ein Wollen stellt in Bezug auf das Überleben den vorläufigen Höhepunkt der evolutionären Entwicklung des Menschen dar.

> „Die Tugenden, welche wenigstens im allgemeinen von den Urmenschen geübt werden mußten, um zu ermöglichen, daß sie überhaupt zu Verbänden zusammentreten konnten, sind dieselben, die auch heute noch als die wichtigsten gelten. [...] Kein Stamm könnte ferner mehr zusammenhalten, wenn Mord, Raub, Verrat an der Tagesordnung wären."[200]

Mit diesen Worten hat Darwin (1809-1882) die Evolution der Moral beschrieben, und Nietzsche sieht sie als ein Vergnügen:

> „Wie viele Vergnügen macht die Moralität. Man denke nur, was für ein Meer angenehmer Thränen schon bei Erzählungen

197

edler, grossmüthiger Handlungen geflossen ist! - Dieser Reiz des Lebens würde schwinden, wenn der Glaube an die völlige Unverantwortlichkeit überhand nähme. [...] Es ist das erste Zeichen, dass das Thier Menschen geworden ist, wenn sein Handeln nicht mehr auf das augenblickliche Wohlbefinden, sondern auf das dauernde sich bezieht, dass der Mensch also *nützlich, zweckmäßig* wird: da bricht zuerst die freie Herrschaft der Vernunft heraus."[201]

Zahllose weitere Textpassagen lassen sich zu dem hier Ausgeführten vorlegen. Sie alle würden nur bestätigen, dass die Moral aus der (Ur-)Prämisse heraus, bis heute das moralische Verständnis und Tun des Menschen bestimmt. Es existiert kein Bereich in der modernen Gesellschaft, der nicht von ihr besetzt ist und es ist gerade diese Vielfältigkeit sowohl der Anwendungsgebiete als auch der dabei verwendeten speziellen Begrifflichkeit, die ihr Wirken verdunkelt, im Unbewussten belässt. Dennoch ist ihrer Gesetzmäßigkeit die gesamte Evolution im Kosmos unterworfen, folglich auch die moralische Entwicklung des Lebens und natürlich des Menschen, des 'Ich bin'. Oder: Kooperation, Integration und Wachstum sind die Bausteine der Mannigfaltigkeit der Entitäten, und deshalb begegnet der Mensch ihnen in jedem Aspekt der Natur, selbst der eigenen, seinem Leib.

Das Miteinander der Mitglieder einer Art, ihre Integration in die sie umfassende Einheit des Verbandes, der Gemeinschaft, bietet dem Einzelnen mehr Sicherheit gegen die Widrigkeiten der Umwelt als zuvor im Familienverbund. Die bereits darin weiterentwickelten Gesetzmäßigkeiten des Miteinanders, die von den Strukturen des Leibes bedingt und in der Frühphase des Lebens innerhalb der Arten als bewährte Strategien von Kooperation und Integration ihren evolutionären Erfolg gezeigt und deshalb ihre Fortsetzung gefunden haben, sind nicht nur die Grundlage des Zusammenlebens des Einzelnen in den stetig wachsenden Gemeinschaften, sondern auch des begrifflichen Ausdrucks von moralischem Tun.

Unabhängig vom Entwicklungsstand des Individuums bedingt das ganz Andere, allein aufgrund seiner bloßen Existenz, ein Tun, das - zumindest aus heutiger Sichtweise - mit den Mitteln der Moral interpretierbar ist. Das ganz Andere, aus dem Stamm der eigenen Art hervorgegangen, zwingt zum Tun; entweder zu Toleranz, dem Vorläufer der Kooperation, oder zur Verteidigung des besetzten Raumes, wobei Assimilation des ganz Anderen als Nahrung die Basis der Integration verkörpert. Die gleichen Mechanismen regeln das Verhalten der Kleingruppe, bestimmen die Art und Weise der Integration der jeweiligen Mitglieder (Kinder, Jugendliche etc.) und ihr Verhältnis zu den Anderen innerhalb des gemeinsam genutzten Lebensraumes. Die Individualität der Gemeinschaft entscheidet über ihr Tun, ob sie die 'Anderen' toleriert, mit ihnen kooperiert oder gegen sie um die begrenzten Ressourcen kämpft. Die Evolution beschreitet, wie Darwin aufzeigt, seit jeher einen zweispurigen Pfad; das Wachstum zur Mannigfaltigkeit der Arten (Variationen) und die des Einzelnen. Daraus folgt: Die Erhaltung der Kleingruppe, ihrer Art, wird mit zunehmender Wahrscheinlichkeit sichergestellt, wenn zum einen die Anzahl der Kleingruppen wächst und zum anderen diese durch Geburt, Kooperation und später Integration weiterer Familienverbände ihre Gemeinschaft vergrößern. Je mehr einer Art existieren, desto größer ihre Chancen im Kampf um die Erhaltung ihrer Art und damit der individuellen Entität. Die Größe 'an sich' gehört, mit wenigen anderen Strategien, zu der erfolgreichsten der Evolution.

Kurzes Schlusswort zur Moral

Die 'Du sollst ...' - Gebote gründen in der Frühzeit des Lebens, haben im weiteren Verlauf der Evolution ihre Weiterentwicklung bzw. Differenzierung erfahren, und, indem der Artgenosse von der Nahrungskette zum kooperationsfähigen Mitstreiter transformiert worden ist, es beginnt - analog dem Größenwachstum - der Siegeszug derjenigen Strategien, die in viel späterer Zeit in die moralische Vorstellungswelt des Menschen münden werden.

Die Erhaltung der Entität im Dasein ist - wie bereits mehrfach gesagt - die (Ur-)Prämisse des Kosmos, und sie besagt: Was die Erhaltung der Entität im Dasein sichert und/oder mit höherer Wahrscheinlichkeit gewährleistet, das soll als Tun transformiert werden und als Ereignis in der Realität zur Erscheinung gelangen. Deshalb: Du sollst ...! Die Ummünzung des 'Du sollst' in ein 'Ich will' ist nur ein Schritt der Evolution zur Erhaltung des Menschen. Von der Kooperation, dem Miteinander, dem 'Wir' in Form der Gemeinschaften, Staaten etc. führt der Pfad über die Integration, das Ineinander, das 'Ich bin', zum Umfassenden der Menschheit, dem 'Uns', der Einheit aus 'Wir' und 'Ich bin'.

Qualia

Zwei Aspekte in Bezug auf den Menschen werden seit Jahren kontrovers diskutiert, und die Zahl der Meinungen ist ebenso vielfältig wie die jährlich zu dieser Thematik erscheinende Literatur. Neben dem Phänomen der bewussten Wahrnehmung ist es vor allem der subjektive Erlebnisgehalt eines mentalen Zustandes, die Qualia und die Frage nach dem freien Willen. Beide Problemkreise sind untrennbar mit dem 'Ich bin' verbunden und bereits im Verlauf der Schrift indirekt beantwortet worden. Wenn ich an dieser Stelle den beiden meist diskutierten Eigenschaften des Menschen zusätzlichen Raum gebe, dann aus dem Grund, weil sie unmittelbar mit dem dritten Grenzbereich und folglich mit dem individuellen 'Ich bin', das den freien Willen im Allgemeinen nicht in Zweifel zieht, zu tun haben. „Um sein Nichtwissen wissen, ist das Höchste. Um sein Wissen nicht wissen, ist krankhaft.“[203] Anders formuliert: Das 'Ich bin' besitzt Kenntnis über sein Nichtwissen und leugnet diesen Umstand dennoch beharrlich, sofern er ihm nicht nützlich erscheint. 'Ich bin' und 'Ich will' sind für das 'Ich bin' Maxime und Trugschluss zugleich, weil es ihm in der bewussten Wahrnehmung auf diese Weise als Ereignis zur Erscheinung und damit zur Erkenntnis gelangt. Es sieht nicht, dass es in der Evolution ein Spätes ist, kaum mehr als die Spitze des Eisberges, ein Ereignis innerhalb der Mannigfaltigkeit des Kosmos, der Entitäten (Seienden). Es ist das Neue im dritten und bisher letzten Grenzbereich, oder der Anfang von etwas Neuem, dessen weitere Entwicklung ebenso im Dunkeln liegt wie der Großteil des Tuns seines Leibes, der es bedingt.

Was sind Qualia? Dazu N. Block (1942):

> „Sie fragen: Was ist das, was Philosophen qualitative Zustände genannt haben? Ich antworte, nur halb im Scherz: Wie Lois Armstrong schon sagte, als man ihn fragte, was Jazz sei: 'Wenn Du erst fragen musst, wirst Du es nie verstehen.'[204]

Und A. Beckermann:

> „Und wenn jemand sagt, er wisse trotzdem nicht, worin der qualitative Erlebnisgehalt etwas eines Geschmacksurteils bestehe, können wir diesem Unverständnis so begegnen: Wir geben ihm einen Schluck Wein zu trinken, lassen ihn danach ein Pfefferminzbonbon lutschen und geben ihm dann noch einen Schluck desselben Weins mit der Bemerkung: Das, was sich jetzt geändert hat, das ist der qualitative Charakter deines Geschmacksurteils."[205]

Eine der Definitionen lautet: 'Qualia sind der subjektive Erlebnisgehalt eines mentalen Zustandes.' Dabei sind drei Begriffe von Bedeutung:

- Subjektiv: Der Zustand des 'Ich bin' zum Zeitpunkt des Jetzt.
- Erlebnisgehalt: Frieren, hungern oder das Sehen von Farben und die mit dieser bewussten Wahrnehmung verbundenen, früheren Erlebnisse.
- Mentaler Zustand: Er zeichnet sich durch das Erleben bzw. die bewusste Wahrnehmung von

zur Erscheinung gelangten Ereignissen aus;
eine Erkenntnis fühlt sich für das 'Ich bin'
auf eine bestimmte Weise an.

Wird die Definition umformuliert, dann sind Qualia 'Der subjektive, mentale Zustand eines Erlebnisgehaltes'. Jedes 'Ich bin' besitzt einen individuellen Informationsgehalt, der mit der Weitergabe der DNA von seinen Erzeugern an ihn beginnt, sich über die kulturelle Einbettung, schulische Ausbildung etc. fortsetzt und dadurch die Interessen, Vorlieben ausbildet, die für sein gesamtes Dasein prägend sind. Analog dem genetischen Fingerabdruck gleicht kein Informationsgehalt eines 'Ich bin' dem eines Anderen, und folglich ist die bewusste Wahrnehmung eines zur Erscheinung gelangenden Ereignisses mit einer subjektiv geprägten Erkenntnis verbunden. Die bewusste Wahrnehmung z. B. einer roten Rose wird bei jedem 'Ich bin' mit anderen Assoziationen im aktualen Jetzt zu einer umfassenden Erkenntnis transformiert. So können das Erlebnis der ersten Liebe oder die Rosensträucher im Garten der Mutter bei der Betrachtung der Rose mitschwingen und das Ereignis mit Freude oder Trauer unterlegen. Mit anderen Worten: Die aus einem zur Erscheinung gelangten Ereignis resultierende Erkenntnis ist subjektiv.

Mental steht synonym für psychisch oder geistig und bezeichnet damit nichts anderes als die Erkenntnis eines Ereignisses; das der roten Rose. Ihre bewusste Wahrnehmung erzeugt ein raumzeitliches Muster, das mit einem Symbol/Begriff zur Einheit des 'Ich bin' transformiert wird. Der mit der bewussten Wahrnehmung assoziativ verwobene Charakter des Erlebnisses ist gleichfalls ein raumzeitliches Muster, das, ermöglicht durch das umfangreichere zeitliche Fenster des Jetzt des 'Ich bin', zu einem einzigen Erlebnisgehalt transformiert wird und so das Bild mit allen seinen Assoziationen in dem aktualen Jetzt des 'Ich bin' hervorruft, als Ereignis in der Realität zur Erscheinung bringt.

Der frühe Vorfahre des Menschen hat eine Wahrnehmung durch die Sinne nicht zur Einheit des 'Ich bin' transformiert und damit die Erkenntnis des Ereignisses ermöglicht, sondern er hat den durch die Wahrnehmung ausgelösten körperlichen Zustand zu der Einheit des Leibes transformiert. Entsprechend der Evolution des Lebens im Kosmos vom Einfachen zum Komplexen hat sich die Struktur des Leibes, insbesondere das ZNS, in zunehmendem Maße differenziert. Die Wahrnehmung von Hitze und Kälte lässt, sofern sie für den Organismus zur Bedrohung werden kann, den Einzeller die Richtung ändern, um in gemäßigtere klimatische Zonen zu kommen. Im weiteren Verlauf der Entwicklung haben sich die Sinnesorgane verbessert und erlauben jetzt eine differenziertere Wahrnehmung der einlaufenden Informationen sowohl der Außen- als auch der Innenwelt. Wachsende Komplexität ist stets gekoppelt mit einer Vielzahl an Ereignissen, die mit der Entität in Wechselwirkung treten, es transformieren und dessen Informationsgehalt bilden. Oder: sie bestmöglich an die bestehenden Umweltbedingungen anzupassen, um dadurch ihr Dasein nicht nur zu erhalten, sondern gleichzeitig für die Zukunft zu sichern. Bevor die Diskussion über die Qualia fortgesetzt wird, ein paar Sätze zur bewussten Wahrnehmung des 'Ich bin' selbst.

Exkurs: Das Bewusstsein

Das Bewusstsein als bisher ungelöstes Rätsel? Das Phänomen des Bewusstseins gilt als eines der großen und am wenigsten verstandenen Probleme der heutigen Zeit. Der Philosoph T. Metzinger (1958) sagt dazu:

> „Das Problem des Bewusstseins bildet heute - vielleicht zusammen mit der Frage

nach der Entstehung des Universums -
die äußerste Grenze des menschlichen
Strebens nach Erkenntnis."[206]

In der Philosophie und der Naturwissenschaft wird
zwischen verschiedenen Aspekten und Entwick-
lungsstufen des Bewusstseins unterschieden, wie z.
B. das 'Individualitätsbewusstsein', 'bei Bewusstsein sein' oder 'Bewusstsein als phänomenales Bewusstsein'[207], um nur einige zu erwähnen. So ist
eine allgemeine Definition des Begriffs aufgrund
seiner vielfältigen Bedeutungen zumeist abstrakt
formuliert und deshalb oft missverständlich.

In dem heutzutage materialistisch geprägten
Weltbild entsteht das 'Rätsel' des Bewusstseins
anhand der Frage, weshalb als Folge der Anordnung und Dynamik der Materie Bewusstsein entsteht. Die Frage, ob eine lückenlose Aufklärung aller physiologischen Gehirnprozesse Auskunft darüber geben könnte, muss zumindest für die nahe
Zukunft unbeantwortet bleiben.

Hinzu kommt das hier behandelte Problem der
Qualia, welches darin besteht, dass es schwierig
ist, die Verbindung zwischen neuronalen Zuständen (raumzeitlichen Mustern) und Qualia zu erklären. Anders gefragt: Warum erlebt das 'Ich bin'
überhaupt etwas, wo doch lediglich neuronale Prozesse in seinem Gehirn ablaufen?

Beispiel: Wenn sich ein 'Ich bin' den Fuß ver-
staucht, werden Reize zum Gehirn geleitet, verarbeitet und als Ergebnis wird eine Reaktion (Tun)
produziert. Es ist aber nicht zwingend, dass dabei
ein Schmerzerlebnis entsteht.

Die Verbindung zwischen neuronalen Prozessen
und den Qualia ist - zumindest aus Sicht der Naturwissenschaft - ein Problem in Bezug auf deren Er-
klärbarkeit. In ihr ist ein Phänomen nur dann wissenschaftlich erklärt, wenn seine Eigenschaften verstanden sind. Wie mit diesem vermeintlichen Rätsel
umgehen? Sich auf den Dualismus zurückziehen?

Es als im Einzelnen nicht lösbar deklarieren, weil es die Fähigkeiten des Menschen derzeit übersteigt? Hoffen, dass es in der Zukunft einer Lösung zugeführt werden wird?

Ein weiteres Problem tritt analog zum Problem der Qualia auf: die Intentionalität des Menschen. Auf F. Brentano (1838-1917) geht die Einsicht zurück, dass die meisten Bewusstseinszustände nicht nur einen qualitativen Erlebnisinhalt besitzen, sondern auch intentional strukturiert sind. Mit anderen Worten: Sie beziehen sich auf ein Handlungsziel, wobei Brentano Grundstimmungen wie Langeweile und Grundhaltungen wie Optimismus ausgeklammert hat.

Der Gedanke, dass Vasco da Gama Seefahrer war, bezieht sich auf Vasco da Gama. Er ist aufgrund seines Bezuges wahr oder falsch. Können Eigenschaften wie diese durch die Wissenschaft erklärt werden? Es bestehen berechtigte Zweifel. Wie soll sich eine neuronale Aktivität auf Vasco da Gama beziehen? Und wie kann die Wahrheitsfähigkeit der Gedanken erklärt werden? Ein neuronaler Prozess ist doch nicht wahr oder falsch, er basiert vielmehr auf Zuständen des Leibes. Auch bei diesem Problem gibt es verschiedene Lösungsansätze.

Es gibt zwei Betrachtungsweisen (Zugänge) zum Bewusstsein: die unmittelbare und nicht symbolische Betrachtung, die nur durch die eigene Erfahrung[208] möglich ist und die, bei der Bewusstseinsphänomene aus der Außenperspektive der Naturwissenschaft beschrieben werden. Diese Unterscheidung zwischen der unmittelbaren und der symbolisch vermittelten findet sich in vielen Traditionen und Theorien und wird von den meisten Philosophen anerkannt, auch wenn Theologen scharfe Kritik an der Konzeption des unmittelbaren und privaten Inneren geübt haben.

Andere behaupten, dass die Ebene der unmittelbaren Bewusstseinsbetrachtung für die ‚Erkenntnis der Wirklichkeit‘ die eigentlich entscheidende sei. Nur in ihr sei der Kern des Bewusstseins, das subjektive Erleben, zugänglich. Leider ist diese Ebene, in Bezug auf ihre objektive Beschreibung, für das 'Ich bin' unzugänglich, und deshalb sind der naturwissenschaftlichen, umfassenden Erkenntnis des Bewusstseins Grenzen gesetzt.

Der Begriff Bewusstsein soll verdeutlichen, wie schwer sich die Wissenschaft mit Phänomenen tut, die weder umfassend erklärt noch falsifizierbar sind und - obwohl sie vorhanden sind und ihre Wirkungen in der Realität entfalten - entweder verworfen oder überhaupt nicht zur Kenntnis genommen werden.

Die Evolution des Leibes, insbesondere des Gehirns des Menschen, ermöglicht die differenzierte Erfassung des leiblichen Zustandes und dessen synonymer Darstellung in Form raumzeitlicher Muster. Infolge des umfangreicheren zeitlichen Fensters des Jetzt können die aktualen Zustände des Leibes, deren raumzeitliche Muster von diesem fokussiert und mit einem Symbol/Begriff zur Einheit des 'Ich bin' transformiert werden. Dieser spezielle Prozess der Fokussierung erzeugt für das 'Ich bin' dessen bewusste Wahrnehmung von Ereignissen oder, anders ausgedrückt, die Erkenntnis über ihr in Erscheinung Treten in der Realität. Somit bewirkt die bewusste Wahrnehmung der roten Rose, zum einen die Fokussierung des Leibes auf seinen aktualen Zustand und zum anderen auch und parallel dazu die Verknüpfung mit früheren Zuständen des Leibes (raumzeitlichen Mustern), die mit der roten Rose assoziiert sind, zu dem umfassenden Ereignis mit seinem individuellen Erlebnisgehalt.

So erzeugt, in dem Beispiel von Beckermann, der Schluck Wein ein ganz spezielles raumzeitliches Muster, ebenso wie das Pfefferminzbonbon und der anschließend getrunkene Wein. Die Trägheit des Geschmackssinns bedingt, dass die unterschiedlichen bewussten Wahrnehmungen sich überlagern und ein Ereignis in der Realität zur Erscheinung gelangen lassen, dessen Geschmack - aktualer Zustand des Leibes - alles andere als ein *genussreiches Erlebnis* im Sinne des 'Ich bin' ist. Ungeachtet dessen, ob die aus dem Experiment resultierende Erkenntnis neu oder bereits in ähnlicher Weise erlebt worden ist, wird der aktuale Zustand des Leibes mit ähnlichen raumzeitlichen Mustern bzw. Informationen über Ereignisse der Vergangenheit, den Informationsgehalt, zur Einheit des 'Ich bin' transformiert, infolgedessen es das Ereignis zur Kenntnis nimmt. Abschließend eines der am häufigsten diskutierten und zitierten Beispiele, der Wissenschaftlerin Mary:

> „Mary ist eine brillante Wissenschaftlerin, die, aus welchen Gründen auch immer, gezwungen ist, die Welt von einem schwarz-weißen Raum aus mithilfe eines schwarz-weißen Fernsehmonitors zu untersuchen. Sie spezialisiert sich auf die Neurophysiologie des Sehens und eignet sich, wie wir annehmen wollen, alle physikalischen Informationen an, die verfügbar sind, über dass, was passiert, wenn wir reife Tomaten oder den Himmel sehen, und Begriffe, wie ,rot', ,blau', usw. benutzen. Sie entdeckt zum Beispiel, welche vom Himmel ausgehenden Wellenlängen-Kombinationen genau die Netzhaut stimulieren, und wie genau dies mithilfe des zentralen Nervensystems ein Zusammenziehen der Stimmbänder und Ausstoßen von Luft aus der Lunge hervorruft, das zur Äußerung des Satzes ,Der Himmel ist blau' führt. [...] Was wird passieren, wenn Mary aus ihrem schwarzweißen Raum gelassen wird oder wenn man ihr einen Farbfernseher gibt? Wird sie etwas lernen oder nicht?"[209]

Was geschieht, wenn Mary die Welt auf einem schwarz-weiß-Monitor sieht? Einfallendes Licht wird im Auge durch die Iris fokussiert und auf die Netzhaut geworfen, wobei die Iris je nach Helligkeit die Blende und damit die Menge des einfallenden Lichtes reguliert. Die Netzhaut besitzt Sensoren, die für unterschiedliches Licht sensibilisiert sind, und über chemische Reaktion werden Impulse erzeugt und an das Farbzentrum des Gehirns weitergeleitet. Mary sieht folglich die Welt schwarz-weiß und ist somit überhaupt nicht in der Lage, Farbe wahrzunehmen. Die Frage, die aufgeworfen wird, lautet: Wenn Mary alles über das Sehen weiß, was es in der Wissenschaft über diese Thematik zu wissen gibt, sie selbst aber nie Farben gesehen hat, lernt sie dann etwas Neues, wenn sie zum ersten Mal Farben sieht? In dem geschilderten Fall würde Mary - nach Verlassen des Raumes - anstatt einer 'Farbwahrnehmung' nur ein verändertes schwarz-weißes Bild wahrnehmen.

Wird Mary jetzt mit dem realen blauen Himmel konfrontiert, erzeugen die einfallenden Lichtteilchen, wie zuvor, ein raumzeitliches Muster, das in der bewussten Wahrnehmung von Mary mit bereits zuvor gespeicherten Zuständen des Leibes - das Sehen des Himmels auf dem Monitor, die Information aus Fachbüchern über das Sehen - zu dem tatsächlichen in ihrer Erkenntnis aufscheinenden Ereignis transformiert wird. Ihr Ausruf: „Der Himmel ist blau!" wird ausbleiben oder sich auf ein 'Blau' beziehen, das kaum mehr als ein durch das reale Sonnenlicht hervorgerufenes modifiziertes schwarz-weißes Ereignis ist.

Im Sinne des Physikalismus darf Mary infolge ihrer Farbwahrnehmung nichts Neues lernen. Lernt sie etwas Neues, dann ist geistiges Erleben nicht ausschließlich auf physikalische Erklärungen reduzierbar und somit ein Beweis für das Mentale. Zudem würde sie ein Wissen erwerben, wenn sie den Himmel in Blau sieht; das Wissen von der Qualia des Blausehens. Qualia wären demnach reale Eigenschaften, weil es Unterschiede zwischen dem 'Ich bin' im Zugang zu bestimmten Qualia gibt.

Das Blau des Himmels ist nur deshalb blau, weil das Kind den Zustand des Leibes, bei der Wahrnehmung des blauen Himmels, mit dem Begriff (Symbol) Blau, der ihm zuerst von der Mutter vorgesagt wird, zu einem umfassenden Ereignis transformiert: Das Blau des Himmels ist eine Konvention der Spezies Mensch, die ähnliche Zustände des Leibes, der Wahrnehmung, explizit mit einem Begriff oder Symbol zur Einheit des 'Ich bin' transformiert. Dennoch wird jedes 'Ich bin' das Blau des Himmels individuell, also subjektiv als Ereignis wahrnehmen. Für ein 'Ich bin', dessen bewusste Wahrnehmung des Himmels stets mit dem Begriff Tomate assoziiert worden ist, wird der Himmel stets tomatig aussehen bzw. das *Tomate des Himmels* sein.

Was den Beweis für das 'Mentale' betrifft, sofern Mary etwas Neues lernen sollte, so ist dazu zu sagen, dass die Idee, das Kreative, Schöpferische des Menschen in diesem Sinn ein rein mentaler Prozess ist und somit der Physikalismus bzw. dessen physikalische Beschreibung von mentalen Zuständen vollständig wäre. Dazu ein Beispiel: Die Wahrnehmung eines runden Dings, eines warmen Ofens etc. wird explizit als leibliche Zustand in Form raumzeitlicher Muster im Gehirn des Menschen abgebildet. Mit anderen Worten: Jeder leibliche Zustand ist im Informationsgehalt des Menschen gespeichert, somit abrufbar (erinnerbar, wenn er in den Fokus des Leibes gerückt wird) und für das individuelle 'Ich bin' determiniert, d. h., explizit mit einem Begriff verknüpft. Wird die betreffende Wahrnehmung modifiziert, so wird der aktuale Zustand des Leibes neu, mit den veränderten Details, transformiert und somit dem Informationsgehalt hinzugefügt. Wird jetzt z. B. bei der Betrachtung einer Kugel, anhand von unbewussten Kriterien bzw. Assoziationen, in der bewussten Wahrnehmung fälschlicherweise, aufgrund bestehender Lichtverhältnisse, die Vorstellung eines Rades als Ereignis zur Erscheinung gebracht, so muss diese Vorstellung, deren raumzeitliches Muster erneut mit einem Symbol zur Einheit des 'Ich bin' transformiert werden. Vorstellungen sind bewusste Wahrnehmungen und basieren auf Ereignissen des Informationsgehaltes des 'Ich bin', dessen spezieller Kategorie. In Bezug auf den Informationsgehalt (Wissen) des Jetzt des Menschen existiert kein unvollständiger Informationsgehalt; er ist stets vollständig determiniert oder, anders ausgedrückt: Er spiegelt den aktualen Zustand des Leibes explizit wider. Der Begriff mental steht synonym für die fokussierte Wahrnehmung des Leibes, die mit einem Symbol, dem decodierten Informationsgehalt des raumzeitlichen Musters, zur Einheit des 'Ich bin' transformiert und somit dem Informationsgehalt der 'Ich-bin-Kategorie' hinzugefügt wird. Der Prozess lässt sich veranschaulichen mit der bewussten Wahrnehmung eines Baumes, der in den Fokus des Leibes, des 'Ich bin' gerät und explizit als Weiden- oder Buchenbaum in der Kategorie des 'Ich bin' als erinnerbarer Informationsgehalt in Form eines Engramms abgespeichert wird. Die Sprachentwicklung des Menschen wiederholt auf höherer oder komplexerer Ebene die Evolution des Kosmos.

Qualia, also die subjektiven, mentalen Zustände von Erlebnisgehalten, spiegeln den vom Leib fokussierten aktualen Zustand des Leibes wider, der beim Menschen aufgrund seines größeren zeitlichen Fensters (umfangreichere Information) des Jetzt zu dem komplexen raumzeitlichen Muster führt, welches das 'Ich bin' als mentalen Zustand eines Erlebnisgehaltes bezeichnet. Anders formuliert: Der mentale Zustand eines Erlebnisgehaltes ist das im aktualen Jetzt des 'Ich bin' zur Erscheinung kommende Ereignis, welches die aktuale Wahrnehmung des Leibes, anhand zumeist unbewusster Kriterien mit einem Ereignis als Informationsgehalt des 'Ich bin', der 'Ich-bin-Kategorie', zu dem Ereignis, der Erkenntnis im Jetzt transformiert.

Die Unterteilung der Wahrnehmung des Leibes in bewusste und unbewusste Transformationen bzw. die Trennung in physikalische und/oder mentale (rein Leibliche und die der 'Ich-bin-Kategorie') Beschreibungsweisen der inneren Zustände gründen auf den subjektiven Sichtweisen des 'Ich bin' und beschreiben grundsätzlich Zustandsweisen des Leibes. Die Frage, ob die physikalische oder mentale Interpretation der Realität entspricht, stellt sich überhaupt nicht, weil sie beide Aspekte einer einzigen, umfassenden Einheit, der des Leibes und infolgedessen, bei der Fokussierung des Leibes auf ein Ereignis, des 'Ich bin' sind. Analog dem Prozess der Transformation, der als Wirkkraft des Kosmos die Einheit der Transformation und die Information über diese Transformation umfasst, wird aus einem Freiheitsgrad stets explizit eine duale Information erzeugt; die Entitäten (Seiende) und deren Informationsgehalt. Dem entspricht das raumzeitliche Muster als Ausdruck des leiblichen Zustandes des Menschen, der mit einem Symbol - das gleichfalls ein raumzeitliches Muster ist - zur Einheit des 'Ich bin' transformiert wird und damit für das 'Ich bin' als Ereignis in der Realität in Erscheinung tritt.

Der dritte Grenzbereich markiert die Phase, in der das Intervall des Jetzt des Menschen ein so umfangreiches zeitliches Fenster aufweist, dass mehrere Zustände des Leibes zu einer einzigen, umfassenden bewussten Wahrnehmung transformiert werden können. Das Problem, das sich dem 'Ich bin' stellt, ist seine begrenzte Erkenntnisfähigkeit in Bezug auf die Wahrnehmung bzw. Transformationen des Leibes. Der 'Flaschenhals' des Intervalls des Jetzt begrenzt den Informationsgehalt eines Ereignisses und deshalb bleibt ihm die umfassende Einheit der raumzeitlichen Muster des Leibes verborgen, und was ihm in der Erkenntnis aufscheint ist dessen Konzentrat.

Anhang

A: Über die Evolution

Wie die Sonne und ihre anderen Planeten ist die Erde vor etwa 4,6 Milliarden Jahren aus der Verdichtung des Sonnennebels entstanden. Wissenschaftler nehmen heute allgemein an, dass sie während der ersten 100 Millionen Jahre einem intensiven Bombardement (Planetesimal-Hypothese[211]) von Asteroiden ausgesetzt gewesen ist. Durch die kinetische Energie der Impakte während der schweren Einschläge und durch die Wärmeproduktion des radioaktiven Zerfalls hat sich die junge Erde erhitzt, bis sie größtenteils aufgeschmolzen ist. In der Folge kommt es zu einer gravitativen Differenzierung des Erdkörpers in einen Erdkern und einen Erdmantel.

Die Erde vor vier Milliarden Jahren: Vulkane schleudern giftige Gase und Gesteinsbrocken in die dünne Atmosphäre. Hin und wieder schlagen Asteroiden ein, die das Ozeanwasser zum Kochen bringen. Auch in der Tiefe des Urmeeres bietet sich ein aufgewühltes Bild: Aus bizarren Schloten, sogenannten 'Schwarzen Rauchern', strömt eine heiße Flüssigkeit. Sie enthält Gase und Minerale, ein Chemiecocktail, aus dem mit der Zeit erst einfache, dann stets komplexere organische Verbindungen entstehen. Lebende Zellen bilden sich, welche sich fortbewegen und vermehren.

Wissenschaftler gehen derzeit von der These aus, dass Leben nur in einer reduzierten Atmosphäre entstehen kann, weil nur in dieser Umgebung chemische Reaktionen möglich sind, die für die Bildung von 'präbiologischen' Molekülen wie Nucleotiden und Aminosäuren notwendig sind und als Vorstufe der belebten Materie gelten. Molekularer Sauerstoff z. B. wäre in dieser Phase der Evolution Gift für die auf Kohlenstoff basierenden Moleküle gewesen; er hätte sie zersetzt.

Die Frage, wann genau die ersten Organismen aufgetreten sind, ist von der Definition des Lebens selbst abhängig. Ein Virus ist nicht viel mehr als eine Sammlung unbelebter Chemikalien, solange er sich außerhalb einer Zelle befindet. Soll Leben jedoch als Fähigkeit definiert werden, dass es chemische Bausteine zur Reproduktion nutzbar machen kann, dann wird das Virus belebt, sobald es in die Zelle eines höheren Organismus eindringt. Heute gilt eine Struktur als lebendiger Organismus, wenn er zur Selbstreproduktion fähig ist. Kein Zweifel besteht darüber, dass nach etwas mehr als einer Milliarde Jahre nach der Entstehung der Erde bereits mikroskopisch kleine einzellige Organismen, die Ähnlichkeiten mit den Bakterien aufwiesen, existiert haben, wie jüngste Entdeckungen in Südafrika zu beweisen scheinen.[212]

Die Weiterentwicklung der ersten Organismen zur eukaryotischen Zelle[213] und den Vielzellern hat einen Zeitraum von zwei Milliarden Jahren umfasst. Die mögliche Folgerung aus den so unterschiedlich langen Zeitspannen, dass der Übergang von nicht-biologisch-organischen (kohlenstoffhaltiger Materie) zu einfachen Organismen wesentlich problemloser vollzogen werden kann als die folgende Stufe zu den einzelligen Bakterien und Vielzellern, ist umstritten, weil die Spuren der ersten Jahrmilliarden, in Bezug auf das Leben, durch geologische Aktivitäten (Umschichtungen, Vulkanausbrüche etc.) restlos vom Erdboden getilgt worden sind. Hinzu kommt, dass die ersten Lebensformen vermutlich als weichzellige Bakterien existiert und deshalb keine fossilen Zeugnisse hinterlassen haben.

Vor 2,5 Milliarden Jahren beginnt das spannendste Kapitel der Erdgeschichte: die chemische Umwandlung der sauerstofflosen Gashülle in die heutige Atmosphäre. Eine Milliarde Jahre nach den ersten Organismen verändern im Wasser heimische Cyanobakterien[214] die Lebensbedingungen auf der gesamten Erde entscheidend. Diese winzigen Einzeller nutzen das Sonnenlicht zur Fotosynthese und setzen dabei als Abfallprodukt Sauerstoff frei.

Es folgt eine Zeit (Ordovizium[215]), in der sich wirbellose Lebewesen ausgebreitet haben: Meerestiere mit mineralisierten Skeletten und Schalen, Cephalopoden[216] und Mollusken, ebenso Seesterne, Korallen und die ersten Vorfahren der Fische. Sie sind in den Meeren geblieben, bis die Atmosphäre dicht genug war, um vor der tödlichen Sonnenstrahlung zu schützen.

Vor 500 Millionen Jahren beginnen die Blaualgen das Land zu erobern, indem sie mühsam und unter großen Opfern in den Schlammebenen der Bäche und Flüsse um ihr Dasein kämpfen. Trotzdem sind die eukaryotischen Zellen gegenüber den Bakterien im Vorteil, weil sie den freien Sauerstoff nutzen und ihre Energieproduktion damit um das 19-fache zu steigern in der Lage sind. Dieser evolutionäre Schritt fördert die Entwicklung höherer Lebewesen wie Trilobiten[217] und anderer bewegungsarmer Organismen, z. B. Brachiopoden[218]. Neue Eigenschaften müssen ausgebildet und kontinuierlich an neue Umweltbedingungen angepasst werden.

Die ersten tierischen Siedler sind vermutlich die Skorpione (Arthropoden[219]), zu denen auch die Krebse und Insekten gehören. Der Vorfahre der Landwirbeltiere ist der Fisch. Im Verlauf der Devon/Karbon-Zeit[220] werden die Süßwassergebiete seicht und sauerstoffarm und einige der an Land lebenden Tiere kehren in den Ozean zurück und verändern ihre Lungen in hydrostatisch nutzbare Schwimmblasen.

Die an Land Zurückgebliebenen kämpfen sich auf dem Grund von Tümpeln von einem Wasserplatz zum nächsten, wobei sie Luft schlucken müssen und darin eine stets größer werdende Fertigkeit entwickeln; sie evolvieren zu Amphibien, kurzschwänzigen Alligatoren.

Vor ungefähr 270 Millionen Jahren kommt der große Abschied vom Ozean. Mit ihm vollzieht sich der Übergang von den vierfüßigen Amphibien zu den Reptilien, die kräftigere Beine, stärkere Herzen und Lungen besitzen, die Entwicklung von Eiern mit harter Schale, abgeschlossenen Kapseln, die Nahrung in Form von Dotter und Eiweiß enthalten. Im Gegensatz zu den Amphibien werden die Eier der Reptilien im Körper des Weibchens befruchtet und sind von einer Fruchtblase (Amnion) umgeben. Die Fortpflanzung des Menschen beruht auf dem gleichen Prinzip und sogar die Nährflüssigkeit erinnert an das salzige Meer.

Vor 200 Millionen Jahren wird das Klima wüstenähnlicher. Die ersten Dinosaurier tauchen auf und gleichzeitig ist es eine Epoche großer geologischer Umwälzungen. Eigenständige Lebensbereiche entstehen, in denen die Bewohner unter unterschiedlichen Bedingungen zahlreiche Ähnlichkeiten im Körperbau herausgebildet haben, während sich unter denselben Voraussetzungen nahezu Gegensätzliches entwickelt hat. Mit dem Untergang der Saurier vor 65 Millionen Jahren beginnt der Siegeszug der Säugetiere, in deren Gefolge auch der Mensch (Homo sapiens) auf der Plattform des Lebens erscheint.

Gemessen an der Zeit von der Entstehung des Sonnensystems bis zu dem Zeitpunkt, an dem das 'Ich bin' das Licht der Welt erblickt hat, erscheint der Mensch, wenn als Maßstab ein Tag zugrunde gelegt wird, nur wenige Sekunden vor Mitternacht.

Abschließend ein Wort zur modernen Evolutionstheorie selbst. Einige Zweifler behaupten, dass sie nur zu erklären versuche, wie Organismen sich entwickeln bzw. in der Vergangenheit entwickelt haben, aber die Erklärung schuldig blieben, weshalb sie überhaupt entstanden sind. Rätselhaft erscheinen auch die Evolutionssprünge, die aus heutiger Sichtweise nicht mehr nachvollzogen werden können. Die Biologie beschäftigt sich mit lebenden Organismen. Ihr Material ist gerade deshalb kein in Experimenten zu kontrollierendes und beliebig reproduzierbares Element, sondern einzigartig, individuell und nach modernen Wissenschaftskriterien nicht falsifizierbar.

Für J. Monod (1910-1976) ist die Wahrscheinlichkeit für die Entstehung des Lebens auf der Erde so gering, dass es sich im gesamten Kosmos nur einmal ereignet hat. Er vertritt die Ansicht, dass der Zufall - Auftreten von Mutationen und Selektion - die natürliche Auslese regelt. Ich selbst betrachte das Wirken des Zufalls bei der Entwicklung des Lebens (neo-darwinistische Tradition) als einen eher untergeordneten Faktor, der trotz seiner Bedeutung für die Evolution, weit überschätzt wird.

Der Evolutionsbiologe R. Dawkins (1941) vertritt die These, dass nicht das Individuum oder die Art von Interesse sei, sondern das Gen, die Erbeinheit. Aus diesen Gründen befinden Wissenschaftler wie C. Taylor (1931) die Theorie der natürlichen Auslese für nicht ausreichend, um die Evolution in ihrer Ganzheit zu erklären. Sie halten deshalb die Möglichkeit einer 'lenkenden' Kraft für realistisch. F. Cramer (1923-2003) führt hierzu an, dass bei Proteinen ein falsches Glied in der Kette den Phänotyp unbrauchbar macht. Die Präzision dafür liegt bei 1000:1 und deshalb ist der Grad der Ordnung der Makromoleküle allein auf der Basis von aus uranfänglichen Sequenzen, durch natürliche Auslese entwickelten genetischen Steuerungen nicht erklärbar. Außerdem ist für die zufällige Entstehung von biologischer

Information, z. B. bei der spontanen Synthese eines DNS-Moleküls, trotz des Alters des Kosmos nicht ausreichend Zeit vergangen, um es hervorzubringen.

Zahlreiche Wissenschaftler argumentieren mit plötzlichen strukturellen Umwandlungen, die aufgetreten sind, dem Fehlen von Fossilien, dem mysteriösen Aussterben vieler Arten die Variation und die Geschwindigkeit, mit der die Evolution bisher verlaufen ist etc. Dazu lassen sich - wie bei jeder Diskussion - weitere Ungereimtheiten in Bezug auf die Evolution des Lebens anführen, um ihr eine lenkende Kraft bzw. einen schöpferischen Willen zugrunde legen zu können.

Der skizzenhafte Exkurs in die Biologie bzw. die Evolution des Lebens auf der Erde soll aufzeigen, wie einfach es im Grunde ist, Theorien mit 'haltlosen' Hypothesen in das wissenschaftlich korrekte Licht zu rücken, wobei ihre Urheber die dafür erforderlichen Beweise selbst schuldig bleiben. Als Beispiel will ich die von R. Sheldrake (1942) postulierten 'morphischen Felder' heranziehen, die bewerkstelligen sollen, wozu die Evolution des Lebens selbst nicht in der Lage ist. Wie diese unterliegen die morphischen Felder einer Evolution, besitzen darüber hinaus ein Gedächtnis und sind für die Vererbung erworbener Eigenschaften verantwortlich. Weshalb, so frage ich mich, für jede Art ein spezielles Feld in die Evolution einführen, welches für ihre Entwicklung von wesentlicher Bedeutung sein soll, anstatt die auf Umwegen in die Theorie der Evolution eingeführten Möglichkeiten den Arten zuzuschreiben, die sie übrigens selbst sämtlich besitzen, und deshalb die morphischen Felder sehr gut entbehren können bzw. es seit ihren Anfängen tun.

B: Über das Dao

Das Herkommen sowohl der Lehrweisheit als auch des Begriffs 'Dao' verliert sich im Dunkeln. Die ursprüngliche Bedeutung, die von Konfuzius (551-479 v. Chr.) verwendet wird, ist *Weg* bzw. *Weg der guten alten Könige* oder auch *Weg zum ewigen Leben*, und deshalb wird die Lehre vom Dao auch dem legendären Gelben Kaiser Huáng Dì (2696 bis 2598 v. Chr.) zugeschrieben. Mit der Erweiterung des Begriffs wird das Dao nicht nur zum Weg des Kosmos, sondern auch zum Urgrund von dessen Ursprung; dem Unerschaffenen, das alles erzeugt. Dazu Zhuang Zhou:

> „Der Weg hat Eigenschaften und Evidenz, jedoch kein Handeln und keine Form. Er lässt sich übermitteln, aber nicht empfangen. Er existiert wahrlich in alle Ewigkeit von seiner Wurzel, seinem Stamm her, bevor Himmel und Erde waren. Er haucht den Dämonen und Göttern den Geist ein, gebiert Himmel und Erde. [...] Er geht Himmel und Erde voraus und ist doch nicht alt, er ist älter als das älteste Altertum und doch nicht betagt.“[221]

Es ist die transzendentale 'Erste Ursache', die uranfängliche Einheit; unbeschreiblich, zeitlos und das alles durchdringende Prinzip des Kosmos. Und Lao-tzu über das Dao:

> „Könnten wir weisen den Weg, es wäre kein ewiger Weg. Könnten wir nennen den Namen, es wäre kein ewiger Name. Was ohne Namen, ist Anfang von Himmel und Erde; was Namen hat, ist Mutter der zehntausend Wesen.“[222]

Und als Vergleich:

> „Ich bin [...] Osiris. Ich bin aus dir hervorgegangen, Korn. Ich bin hineingegangen

in dich, ich bin fettgeworden in dir, ich bin gewachsen in dir, ich bin in dich gefallen [...] so daß die Götter von mir leben. Ich lebe als Korn, ich wachse als Korn, das die Ehrwürdigen einbringen, mich bedeckt Geb (der Erdgott). Ich lebe, ich sterbe, ich vergehe nicht."[223]

Diese Worte sind von einem ägyptischen Toten gesprochen worden und er gibt im Bild der Vegetation ein Überdauern des Lebensprozesses wieder, welches jenseits der beiden Pole von Leben und Sterben angesiedelt ist, wobei das Korn als Symbol für eine psychische Struktur steht, die auf einen mystischen kontinuierlichen Prozess verweist. In der ägyptischen Anschauung verschmelzen der Ka (Schatten, Doppelkörper) und der Ba (geistige Individualität, Seele) des Toten zu einer Einheit, und damit wird die Existenz im Jenseits zur Einswerdung mit der ihn umfassenden göttlichen Entität. Die duale Struktur des Kosmos prägt sowohl die Realität der Erscheinungen als auch die sie bedingende Vergangenheit, was in der ägyptischen Vorstellungswelt unmissverständlich zum Ausdruck gelangt.

So lehrt z. B. der Gnostiker S. Magnus (Gest. 65), der von Heraklit entscheidend beeinflusst worden ist:

„Die Behausung aber, sagt er, sei dieser unser aus Blut gezeugter Mensch, und es wohne in ihm die unbegrenzte Kraft, die er die Wurzel des Alls nennt. Es ist aber die unbegrenzte Kraft, nämlich das Feuer, nach Simons Lehre nichts Einfaches, wie die meisten Menschen von den vier Elementen sagen, sie seien einfach, und das Feuer für einfach gehalten haben, sondern das Feuer habe gewissermaßen eine doppelte Natur, und an dieser doppelten Natur nennt er das eine etwas Verborgenes, das andere etwas Sichtbares."[224]

Mit anderen Worten: Die Information über den Prozess der Transformation ist das Wissen (Bewusstsein) um die Realität der Entitäten (Seienden).

Die wenigen Beispiele zeigen, dass der Mensch seit der Frühzeit, hinter der materiellen Realität, der Welt der Erscheinungen, einen unsichtbaren Bereich am Wirken sieht, der mit Gott, später mit Psyche oder Bewusstsein bezeichnen worden ist. Die sichtbare Realität bildet gleichsam die Oberfläche eines umfassenden Daseins, das den Menschen als Teil der Schöpfung im Tode nicht dem Vergessen anheimfallen lässt, sondern ihn - je nach Vorstellung - verwandelt.

Ob der Verstorbene wie bei den Maya im Stamm selbst zur Wiedergeburt gelangt, um die Fruchtbarkeit von Pflanzen und Tieren zu garantieren, oder ob er in ein göttliches Jenseits, das Nirvana, eingeht, ist in Bezug auf die duale Struktur des Kosmos ohne Belang. Von Bedeutung ist, dass bereits in der Frühzeit der Evolution des Menschen die Vorstellung existiert hat, dass hinter den materiellen Erscheinungen eine unsichtbare Realität verborgen und am Wirken ist.

C: Über Transzendenz

Anhand des Begriffs *Transzendenz* lässt sich die Diskussion um die Verstehbarkeit der Realität in ihrem gesamten Spektrum aufzeigen. Ich betrachte dazu die beiden westlichen Hauptströmungen, Realismus und Empirismus: Ersterer wird z. B. von Platon, G. W. Leibnitz und R. Descartes vertreten und geht von der Behauptung aus, dass das 'Ich bin' allein durch das Denken Erkenntnisse über die Realität erlangen kann. Im Gegensatz dazu antwortet der Empirismus, der von J. Locke, G. Berkeley und D. Hume ausgearbeitet worden ist, dass Erkenntnis für das 'Ich bin' nur aus der Erfahrung gewonnen werden kann. I. Kant vereint die beiden Richtungen, indem er behauptet hat:

> „Daß alle unsere Erkenntnis mit der Erfahrung anfange, daran ist kein Zweifel. [...] Wenn aber gleich alle unsere Erkenntnis mit der Erfahrung anhebt, so entspringt sie darum doch nicht eben alle aus der Erfahrung."[225]

Die sogenannte kopernikanische Wende hat das Augenmerk des 'Ich bin' darauf gelenkt, wie sein kognitives Bewusstsein arbeitet, und sie hat damit ein philosophisches System geschaffen, das die gesamte westliche Philosophie beeinflusst hat, den *Transzendentalen Idealismus*.

Daraus folgt: Der Mensch muss Erfahrungen machen, um überhaupt Wissen zu erlangen. Jedoch ist sein Bewusstsein in der Lage, logische Schlussfolgerungen zu ziehen, welche mit keiner neuen Erfahrung des Leibes und infolgedessen des 'Ich bin' verknüpft sein müssen. Diese Erkenntnisweise wird als a priori (vom Früheren her) bezeichnet, während a posteriori (von dem, was nachher kommt) die aus der Erfahrung gewonnene Erkenntnis beschreibt. Somit unterscheidet Kant zwischen der *Welt der Erscheinungen* und dem *Ding an sich* als getrennte Realitäten, wobei er davon ausgeht, dass von dem 'Ding an sich' keine Erfahrung möglich bzw. sie dem 'Ich bin' nicht zugänglich ist, weil es die Fähigkeiten der Wahrnehmung des Leibes überschreitet. Es erfährt von dem Ding an sich Wirkungen und wird deshalb in Bezug auf die Erkenntnis auf den individuellen Schauplatz des Denkens beschränkt.

Spätere Philosophen wie G. Hegel und F. Nietzsche distanzieren sich von Kant und dessen Rationalismus. Nietzsche, indem er das Ding an sich völlig leugnet, es als nicht existent annimmt. Nicht mehr die Suche nach der Wahrheit ist von Bedeutung, sondern die Welt der Erfahrungen und deren Befriedigungen für das 'Ich bin'. Außerdem soll das

'Ich bin' sich von sämtlichen moralischen Konzeptionen befreien; dann - so folgert Nietzsche - bleiben nur die reine Form und Struktur.

Die Erkennbarkeit der Realität bzw. die Suche nach der ihr zugrunde liegenden Wahrheit wird heute ebenso kontrovers diskutiert wie zu ihrem Beginn. Dazu abschließend K. Jaspers (1883-1965):

> „Das Umgreifende der Welt ist das, was in seinem dunklen Sein durch nichts deutlicher werden kann. Es ist der Ursprung aller Realität dessen, was wir Materie nennen. [...] Sobald wir es erkennen, fassen wir es gegenständlich in ihm zugehörende Kategorien, in Raum und Zeit, Kausalität und Dinghaftigkeit usw. [...] Das umgreifende Weltsein spricht zu uns durch die Sprache der Erkennbarkeit der Erscheinungen, Transzendenz durch die Sprache der Chiffren[226] [...] Das Umgreifende der Welt ist nur im Transzendieren zu berühren, nicht im Wissen zu fassen. Dennoch ist für ihn 'Die Welt' grundsätzlich begreiflich."[227]

Jaspers spricht hier stellvertretend für die Vertreter der Existenzialisten, die Induktion nur in der materiellen Realität für wissenschaftlich gerechtfertigt erachten, sie in der transzendenten Erfahrung deshalb verwerfen, weil die Verallgemeinerung von Erfahrungen der Realität auf die sie bedingenden Gesetzmäßigkeiten für sie nicht gangbar ist.

Meiner Meinung nach ist der Kosmos für das 'Ich bin' mit jedem Jetzt umfassender begreifbar, trotz der Unmöglichkeit, ihn als Einheit wahrzunehmen. Gerade die Vielfältigkeit der bewussten Wahrnehmung, die dem 'Ich bin' als Erkenntnis aufscheint, zwingt es zu dem Schluss, das stets dieselben Gesetzmäßigkeiten in Erscheinung treten und die Evolution des Kosmos bedingen und prägen.

D: Über Suizid

An dieser Stelle noch ein Wort über die Auswirkungen, die die Reduzierung des Informationsgehaltes auf den Prozess der Transformation für das 'Ich bin' hat. Grundsätzlich besitzt jedes 'Ich bin' seinen individuellen Informationsgehalt; deshalb ist sein Tun subjektiv. Gleichzeitig ist die Transformation - folglich auch sein Tun in der Außenwelt - mit Kriterien verwoben, sodass die Ereignisse, die ihm als Erkenntnisse zuteilwerden, stets einen Bezug zu seiner Erhaltung aufweisen.

Analog der Differenzierung des Leibes hat sich das (Ur-)Kriterium spezifiziert und ist innerhalb des Informationsgehaltes des Leibes und damit auch der 'Ich-bin-Kategorie' die Instanz, die Erkenntnisse des Leibes, des 'Ich bin', mit Wertungen bzw. Urteilen versieht, die für dessen Tun mitverantwortlich zeichnen. Unabhängig von den moralischen Gegebenheiten seines Umfeldes ist jedes 'Ich bin' bestrebt, seine Existenz so lange als möglich im Dasein zu erhalten und infolgedessen ist sein gesamtes Tun auf dieses Ziel hin ausgerichtet. Die Transformation eines Ereignisses mit einer Wertung zur Einheit des 'Ich bin' gründet auf demselben Prozess wie das subjektive Erlebnis (Qualia); es fühlt sich auf besondere Weise an. Die Beurteilung des Tuns eines Anderen basiert auf der bewussten Wahrnehmung eines dem 'Ich bin' zur Erkenntnis gelangten ähnlichen Ereignisses, das dessen Tun möglichst explizit wiedergibt - spiegelt. Das heißt: Ein früheres, bewusst wahrgenommenes Ereignis wird aufgrund des Tuns eines Anderen erneut in den Fokus des Leibes gerückt und erzeugt ein modifiziertes, dem aktualen Jetzt angepasstes Ereignis.

Wie vielfältig die differenzierte (individuelle) Erkenntnis in Bezug auf ein Tun sein kann, erlebt das 'Ich bin' täglich in Diskussionen, die bis zu kriegerischen Auseinandersetzungen - aufgrund unterschiedlicher Überzeugungen - führen können. Sondiert es in diesem Zusammenhang die ihm bekannten und/oder zugänglichen geschichtlichen Fakten, so wird der Einfluss des kulturellen Umfeldes auf dessen Tun mehr als deutlich. Überzeugungen, Vorstellungen, die Verhaltensweisen bewirken, die früher alltäglich waren und heute als unmenschlich, grausam und verachtenswert angesehen werden und deshalb heute zu Recht unter Strafe stehen, legen nicht nur Zeugnis der Mannigfaltigkeit des Seienden ab, sondern im gleichen Maße dessen Wandlungsfähigkeit.

Verantwortlich dafür ist die Individualisierung der Entitäten (des Menschen), deren 'Differenzierung', zu der die Reduzierung des Informationsgehaltes, in Bezug auf die Transformation, einen nicht unerheblichen Beitrag geleistet hat. Der Preis, den die komplexe Entität für ihr wahrscheinlich gesichertes Dasein bezahlen muss, resultiert in der möglicherweise weniger optimalen Transformation in Bezug auf das Tun des 'Ich bin'. In Anbetracht der Vielzahl an parallel ablaufenden Transformationen, die zu jedem Zeitpunkt des Jetzt, wie das unaufhaltsame Ticken der Uhr, den Leib und damit das 'Ich bin' modifizieren und ein Tun bedingen, das sein Dasein von einem Intervall zum nächsten nicht nur gewährleistet, sondern mit hoher Wahrscheinlichkeit sichert, kann bereits eine untergeordnete und nicht optimale Transformation den Untergang heraufbeschwören. Die Fehlerrechnung ist dafür Beweis genug. Ich möchte auch diesen Aspekt anhand eines Beispiels verdeutlichen.

Wenn der Mond bei jeder nicht optimalen Transformation einen unbedeutenden Stoß erhalten würde, beschleunigte die kontinuierliche Energiezufuhr ihn auf eine stets elliptischere und/oder größere Umlaufbahn, und, weil diese Beschleunigung nur durch eine Ausgleichsbewegung in die entgegengesetzte Richtung kompensiert werden kann, analog einem Pendel, das aus seiner Ruhelage gebracht wird und, über seinem Ruhepunkt hin und her schwingt, bis die Reibung mit der Luft es allmählich wieder zum Stillstand bringt, bedarf es dieser Korrektur im Tun des

'Ich bin'. Geschähe dies nicht, würde der Mond bei ausreichender Beschleunigung die Erdumlaufbahn verlassen und die Erde, ebenso wie im Falle des 'Ich bin', ins Chaos bzw. den Suizid stürzen. Daraus folgt: Bereits eine weniger optimale Transformation kann den Leib, das 'Ich bin' beständig tiefer in einen Zustand manövrieren, an dessen Ende der Suizid steht, der - obwohl er die im aktualen Jetzt als optimale (vom Los des Daseins erlösende) Transformation verkörpert - den entgegengesetzten Pol des (Ur-)Kriteriums markiert. Folgende Redewendungen stehen synonym für dieses Tun:

> „Eine Lüge zieht die andere nach sich."[228]

Und:

> „Die Lüge ist das wichtigste und meistverwendete Werkzeug der Selbsterhaltung."[229]

Jede nicht optimale Transformation bringt den Leib und somit auch das 'Ich bin' von seinem ursprünglichen Pfad ab, zwingt es zu stets größeren Kompensationen und gefährdet in zunehmendem Maße die Erhaltung seines Daseins. Die Folgen sind ebenso komplex wie die Struktur des Leibes des Homo sapiens und führen von der einfachen Erkrankung des Leibes über den harmlosen Sonderling bis zu den abnorm Veranlagten, deren Tun jede Vorstellungskraft übersteigt. Die Tötung des Anderen ist nur ein Weg, um das eigene Dasein zumindest für begrenzte Zeit im Dasein zu halten. Der Mensch wird zum Opfer der Mannigfaltigkeit des Kosmos, die ihn hervorgebracht hat und an deren Schönheit er sich täglich erfreuen kann und darf.

E: Über das Jetzt

Das umfangreichere Jetzt des 'Ich bin' ist für die Art und Weise, wie es seine Innen- und Außenwelt wahrnimmt, von größter Bedeutung. Deshalb will ich das Verständnis für das Intervall des Jetzt noch einmal in den Fokus des Lesers stellen und es zusätzlich anhand eines Beispiels verdeutlichen.

Das Jetzt des Prozesses der Transformation entspricht exakt dem Intervall der Planck-Zeit. Dieses Jetzt ist der 'Herzschlag des Kosmos'. In ihm wird eine zukünftige Möglichkeit in ein Ereignis der Realität transformiert, dessen Wahrnehmung erst im nachfolgenden Jetzt, also in der Vergangenheit, im Nachhinein, erfolgt. Im aktualen Jetzt erfolgt explizit eine Zustandsänderung und es umfasst mindestens eine duale Information. Somit besteht die transformierte Einheit aus dem Ereignis in der Realität und der Information über den Prozess, der ihr Dasein bedingt.

> „Der Weg schuf die Einheit. Einheit schuf
> Zweiheit. Zweiheit schuf Dreiheit. Dreiheit
> schuf die zehntausend Wesen."[230]

Für Lao-tzu erzeugt der Weg - wie bereits erwähnt - über die Stufen der Einheit, Zweiheit und Dreiheit die zehntausend Wesen. Die Dreiheit von Lao-tzu ist das Grundelement (String, Brane etc.) des Kosmos und damit der Entitäten (Seienden), die (Ur-)Transformation (Prozess der Transformation); die erste Einheit, die in der Realität als Ereignis zutage tritt. Das Grundelement umfasst, im Gegensatz zum Prozess der Transformation, eine zusätzliche Information - es ist somit von komplexer Struktur. Deshalb muss sein Jetzt eine umfangreichere zeitliche Dauer umfassen, damit es überhaupt Ereignis in der Realität werden kann. Wenn ich diesen Sachverhalt auf die bewusste Wahrnehmung des

Leibes extrapoliere, dann umfasst das Jetzt des 'Ich bin'
ein Intervall, das ihm ermöglicht, ein hochkomplexes,
raumzeitliches Muster mit einem umfangreichen Informationsgehalt als Ereignisganzheit in der Realität abzubilden.
Anders formuliert: Es besteht eine Korrelation zwischen
Komplexität und Jetzt. Je größer die Komplexität der Entität, desto mehr Informationen sind für dessen Darstellung
als Ereignis notwendig und deshalb muss die zeitliche
Dauer, das Intervall des Jetzt in Bezug auf die vermittelten
Informationen sein. Nachfolgend will ich das Jetzt, sein
von der Komplexität abhängiges Intervall, am Beispiel des
Menschen, explizit am Prozess der bewussten Wahrneh-
mung näher erläutern.

Dass die Struktur der Maus eine höhere Komplexität als
ein Kieselstein aufweist, ist unbestritten, und es ist deshalb
auch nicht verwunderlich, dass zu ihrer vollständigen Beschreibung, im Gegensatz zum Kieselstein, mehr Informationen erforderlich sind. Wird der Kieselstein durch einen
Fußball ersetzt, so beansprucht dieser offensichtlich mehr
Raum, aber für seine Beschreibung sind dennoch weniger
Informationen notwendig als für die Maus. Daraus folgt: Im
aktualen Jetzt des Kosmos muss erstens zwischen der Information selbst und zweitens von ihrem individuellen Intervall
unterschieden werden. Die Information Fußball als Ereignis
in der Realität nimmt, gemessen an der Größe der Maus,
mehr Raum ein, wobei ihr Informationsgehalt weitaus umfassender ist, obwohl der Herzschlag des Kosmos bei beiden
der gleiche ist; er ist unveränderlich. Das variable bzw. individuelle zeitliche Intervall des Jetzt bemisst sich an dem Informationsgehalt, der innerhalb dieser Zeitspanne als Ereignis zur Erscheinung gelangt. Ich will versuchen, den Sachverhalt mit einem Beispiel zu veranschaulichen.

Zu den Eignungstests der Piloten gehört die Humanzentri-
fuge. In diesem speziell ausgestatteten Raum befindet sich an
der Wand ein Bildschirm, der bei jeder Umdrehung des Piloten - analog dem Prozess der Transformation - aufleuchtet

und ihm einen Buchstaben präsentiert. Die Zentrifuge wird in Bewegung gesetzt und dreht sich mit konstanter Geschwindigkeit. Passiert der Pilot den Bildschirm, leuchtet der Buchstabe kurz auf und wird beim folgenden Durchgang von einem anderen ersetzt. Wenn das Jetzt des Piloten der Planck-Zeit entsprechen würde, könnte er innerhalb dieses Intervalls die auf dem Bildschirm aufleuchtenden Buchstaben als ein 'T', dann ein 'r', gefolgt von einem 'a' etc. registrieren. Weil sein aktuales Jetzt der Planck-Zeit entspricht, umfasst seine Wahrnehmung explizit eine Einheit oder nur den jeweils dargestellten einzelnen Buchstaben. Die Information erscheint, wird wahrgenommen und von der nachfolgenden ersetzt. Bereits die Information 'Du', bzw. der von ihr vermittelte Bedeutungsgehalt, liegt weit außerhalb seines Wahrnehmungsbereiches, seines individuellen Intervalls des Jetzt.

Wird das Intervall des Jetzt erweitert, dem Piloten dadurch ein größeres zeitliches Wahrnehmungsfenster eröffnet, sodass er zwei aufeinanderfolgende Buchstaben zu einer umfassenden Einheit verknüpfen kann, dann steht ihm in seinem *individuellen Jetzt* die doppelte Anzahl an Informationen zur Verfügung. Zwei voneinander unabhängige Transformationen einer hierarchisch niederen Ebene werden zu einer umfassenden Einheit, dem Jetzt des Piloten, transformiert, dessen Intervall jetzt von umfangreicherer zeitlicher Dauer ist. Die zunehmende Komplexität und Differenzierung der Entitäten vergrößert schrittweise das aktuale Intervall des Jetzt und ermöglicht dadurch die Bildung komplexer Strukturen (Informationseinheiten) bzw. beim Menschen, dem 'Ich bin', die Bildung von längeren Buchstabenreihen, ihre Verknüpfung mit Eigenzuständen des Leibes (Furcht, Schmerz etc.), Objekten der Außenwelt und zuletzt die Transformation zur Einheit des 'Ich bin'. Die bewusste Wahrnehmung des 'Ich bin', sein umfassenderer Informationsgehalt innerhalb eines Jetzt, ist einzigartig und ohne die hochkomplexe Struktur des ZNS nicht vorstellbar. Trotzdem bleibt eine Reihe von Fragen unbeantwortet, wie z. B. die Frage nach dem Jetzt des die Menschheit Umfassenden.

Anmerkungen

Anmerkungen: Vorwort

[1] M. Proust, 2000, S. 2986.
[2] Lao-tzu, 2007, S. 25 (Kap. 1).
[3] Plotin, 1956, Bd. Ia, S. 151.
[4] Ebd.: Bd. Ia, S. 187.

Anmerkungen: Einführung

[5] Sofokles, 2013, S. 19.
[6] Lao-tzu, 2007, S. 85.
[7] Ebd.: S. 25.
[8] Plotin, 1956, Bd. Va, S. 157.
[9] W. Heisenberg, 2012, S. 43.
[10] Ebd.: S. 49f.
[11] Der Mensch als Individuum, als Einzelnes, wird in dieser Schrift mit 'Ich bin' bezeichnet.
[12] Lao-tzu, 2007, S. 71.
[13] Vgl: V. Schopf, 2021, 'Die Wiege Gottes'.
[14] Wirklichkeit von lat. Realitas, von res 'Ding'.
[15] Das Apeiron (altgriechisch τὸ ἄπειρον ‚das Unendliche, das Unbegrenzte' in einem quantitativen Sinn) ist ein philosophischer Begriff für einen Urstoff, den der Vorsokratiker Anaximander (um 610–546 v. Chr.) prägte. Apeiron – wörtlich die Negation der „Grenze" (griech. peirata), also „das Un-Begrenzte" – wird auch mit „das Unbestimmte" übersetzt und als das Prinzip definiert, das – im Unterschied zum Kosmos – weder Anfang noch Ende habe.Quelle Wikipedia, https://de.wikipedia.org /wiki/Apeiron, Stand 17.07.2020.
[16] Seelenwanderung oder Metempsychose (s. d.), d. h. das Wohnen der Seele in verschiedenen Leibern als Stadien der metaphysisch-theosophischen Seelengeschichte, die wiederholte Verkörperung einer und derselben Seele, wird schon von den verschiedensten Naturvölkern gelehrt, ferner bei den Ägyptern (Herod. II), in den Upanishads, im Buddhismus, bei den Orphikern, Pherekydes (Cicero, Tusc. disp. I, 16. De divin. I, 50), bei den Pythagoreern. Eisler, https://www.textlog.de/5081.html, Stand. 17.07.2020.
[17] Diels/Kranz, 1984, Bd. 1, S. 59.
[18] Vgl: Schopf, 2021, 'Die Wiege Gottes'.

[19] Mirandola, 2018, S. 37.

[20] P. O. Kristeller, 1972, S. 69.

[21] R. Descartes, 1955, S. 32.

[22] I. Kant, 1981, Bd. V, S. 152 (Prolegomena, erster Teil).

[23] W. Heisenberg, 1989, S. 628.

[24] C. F. v. Weizsäcker, 1985, S. 619.

[25] Akasha-Chronik bezeichnet in Teilen der Esoterik, vor allem in der modernen oder anglo-indischen Theosophie und in der Anthroposophie, die Vorstellung von einem übersinnlichen „Buch des Lebens", das in immaterieller Form ein allumfassendes Weltgedächtnis enthält. Es existieren auch ältere Vorstellungen eines solchen „Weltgedächtnisses" (so im Neuplatonismus, in der christlichen Überlieferung und in der vor-modernen Esoterik), der Begriff „Akasha-Chronik" (engl. akashic records) ist in dieser Form jedoch modern-theosophischen Ursprungs. Quelle Wikipedia, https://de.wikipedia.org/wiki/Akasha-Chronik, Stand: 20.07.2020.

[26] Vgl.: R. W. Zuber, 1998.

Anmerkungen: Der erste Grenzbereich

[27] Das Kybalion, 2013, Cover Rückseite.

[28] Plotin, 1956, Werke, IIIa, S. 329.

[29] Zhuang Zhou, 2013, S. 261.

[30] Plotin, 1956, Bd. Ia, S. 151.

[31] J. C. Cooper, 1993, S. 10.

[32] D. E. Mieth (Hrsg.), 1989, S. 193.

[33] Mit Freiheitsgrad wird in der klassischen Mechanik die Zahl der frei wählbaren, voneinander unabhängigen Bewegungsmöglichkeiten eines Systems bezeichnet. Ein starrer Körper im Raum z. B. hat demnach den Freiheitsgrad f - 6, denn man kann ihn in drei voneinander unabhängige Richtungen bewegen und in drei voneinander unabhängigen Ebenen drehen.

[34] I. Kant, 2009, Bd. 3, S. 27.

[35] Plotin, 1956, Bd. IIIa, S. 30f.

[36] Platon, 1988, Bd. VI, S. 51, (Timaios).

[37] R. Wilhelm, 2004, Bd. 1, S. VIII.

[38] Der Rigveda (Vedisch, aus veda ‚Wissen', und ṛc, deutsch ‚Verse') ist der älteste Teil der vier Veden und zählt damit zu den wichtigsten Schriften des Hinduismus.

[39] Rigveda, 2008, S. 359.

[40] Plotin, 1956, Bd. Ia, S. 171.

[41] Ebd. Bd. Ia, S. 157.

[42] N. Winkler, 2011, S. 60f.

[43] Entität (mittellateinisch) *entitas*, zu spätlateinisch ens 'seinend', 'Ding'. Der Begriff bezeichnet etwas, das existiert, ein Seiendes, einen konkreten oder abstrakten Gegenstand.

44 Plotin, 1956. Bd. Va, S. 163.

45 Vgl: I. Prigogine: *Vom Sein zum Werden. Zeit und Komplexität in den Naturwissenschaften.*

46 Der Begriff 'Tun' bezieht sich explizit auf ein Tun in der Außenwelt (Sprache, Handlung), zu der - in Bezug auf die Sprache - auch das Denken gezählt werden muss.

47 Dazu das Kap: 'Superpositionsprinzip und Dekohärenz'.

48 Der Begriff 'Muster' bezeichnet allgemein eine gleichbleibende Struktur, die einer sich wiederholenden Sache zugrunde liegt, bzw. eine zur gleichförmigen Wiederholung (Reproduktion) bestimmte Denk-, Gestaltungs- oder Verhaltensweise bzw. einen entsprechenden Handlungsablauf.

49 Plotin, 1956, Bd. Ia, S. 181.

50 Ebd.: Bd. Ia, S. 239.

51 Ebd.: „Da ja, wenn man ihm die Einheit, die von ihm ausgesagt wird, nimmt, es nicht mehr das ist, was man es nennt." (Bd. Ia, S. 171.) Dazu: Einheit ist grundlegendste Bedingung sowohl für das Sein als auch dessen Denkbarkeit. Der Prozess der Transformation als grundlegendster Prozess des Kosmos lässt sich z. B. mit den Austauschteilchen der modernen Physik vergleichen, wie sie in der Quantenelektrodynamik beschrieben werden.

52 Dazu auch die Lehre von Zarathustra. Der Begründer des Zarathustrismus war Zarathustra (griech. Zoroaster), über dessen Datierung in der Forschung bis heute Uneinigkeit herrscht. Im Zentrum des auf ihn zurückgeführten Glaubens, der aber auf ältere iranische Kulte zurückgeht, steht der Schöpfergott Ahura Mazda (daher manchmal auch „Mazdaismus"). Er wird begleitet von unsterblichen Heiligen (Amesha Spenta) sowie von seinem Widersacher, dem bösen Dämon Angra Mainyu (Ahriman).

53 Diels/Kranz, 1922, Bd. 2, S. 85.

54 Vgl.: D. Lüst, Quantenfische. Die Stringtheorie und die Suche nach der Weltformel.

55 Eichbosonen, auch Feldquanten, sind in der Elementarteilchenphysik die Teilchen, welche die Grundkräfte vermitteln. Dies geschieht, indem Eichbosonen von einem Teilchen ausgesandt und von einem anderen empfangen werden. Deshalb werden sie auch als Austauschteilchen, Trägerteilchen oder Wechselwirkungsteilchen bezeichnet.

56 Zhuang Zhou, 2013, S. 95.

57 Lao-tzu (Laozi), 2007, S. 25.

58 G. Thausing, 1943, S. 165f. ('Gesprochen wurden die Worte von einem ägyptischen Toten und er gibt im Bild der Vegetation ein Überdauern des Lebensprozesses wieder, das jenseits der beiden Pole von Leben und Sterben angesiedelt ist, wobei das Korn als Symbol für eine psychische Struktur steht, die auf einen mystischen kontinuierlichen Prozess verweist')

[59] Die Entropie ist ein griechisches Kunstwort ἐντροπία [entropía], von εν~ [en~] – ein~, in~ und τροπή [tropē] – Wendung, Umwandlung) ist eine fundamentale thermodynamische Zustandsgröße, die mit dem zweiten und dritten Hauptsatz bestimmt, ob ein Prozess überhaupt stattfindet. Bei allen physikalisch möglichen Prozessen in abgeschlossenen Systemen bleibt die Entropie erhalten oder sie nimmt zu.

[60] Dieser Aspekt der Messung bzw. Beobachtung wird auch als schnelle Hin- und Herbewegung oder als Verschmieren des Teilchens beschrieben.

[61] I. Kant, 2009, Bd. VII, S. 51. Der kategorische Imperativ ist das grundlegende Prinzip ethischen Handelns in der Philosophie Immanuel Kants. Als Kriterium, ob eine Handlung moralisch gut sei, wird hinterfragt, ob sie einer Maxime folgt, deren Gültigkeit für alle, jederzeit und ohne Ausnahme akzeptabel wäre und ob alle betroffenen Personen nicht als bloßes Mittel zu einem anderen Zweck behandelt werden, sondern auch als Zweck an sich. Der Begriff wird als Bestimmung des guten Willens von Kant in der Grundlegung zur Metaphysik der Sitten vorgestellt und in der Kritik der praktischen Vernunft ausführlich entwickelt. Quelle Wikipedia, https://de.wikipedia.org/wiki/Kategorischer_Imperativ, Stand 23.07.2020

[62] A. Ġazzālī, 2009, S. 25f.

[63] Das Transformationsverhalten komplexer Strukturen, wie z. B. des 'Ich bin', bei dem ein reduzierter Informationsgehalt der Transformation zugrunde liegt, wird im dritten Teil behandelt.

[64] In der Kosmologie wurde dafür der Begriff 'Wärmetod' geprägt. Gemäß dem zweiten Hauptsatz der Thermodynamik enthält ein abgeschlossenes System im thermischen Gleichgewicht ein höchstmögliches Maß an Entropie. Zudem kann die Entropie in einem solchen System zwar gleich bleiben oder zunehmen, aber niemals abnehmen. Wenn die maximale Entropie erreicht ist, fehlt der Antrieb für makroskopisches Geschehen im System. Das System nähert sich einem statischen, „toten" Zustand.

[65] Weshalb ein 'Ich bin' entgegen der Maxime der Erhaltung der Entität Selbstmord begehen kann, wird später ausführlicher behandelt.

[66] Zhuang Zhou, 2013, S. 148.

[67] H. A. Giles, 2013, S. 18.

[68] In 'Der dritte Grenzbereich' gehe ich ausführlicher auf die Thematik der Komplexität, insbesondere dessen Konsequenzen für das 'Ich bin' ein.

[69] W. Runkel, 1995, S. 28f.

Anmerkungen: Der zweite Grenzbereich

[70] F. Nietzsche, 2009, S. 482 (Die fröhliche Wissenschaft, Buch III, Abschnitt 126).

[71] Plotin, 1956, Bd. IIIa, S. 345 (VI 7, 37, 19-20).

[72] Das Kybalion, 2013, Cover Rückseite.

[73] Der 1. Hauptsatz der Thermodynamik beschreibt die Energieerhaltung in thermodynamischen Systemen. Er sagt aus, dass die Energie eines abgeschlossenen Systems konstant ist. Ausgehend von dieser Aussage lassen sich Energiebilanzen für geschlossene und offene Systeme bilden. [...] Die Energie eines abgeschlossenen Systems bleibt unverändert. Verschiedene Energieformen können sich demnach ineinander umwandeln, aber Energie kann weder aus dem Nichts erzeugt noch kann sie vernichtet werden. Deshalb ist ein Perpetuum mobile erster Art unmöglich (kein System verrichtet Arbeit ohne Zufuhr einer anderen Energieform und/oder ohne Verringerung seiner inneren Energie). Quelle Wikipedia, https://de.wikipedia.org/wiki/Thermodynamik#Erster_Hauptsatz, Stand 24.07.2020.

[74] Rudolf Julius Emanuel Clausius (1822-1888) war ein deutscher Physiker. Er gilt als Entdecker des zweiten Hauptsatzes der Thermodynamik, Schöpfer der Begriffe Entropie und Virial sowie als einer der ersten theoretischen Physiker der Mitte des 19. Jahrhunderts. Quelle Wikipedia, https://de.wikipedia.org/wiki/Rudolf_Clausius, Stand 24.07.2020.

[75] Bereits die newtonsche Mechanik sagt voraus, dass der gravitative Einfluss der anderen Planeten das Zweikörper-System aus Sonne und Merkur stört. Durch diese Störung führt die große Bahnachse der Merkurbahn eine langsame rechtsläufige Drehung in der Bahnebene aus. Der Merkur durchläuft also streng genommen keine Ellipsen-, sondern eine Rosettenbahn. (Quelle Wikipedia, wikipedia.org/wiki/Merkur_(Planet), Stand 24.07.2020.

[76] B. d`Espagnat, 1995, Seitenzahl leider nicht mehr feststellbar.

[77] Das Experiment kann nicht nur mit den Wellen des Lichts, sondern auch mit Teilchen (Elektronen, Neutronen, Atomen und Molekülen z. B. Fullerenen usw.) durchgeführt werden.

[78] Dekohärenz ist ein Phänomen der Quantenmechanik, das zur unvollständigen oder vollständigen Unterdrückung der Kohärenzeigenschaften quantenmechanischer Zustände führt. Dekohärenz-Effekte ergeben sich, wenn ein bisher abgeschlossenes System mit seiner Umgebung in Wechselwirkung tritt, wodurch sowohl der Zustand der Umgebung als auch der Zustand des Systems irreversibel verändert werden.

[79] Spin (von englisch *spin* ‚Drehung', ‚Drall') ist der Eigendrehimpuls von Teilchen. Bei den fundamentalen Teilchen, die als punktförmig und nicht zusammengesetzt angesehen werden, kann er nur quantenmechanisch verstanden werden. Hier hat er alle Eigenschaften eines mechanischen Drehimpulses, ausgenommen die, dass er durch die Dreh- oder Kreisbewegung einer Masse hervorgerufen wird.

[80] Die Naturwissenschaften, 1935, S. 812.

[81] Diels/Kranz, 1912, S. 151f.

[82] C. F. von Weizsäcker, 1992, S. 349.

[83] Das Kybalion, 2013, Cover Rückseite.

[84] F. Nietzsche, Ecce homo, Also sprach Zarathustra, 1. Abschnitt (KSA 6, S. 335): 'Die Grundconception des Werks (Also sprach Zarathustra) ‚der Ewige-Wiederkunfts-Gedanke, diese höchste Formel der Bejahung, die überhaupt erreicht werden kann' –, gehört in den August des Jahres 1881: er ist auf ein Blatt hingeworfen, mit der Unterschrift: '6000 Fuss jenseits von Mensch und Zeit.' Ich gieng an jenem Tage am See von Silvaplana durch die Wälder; bei einem mächtigen pyramidal aufgethürmten Block unweit Surlei machte ich Halt. Da kam mir dieser Gedanke.'

[85] F. Nietzsche, 2009, S. 272f und 276f (Also sprach Zarathustra, Dritter Teil, „Der Genesende").

[86] Unter Superposition, auch Superpositionsprinzip versteht man in der Physik eine Überlagerung gleicher physikalischer Größen, die sich dabei nicht gegenseitig behindern. Dieses Überlagerungsprinzip wird bei linearen Problemen in vielen Bereichen der Physik benutzt und unterscheidet sich nur in der Art der überlagerten Größen. Oft wird die Redeweise „mehrere Größen superponieren miteinander" gebraucht. Wichtige Anwendungsbereiche des Superpositionsprinzips sind elektromagnetische Wellen in der Optik und in der Funktechnik, Kräfte in der klassischen Mechanik und Zustände in der Quantenmechanik. Quelle Wikipedia, https://de.wikipedia.org/wiki/Superposition_(Physik), Stand 25.07.2020.

[87] Kausalität lat. *causa* „Ursache") bezeichnet die Beziehung zwischen *Ursache* und *Wirkung* oder Aktion und Reaktion, betrifft also die Abfolge aufeinander bezogener Ereignisse und Zustände. Die Kausalität (ein kausales Ereignis) hat eine feste zeitliche Richtung, die immer von der Ursache ausgeht, auf die die Wirkung folgt. Quelle Wikipedia, https://de.wikipedia.org/wiki/Kausalit%C3%A4t, Stand 25.07.2020.

[88] W. Heisenberg, 2003, S. 42.

[89] Welches die wahrscheinlichste Transformation ist und nach welchem Kriterium bzw. Kriterien bei komplexeren Entitäten die Transformation bewirkt wird, erläutere ich ausführlicher im dritten Grenzbereich, in Bezug auf das Tun bzw. Transformationsgeschehens des 'Ich bin'.

[90] Derjenige Leser, der ‚Die Wiege Gottes' gelesen hat, kann diesen Exkurs überschlagen.

[91] Entropie ist ein Maß für den mittleren Informationsgehalt oder auch Informationsdichte einer Nachricht. Der Begriff in der Informationstheorie ist in Analogie zur Entropie in der Thermodynamik und Statistischen Mechanik benannt.

[92] Aristoteles, 2013, S. 17.

[93] Gute Nachricht Bibel, 2013, S. 119 (NT, Johannes 1,1).

[94] Bild der Wissenschaft, 9/2003, Seite 54f (Spuk der Quantenwelt).

[95] M. Planck, 1964, S. 76.

[96] Ebd: S. 93.

[97] R. Claudius, 1965, S. 353 (Annalen der Physik 125).

[98] Das Landauer-Prinzip ist eine Hypothese und besagt, dass das Löschen eines Bits an Information zwangsläufig die Abgabe einer Energie von W = kT ln 2n Form von Wärme an die Umgebung bedeutet.

[99] Plotin, 1956, Bd. Ia, S. 187 (VI 9,5, 30-33). Und! Was nicht Eines ist, ist nichts. Also ist alles, was ist, notwendig auch Eines, und zwar in der Weise, daß es eben darum ist, weil es Eines ist.

[100] Tunneleffekt ist in der Physik eine veranschaulichende Bezeichnung dafür, dass ein atomares Teilchen eine Potenzialbarriere von endlicher Höhe auch dann überwinden kann, wenn seine Energie geringer als die Höhe der Barriere ist. Mithilfe des Tunneleffekts wird unter anderem der Alpha-Zerfall von Atomkernen erklärt.

[101] Die Relativitätstheorie wird insofern nicht verletzt, da die Mitteilung über den Zustand der beiden verschränkten Teilchen über einen klassischen Kanal verläuft und deshalb nicht schneller als mit Lichtgeschwindigkeit erfolgen kann.

Anmerkungen: Der dritte Grenzbereich

[102] Zhu Xi, 2013, S. 21.

[103] Plotin, 1956, Bd. Ia, S. 113.

[104] Nous oder Nus (altgriechisch νοῦς) ist ein Begriff der antiken griechischen Philosophie. Er bezeichnet die menschliche Fähigkeit, etwas geistig zu erfassen, und die Instanz im Menschen, die für das Erkennen und Denken zuständig ist. Im Deutschen wird „Nous" meist mit Geist oder Intellekt wiedergegeben, die lateinische Entsprechung ist *intellectus*. In metaphysischen und kosmologischen Lehren, die von einer göttlichen Lenkung der Welt ausgehen, wird als Nous auch ein im Kosmos wirkendes Prinzip bezeichnet, die göttliche Weltvernunft. Quelle Wikipedia, https://de.wikipedia.org/wiki/Nous, Stand 26.07.2020.

[105] Plotin, 1956, Bd. IIIa, S. 71 (V5,1,1-3).

[106] Der Ouroboros oder Uroboros (griechisch Οὐροβόρος „Selbstverzehrer", wörtlich „Schwanzverzehrer"; von griechisch *ourá* „Schwanz" und *bóros* „verzehrend") ist ein bereits in der Ikonographie des Alten Ägypten belegtes Bildsymbol einer Schlange, die sich in den eigenen Schwanz beißt und so mit ihrem Körper einen geschlossenen Kreis bildet. Quelle Wikipedia, https://de.wikipedia.org/wiki/Ouroboros, Stand 26.07.2020.

[107] E. Neumann, 2004, S. 20.

[108] „Wenn der Mensch hier und in dieser Beziehung, im *Vergleich* zum Tier als ‚Mängelwesen' erscheint, so akzentuiert eine solche Bezeichnung eine Vergleichsbeziehung, hat also nur einen transitorischen Wert, ist kein ‚Substanzbegriff'. Insofern will der Begriff gerade das, was H. Freyer (Weltgeschichte Europas, 1949, I, p. 169) gegen ihn einwendet: «Man setzt den Menschen fiktiv als Tier, um dann zu finden, daß er als solches höchst unvollkommen und sogar unmöglich ist.» Eben das soll

der Begriff leisten: die übertierische Struktur des menschlichen Leibes erscheint schon in *enger* biologischer Fassung im Vergleich zum Tier als paradox und hebt sich dadurch ab. Selbstverständlich ist der Mensch mit dieser Bezeichnung nicht ausdefiniert, aber die Sonderstellung [des Menschen] bereits in enger, morphologischer Hinsicht markiert." A. Gehlen, 2016, S. 16f.

[109] P. T. de Chardin, 2003, S. 50.

[110] Ebd: S. 50.

[111] M. Merleau-Ponty, 2010, S. 176.

[112] Ebd.: S. 252.

[113] Ebd.: S. 253.

[114] Die nicht im Neokortex liegen und damit der bewussten Wahrnehmung des *'Ich bin'* nicht zugänglich sind.

[115] M. Merleau-Ponty, Rede auf einer Tagung. Nachweis von Name und Tag der Tagung leider nicht möglich.

[116] M. Merleau-Ponty, 2010, S. 277.

[117] A. Hillebrandt, 1994, S. 43.

[118] Brahman bezeichnet in der hinduistischen Philosophie die unveränderliche, unendliche, immanente und transzendente Realität, welche den ewigen Urgrund von allem darstellt, was ist. Die älteste Bedeutung des Wortes in den Veden ist heiliges Wort oder heilige Formel und gewann hier die allgemeine Bedeutung einer heiligen Kraft an sich. Seit den Upanishaden steht das Wort Brahman für das Absolute, also das, was unwandelbar bleibt, behielt jedoch daneben seine ursprüngliche Bedeutung bei, nämlich die der heiligen Rede. Quelle Wikipedia, https://de.wikipedia.org/wiki/Brahman_(Philosophie), Stand 25.07.2020.

[119] A. Hillebrandt, 1994, S. 43.

[120] Ebd.: S. 43.

[121] Ebd:

[122] Ebd:

[123] A. Gehlen, 2016, S. 66.

[124] Vgl.: J. Piaget, 1993 (Die Entwicklung des räumlichen Denkens beim Kinde). Die Differenzierung führt, wie Piaget zeigen konnte, zur Differenzierung von Handlungsschemata, d. h., Teile einer bestehenden Handlung werden zu neuen Erkenntnisweisen verknüpft und erlauben damit eine komplexere, sprich umfassendere bewusste Wahrnehmung der Wirklichkeit. Piaget beweist in seinen Untersuchungen, den in dieser Schrift skizzierten Aufbau komplexer Entitäten.

[125] Koran, 2014, (Sure 15, 28-29).

[126] Ein Nozizeptor (von lat.*nocere*, ‚schaden') – auch als Nozisensor oder fälschlicherweise als Nozirezeptor bezeichnet – ist eine freie sensorische Nervenendigung, die eine Gewebeschädigung bzw. Verletzung infolge thermischer, chemischer oder mechanischer Noxen in elektri-

sche Signale (Aktionspotentiale) umwandelt. Quelle Wikipedia, https://de.wikipedia.org/wiki/Nozizeptor, Stand 26.07.2020.

[127] Homöostase (griechisch ὁμοιοστάσις *homoiostásis* „Gleichstand") bezeichnet die Aufrechterhaltung eines Gleichgewichtszustandes eines offenen dynamischen Systems durch einen internen regelnden Prozess. Sie ist damit ein Spezialfall der Selbstregulation von Systemen.

[128] Lao-tzu, 1979, S. 61, Kap. 37

[129] Ebd:

[130] Plotin, 1956, Bd. IIIa, S. 289.

[131] Ebd.: Bd. Ia, S. 181.

[132] Akasha-Chronik bezeichnet in Teilen der Esoterik, vor allem in der modernen oder anglo-indischen Theosophie und in der Anthroposophie, die Vorstellung von einem übersinnlichen Buch des Lebens, das in immaterieller Form ein allumfassendes Weltgedächtnis enthält. Es existieren auch ältere Vorstellungen eines solchen Weltgedächtnisses (so im Neuplatonismus, in der christlichen Überlieferung und in der vor-modernen Esoterik), der Begriff Akasha-Chronik (engl. akashic records) ist in dieser Form jedoch modern-theosophischen Ursprungs. Im deutschen Sprachraum wurde er vor allem durch Rudolf Steiner geläufig. Esoteriker wie Steiner und neuerdings auch Wahrsager nahmen bzw. nehmen für sich in Anspruch, in der Akasha-Chronik lesen zu können. Quelle Wikipedia, https://de.wikipedia.org/wiki/Akasha-Chronik Stand 27.07.2020.

[133] Als morphisches Feld (engl. morphic field), ursprünglich auch als morphogenetisches Feld, bezeichnet der britische Biologe Rupert Sheldrake ein hypothetisches Feld, das als formbildende Verursachung für die Entwicklung von Strukturen sowohl in der Biologie, Physik, Chemie als auch in der Gesellschaft verantwortlich sein soll. Von der Naturwissenschaft wird die Hypothese als pseudowissenschaftlich eingestuft, dennoch wird die wissenschaftliche Überprüfung der Hypothese in Einzelfällen gefordert. Auch Vertreter der Sozialwissenschaften haben die Hypothese ernsthaft diskutiert. Quelle Wikipedia, https://de.wikipedia.org/wiki/Morphisches_Feld, Stand 27.07.2020.

[134] Vgl. dazu: Lebensfelder, L-Felder - Elektrodynamische Felder in Verbindung mit lebenden Organismen. Ihre Existenz wurde 1972 von Professor Harold Saxton Burr von der Yale-Universität postuliert. Burrs auf der Grundlage dreißigjähriger Forschung erstellte These beruht auf unstrittigen Beweisen dafür, dass es überall da, wo Leben ist, auch elektrische Felder gibt.
Einige dieser Entdeckungen waren von praktischem Wert. Er fand heraus, dass es möglich war, den Zeitpunkt des Eisprungs bei Frauen genau zu erkennen: Die von den L-Feldern der Frauen aufgebaute Spannung stieg zu diesem Zeitpunkt drastisch an; auch konnten Messungen von L-Feldern helfen, bösartige Erkrankungen am Körper zu lokalisieren und die Heilungsgeschwindigkeit innerer Wunden nach Operationen festzu-

stellen. Aufgrund der Messungen an Samen war es möglich, die Robustheit und Gesundheit der wachsenden Pflanzen vorherzusagen. Er entdeckte, dass bereits die Änderung eines einzigen Gens im Chromosomensatz tief greifende Veränderungen im Spannungsmuster der Samen hervorrief.

Burr entwickelte Theorien aus seiner Beobachtung, die der etablierten Wissenschaft entgegenliefen. Er schlug vor, dass das moderne biologische Dogma einer chemischen Interpretation der Lebensprozesse die Wissenschaft daran gehindert hat, die vorrangige Bedeutung des elektrischen Feldes zu erkennen. Das L-Feld ist nach Burr das Organisationsprinzip lebender Systeme.

[135] Der Begriff der Intentionalität bezeichnet das Vermögen des Bewusstseins, sich auf etwas zu beziehen (etwa auf reale oder nur vorgestellte Gegenstände, Eigenschaften oder Sachverhalte).

[136] Ein Satz, der vermutlich von William James stammt.

[137] Engramm (von griechisch *en*, hinein, und *gramma*, Inschrift) ist eine allgemeine Bezeichnung für eine physiologische Spur, die ein Erregungsmuster als dauernde strukturelle Änderung im Gehirn hinterlässt.

[138] Septuaginta, 2010, S. 5, Genesis 1,26-1,27.

[139] Ein Kippbild oder eine Kippfigur ist eine Abbildung, die zu spontanen Gestalt- bzw. Wahrnehmungswechseln führen kann. Synonyme Begriffe sind Inversionsfigur, Reversionsfigur sowie Umschlagfigur. Mit Kippfiguren verwandte Phänomene sind sogenannte Vexierbilder und unmögliche Figuren wie das Penrose-Dreieck. Quelle Wikipedia, https://de.wikipedia.org/wiki/Kippfigur, Stand 29.07.2020.

[140] Das Kybalion, 2013, S. 23.

[141] J. C. Cooper, 1993,Cover Rückseite.

[142] Ähnliches geschieht bei der Metapher: Bei ihrem Gebrauch werden zwei unterschiedliche Vorstellungen in einem gegenseitig aktiven Zusammenhang gesetzt, unterstützt von einem einzelnen Wort oder einer einzelnen Wendung, deren Bedeutung das Ereignis der Interaktion beider ist.

[143] H. F. Ellenberger, 2005, S. 480f.

[144] In seiner allgemeinen Form wurde die Frage bereits in Kapitel 'Der 'Pool an Möglichkeiten' beantwortet.

[145] Veranschaulichen lässt sich der Prozess anhand eines Films, der, wenn die Leistung der Grafikkarte nicht ausreichend ist, ruckelt und teilweise zum Standbild wird.

Anmerkungen: Freier Wille

[146] A. Schopenhauer, 2004, Bd. II, S. 103.

[147] J. Locke, 2006, S. 284.

[148] D. W. Hoffmann, 2013, S. 39.

[149] Aristoteles, 2017, S. 55.

[150] Augustinus, 2006, S. 220f.

[151] A. Schopenhauer, 1860, S.89f.

[152] M. Merleau-Ponty, 2010, S. 273.

[153] Ebd.: S. 277.

[154] B. Pascal, Wissenschaftliche Ausgaben: Faugère I, 183, XIII / Havet VII.13 / Brunschvicg 358 / Tourneur p. 101-1 / Le Guern 572 / Lafuma 678 (Serie XXV) / Sellier 557.

[155] H. v. Druskowitz, 1887, S. 36.

[156] Ebd.: S. 36.

[157] Ebd.: S. 37.

[158] Mechanismen des Leibes, wie die der Verdrängung, des Vergessens etc., sind für die Betrachtung des freien Willens des 'Ich bin' nicht erforderlich und sind zudem Gegenstand anderer wissenschaftlicher Disziplinen.

[159] J.-P. Sartre, Das Sein und das Nichts, rororo, 1993.

[160] Die Erhaltung der Information innerhalb des Kosmos erfuhr in vielfältiger Gestalt seine Erwähnung, so z. B. in der Akasha-Chronik, den morphogenetischen Feldern, dem Nullpunktfeld etc. Vgl.: V. Schopf, 2021, 'Die Wiege Gottes'.

[161] Selbst Elementarteilchen, die, innerhalb ihrer Art, 'bisher' als absolut identisch angesehen werden, unterscheiden sich durch ihre Vergangenheit, ihren Informationsgehalt.

[162] Das Langzeitgedächtnis ist das dauerhafte Speichersystem des Gehirns. Es handelt sich nicht um ein einheitliches Gebilde, sondern um mehrere Speicherleistungen für verschiedene Arten von Information. Sie kann im Langzeitgedächtnis von Minuten bis zu Jahren gespeichert werden (sekundäres Ged.) oder sogar ein Leben lang (tertiäres Ged.). Über Begrenzungen der Kapazität des Langzeitgedächtnisses ist nichts bekannt. Allerdings lassen Studien bei sog. Savants (franz.) oder Inselbegabten eine deutlich höhere Gedächtniskapazität vermuten als die normal genutzte. Vergessen scheint kein Kapazitätsproblem, sondern ein Schutz vor zu viel Wissen zu sein. Es findet anscheinend weniger durch Informationsverlust wie in den anderen, kurzzeitigen Gedächtnisformen statt, sondern durch löschenden oder verfälschenden Einfluss von anderen, vorher oder nachher gebildeten Inhalten. Quelle Wikipedia, http://de.wikipedia.org/wiki/Ged%C3%A4chtnis#Langzeitged.C3.A4chtnis, Stand: 4.08.2020.

[163] M. Planck, 2001, S. 133ff, (Vom Wesen der Willensfreiheit).

[164] Ebd: S. 133ff.

[165] Ebd:

[166] A. Hillebrandt, 2001, S. 42f.

[167] Dazu Anhang B: 'Über das Dao'.

[168] T. de Chardin, 2003, S. 50.

Anmerkungen: Das Sosein des 'Ich bin'

[169] B. Auerbach, 1863, Bd. 2-3, S. 19.

[170] I. Kant, 1981. Bd. VII, S. 51.

[171] Dazu das Kapitel 'Freier Wille'.

[172] M. L. Stern, 1911, S. 76.

[173] Ebd.: S. 76.

[174] Dazu Anhang A: 'Über die Evolution'.

[175] Desoxyribonukleinsäure (Des|oxy|ri|bo|nu|kle|in|säu|re; kurz DNS; englisch DNA für *deoxyribonucleic acid*) ist ein in allen Lebewesen und in bestimmten Virentypen (sogenannte DNA-Viren) vorkommendes Biomolekül und Träger der Erbinformation, also der Gene. Das Wort setzt sich zusammen aus des-, Oxygenium Ribose (siehe *Desoxyribose*) und Nukleinsäure.

[176] Symbiose bezeichnet in Europa die Vergesellschaftung von Individuen zweier unterschiedlicher Arten, die für beide Partner vorteilhaft ist.

[177] Lao-tzu, 2007, S. 42.

[178] F. Nietzsche, 2009, Bd. 5, S. 243 (Jenseits von Gut und Böse).

[179] Marduk war der Stadtgott von Babylon und später der Hauptgott des babylonischen Pantheons.

[180] W. Eilers, 2013, S. 31 (Codex Hammurabi).

[181] Septuaginta, 2010, S. 75f (2. Mose 20,1-17.).

[182] „Deshalb gilt im Verhältnis zu den Göttern und Geistern dasselbe: das „do ut des" (Die Phrase do ut des (lateinisch do ut des, ‚Ich gebe, damit du gibst.') ist eine Rechtsformel für gegenseitige Verträge, mit der auch eine grundlegende Strategie sozialen Verhaltens beschrieben werden kann. Ähnliche Prinzipien sind quid pro quo (lateinisch für ‚Dieses für das') und das Sprichwort manus manum lavat (lateinisch ‚Eine Hand wäscht die andere') hat nicht den Sinn eines rechenhaften Geschäftes mit diesen Wesenheiten. „Dare ist Sich-in-Beziehung setzen, dann: Teilhabe an einer zweiten Person, mittels eines Gegenstandes, der aber eigentlich kein Gegenstand ist, sondern ein Stück des eigenen Selbst. […] Wer opfert, bindet sich an den Gott, aber er erwartet auch eine Antwort von dessen eigenem Selbst, weil nur daraus hervorgeht, dass er nicht Feind ist." A. Gehlen, 2016, S. 52.

[183] Cicero, 1949.

[184] Das Kybalion, 2013, Cover Rückseite.

[185] Shupparak, http://altorientale-mythologie.blogspot.com/2017/11/anweisungen-aus-shuruppak.html, Stand 14.08.2020.

[186] Als Keilschrift bezeichnet man ein vom 34. Jahrhundert v. Chr. bis mindestens ins 1. Jahrhundert n. Chr. hinein benutztes Schriftsystem, das im Vorderen Orient zum Schreiben mehrerer Sprachen verwendet wurde. Die Bezeichnung beruht auf den Grundelementen der Keil-

schrift, waagrechten, senkrechten und schrägen Keilen. Typische Text-träger sind Tontafeln, die durch das Eindrücken eines Schreibgriffels in den noch weichen Ton beschrieben wurden. Die Keilschrift war anfäng-lich eine Bilderschrift. Sie entwickelte sich zu einer Silbenschrift, aus der auch eine phonetische Konsonantenschrift (die ugaritische Schrift) hervorging. Die Keilschrift wurde von den Sumerern erfunden und spä-ter von zahlreichen Völkern des alten Orients verwendet (von den Ak-kadern, Babyloniern, Assyrern, Hethitern, Persern und anderen). Quelle Wikipedia, https://de.wikipedia.org/wiki/Keilschrift, Stand: 3.08.2020.

[187] Shupparak, http://altorientale-mythologie.blogspot.com/2017/11/an-weisungen-aus-shuruppak.html, Stand 14.08.2020.

[188] Ebd.: Nr. 19.

[189] O. Höffe (Hrsg), 2007, S. 30.

[190] Schwarze Löcher oder der Big Chrunch des Kosmos, sofern die Ma-teriedichte hoch genug ist.

[191] Dazu das Kapitel 'Freier Wille'.

[192] Das Trägheitsmoment, auch Massenträgheitsmoment oder Inertial-moment, gibt den Widerstand eines starren Körpers gegenüber einer Än-derung seiner Rotationsbewegung um eine gegebene Achse an (Dreh-moment geteilt durch Winkelbeschleunigung). Damit spielt es die glei-che Rolle wie im Verhältnis von Kraft und Beschleunigung die Masse; deswegen ist in der älteren Literatur auch die Bezeichnung Drehmasse gebräuchlich. Quelle Wikipedia, https://de.wikipedia.org/wiki/Tr%C3%A4gheitsmoment, Stand 4.08.2020.

[193] Die Wimpertierchen (Ciliophora, Ciliata) sind einzellige Eukaryoten, die im Süßwasser, Meer und Boden vorkommen und deren Zelloberflä-che ganz oder teilweise von Wimpern bedeckt ist, die zur Fortbewegung und zum Herbeistrudeln von Nahrung dienen. Quelle Wikipedia, https://de.wikipedia.org/wiki/Wimpertierchen, Stand: 3.08.2020.

[194] Brüder Grimm nannten sich die Sprachwissenschaftler und Volks-kundler Jacob Grimm (1785–1863) und Wilhelm Grimm (1786–1859) bei gemeinsamen Veröffentlichungen, wie zum Beispiel ihrer weltbe-rühmten *Kinder- und Hausmärchen*. Die Brüder gelten gemeinsam mit Karl Lachmann und Georg Friedrich Benecke als „Gründungsväter" der Germanistik. Quelle Wikipedia, https://de.wikipedia.org/wiki/Br%C3%BCder_Grimm, Stand 3.08.2020.

[195] Definition der Schraube: Das Gewinde stellt eine schiefe Ebene dar, die wendelförmig auf den Grundkörper gewickelt ist.

[196] V. Schopf, 2014, S. 163f.

[197] Anglikanische Christen prägten den Ausdruck *golden rule* seit 1615 zunächst für die in der Bibel überlieferten Regelbeispiele (Tob 4,15 EU; Mt 7,12 EU; Lk 6,31 EU), die das Tora-Gebot der Nächstenliebe (Lev 19,18 EU) als allgemein gültiges und einsehbares Verhalten auslegen.

[198] Konfuzius, 2014, S. 71.

[199] Dieser Zustand des Leibes wird als Flow (englisch „Fließen, Rinnen, Strömen") bezeichnet das als beglückend erlebte Gefühl eines mentalen Zustandes völliger Vertiefung (Konzentration) und restlosen Aufgehens in einer Tätigkeit (Absorption), die wie von selbst vor sich geht.

[200] C. Darwin, 1982, S. 147.

[201] F. Nietzsche, 2009, S. 89f, Menschliches, Allzumenschliches.

Anmerkungen: Qualia

[202] Lao-tzu (Laozi), 2007, S. 61 (Kap. 37).

[203] Ebd.: 2007, (Kap. 71).

[204] A. Beckermann, 2008, S. 408.

[205] Ebd.: S. 358.

[206] T. Metzinger, 2005, S. 15.

[207] Die Phänomenologie (von altgriechisch φαινόμενον *phainómenon*, deutsch ,Sichtbares, Erscheinung' und λόγος *lógos* ,Rede', ,Lehre') ist eine philosophische Strömung, deren Vertreter den Ursprung der Erkenntnisgewinnung in unmittelbar gegebenen Erscheinungen, den Phänomenen, sehen.

Die formalen Beschreibungen der Phänomene geben grundsätzlich den Anspruch aller phänomenologischen Ansätze wieder, seien es philosophische oder naturwissenschaftliche, literarische oder psychische. Sie unterscheiden sich nur in der Art, wie sie mit dem unmittelbar Gegebenen umgehen. Die Phänomenologie wurde Anfang des 20. Jahrhunderts maßgeblich von Edmund Husserl geprägt. Quelle Wikipedia, https://de.wikipedia.org/wiki/Ph%C3%A4nomenologie, Stand 09.08.2020.

[208] Phänomenales Wissen lässt sich nicht mit skeptischen Argumenten relativieren – das Einzige, was man gegen phänomenales Wissen einwenden kann, ist, dass es überhaupt kein Wissen im traditionellen Sinn von wahrem, gerechtfertigtem Glauben ist. Phänomenales Wissen ist präziser ausgedrückt phänomenale Gewissheit. Mentale Zustände sind im Zustand der Wahrnehmung keine Illusionen. Sie sind damit sicheres Wissen, unbezweifelbare Realität und natürlich subjektbezogen – vom Subjekt interpretiert und somit mit keinem anderen Menschen identisch.

[209] F. Jackson, 1982, S. 127ff.

Anmerkungen: Anhang

[210] Diels/Kranz, 1912, S. 120 (B4).

[211] Planetesimale entstehen aus Kondensationsprodukten und deren fortschreitender Verklebung als Objekte von wenigen Millimetern Größe und wachsen durch Akkretion bis zu Durchmessern von einigen Kilometern. Mit Erreichen einer gewissen Masse werden die nur lose gebunde-

nen Planetesimalhaufen, durch die Gravitation, zu einem einheitlichen Objekt zusammengepresst, das sich bei genügend hoher Masse im Innern aufheizt, flüssig wird und sich somit zu einem Protoplaneten entwickelt.

[212] https://www.wissenschaft.de/erde-umwelt/342-milliarden-jahre-alte-mikroben-fossilien-entdeckt/

[213] Eukaryoten oder Eukaryonten (Eukaryota) sind eine Domäne der Lebewesen, deren Zellen (Eucyten) einen echten Kern und eine reiche Kompartimentierung haben (Tiere, Pflanzen und Pilze). Hierin unterscheiden sie sich von den beiden übrigen Domänen im System der Lebewesen, den prokaryotischen Bakterien und Archaeen (letztere früher auch Urbakterien genannt), beide mit procytischen Zellen. Quelle Wikipedia, https://de.wikipedia.org/wiki/Eukaryoten, Stand 06.08.2020.

[214] Die Cyanobakterien (von griech. κυανός kyanós, „blau", daher auch Blaugrünbakterien) bilden eine Abteilung der Domäne Bacteria. Sie zeichnen sich vor allen anderen Bakterien durch ihre meist, aber nicht in jeder Art vorhandenen Fähigkeit zur oxygenen Photosynthese aus. Früher wurden sie zu den Phycophyta (Algen) gerechnet und als Klasse Cyanophyceae (Blaualgen) geführt. Quelle Wikipedia, https://de.wikipedia.org/wiki/Cyanobakterien, Stand 06.08.2020.

[215] Das Ordovizium ist das zweite chronostratigraphische System (bzw. Periode in der Geochronologie) des Paläozoikums in der Erdgeschichte. Das Ordovizium begann vor etwa 485,4 Millionen Jahren und endete vor rund 443,4 Millionen Jahren. Es wird vom Kambrium unterlagert, die Schichten des Kambriums sind also die ältesten des Paläozoikums. Quelle Wikipedia, https://de.wikipedia.org/wiki/Ordovizium, Stand 06.08.2020.

[216] Die zoologische Klasse der Kopffüßer (Cephalopoda, von altgriechisch κεφαλή kephalē „Kopf" und ποδ- pod- „Fuß") ist eine Tiergruppe, die zu den Weichtieren (Mollusca) gehört und nur im Meer vorkommt. Es gibt sowohl pelagische (freischwimmende) als auch benthische (am Boden lebende) Arten. Derzeit sind etwa 30.000 ausgestorbene und 1.000 heute lebende Arten bekannt. Quelle Wikipedia, https://de.wikipedia.org/wiki/Kopff%C3%BC%C3%9Fer, Stand 06.08.2020.

[217] Die Trilobiten (Trilobita, „Dreilapper", von altgriechisch τρία tria „drei" und λοβός lobós „Lappen") sind eine ausgestorbene Klasse meeresbewohnender Gliederfüßer (Arthropoda). Die Trilobiten existierten nahezu während der gesamten Spanne des Paläozoikums (Erdaltertum), von der 2. Serie des Kambriums (Beginn vor 521 Mio. Jahren) bis zum Massenaussterben am Ende des Perms vor etwa 251 Mio. Jahren. Quelle Wikipedia, https://de.wikipedia.org/wiki/Trilobiten, Stand 06.08.2020.

[218] Als Armfüßer (Brachiopoda), seltener auch Armkiemer, werden die Angehörigen eines Tierstamms bezeichnet, der ausschließlich aus meereslebenden bilateral-symmetrischen Tieren mit zweiklappigem Gehäuse besteht. Sie ähneln äußerlich den Muscheln (Bivalvia), haben aber

anstatt einer linken und rechten Schale (Klappe) eine obere und eine untere, wobei die bauchseitige Schale meist größer ist. Brachiopoden besitzen ferner an beiden Seiten des Mundes armförmige Tentakel. Quelle Wikipedia, https://de.wikipedia.org/wiki/Armf%C3%BC%C3%9Fer, Stand 06.08.2020.

[219] Die Gliederfüßer (Arthropoda, von altgriechisch ἄρθρον arthron, deutsch ‚Glied, Gelenk' und πούς pous, Gen. ποδός podos, deutsch ‚Fuß') sind ein Stamm des Tierreichs. Zu ihnen gehören Insekten, Tausendfüßer, Krebstiere (z. B. Krebse, Entenmuscheln), Spinnentiere (z. B. Spinnen, Skorpione, Milben) und die ausgestorbenen Trilobiten. Quelle Wikipedia, https://de.wikipedia.org/wiki/Gliederf%C3%BC%C3%9Fer, Stand 06.08.2020.

[220] Das Devon (Aussprache: [deˈvoːn]) ist in der Erdgeschichte das vierte chronostratigraphische System bzw. die vierte geochronologische Periode innerhalb des Paläozoikums. Es begann vor etwa 419,2 Millionen Jahren und endete vor etwa 358,9 Millionen Jahren (siehe Geologische Zeitskala). Das Devon folgt auf das Silur und wird vom Karbon gefolgt. Quelle Wikipedia, https://de.wikipedia.org/wiki/Devon_(Geologie), Stand 06.08.2020.

[221] Zjuang Zhou, 2013, S. 95.

[222] Lao-tzu, 2007, S. 25.

[223] G. Thausing, 1943, S. 165f.

[224] H. Leisegang, 1985, S. 68.

[225] I. Kant, 2009, Bd. 1, S. 45 (Kritik der reinen Vernunft).

[226] K. Jaspers, 1991, S. 88f.

[227] Ebd.: S. 93.

[228] Quelle, https://zitate-aphorismen.de/zitat/eine-luege-zieht-die-andere-nach/, Stand 11.08.2020, Original lat.: Fallacia alia aliam trudit. Aus: Terenz, Andria, IV,4,778.

[229] M. Proust, 2000, S. 2986. Auf der Suche nach der verlorenen Zeit.

[230] Lao-tzu, 2007, S. 42.

Volker Schopf

Die Wiege Gottes

Sachbuch

Für Gläubige steht es außer Frage, dass Gott existiert. Dazu bedarf es weder eines Gottesbeweises noch eines Beweises vonseiten der Naturwissenschaft. Ihr Glaube deckt sich mit dem Begriff der Wahrheit, dass es so ist- Gott existiert! Nicht nur im Glauben, als unbewiesene oder nicht beweisbare Tatsache (Wahrheit) der Realität, sondern *Er* ist wirklich und ebenso real wie die Erde, die Sonne, die Milchstraße oder der Kosmos. Das bedeutet: Der Mensch muss eine Wahrheit für wahr halten, sprich an sie glauben, weil er nur in diesem Fall ihren Wahrheitsgehalt anerkennt. Sein individuelles Empfinden muss für den als real verstandenen bzw. bewiesenen Sachverhalt sprechen, er muss daran glauben, nur dann erhält der Sachverhalt den Status Wahrheit. Er entspricht dann der Realität! Mit anderen Worten: Woran der Einzelne nicht glaubt - weil er persönlich so nicht empfindet -, das wird er nicht als Wahrheit akzeptieren, ungeachtet der vorliegenden Beweise. Dazu ein Beispiel: Orthodoxe Christen glauben, ungeachtet wissenschaftlicher Beweise, dass die heutige Menschheit vor 6000 Jahren von Gott erschaffen worden ist. Der Glaube bestimmt beim Menschen, was er als Wahrheit akzeptiert. Der Autor begibt sich in diesem Sachbuch auf die Suche nach der Wiege Gottes bzw. dem Ursprung des Göttlichen.